MICHAEL LÖWY

o que é
cristianismo
da libertação?

RELIGIÃO E POLÍTICA NA AMÉRICA LATINA

 expressão POPULAR

MICHAEL LÖWY

O QUE É CRISTIANISMO DA LIBERTACÃO?

RELIGIÃO E POLÍTICA NA AMÉRICA LATINA

SÃO PAULO, 2016

© Michael Löwy
Título original inglês: The War of Gods – Religion and Politics in Latin America
1ª edição, tradução de Vera Lúcia Mello Josceline, originalmente publicada pela Vozes (1996)
2ª edição é fruto de parceria entre Fundação Perseu Abramo e Editora Expressão Popular (2016)

Fundação Perseu Abramo
Instituída pelo Diretório Nacional do Partido dos Trabalhadores em maio de 1996.

Diretoria
Presidente: Aloizio Mercadante
Vice-presidenta: Vívian Farias
Elen Coutinho
Jéssica Italoema
Alberto Cantalice
Artur Henrique
Carlos Henrique Árabe
Jorge Bittar
Márcio Jardim
Valter Pomar

Conselho editorial
Albino Rubim, Alice Ruiz, André Singer, Clarisse Paradis, Conceição Evaristo, Dainis Karepovs, Emir Sader, Hamilton Pereira, Laís Abramo, Luiz Dulci, Macaé Evaristo, Marcio Meira, Maria Rita Kehl, Marisa Midori, Rita Sipahi, Silvio Almeida, Tassia Rabelo, Valter Silvério

Editora Fundação Perseu Abramo
Coordenação editorial
Rogério Chaves

Assistente editorial
Raquel Maria da Costa

Preparação de originais
Josué Medeiros

Capa, projeto gráfico e diagramação
Caco Bisol Produção Gráfica

Imagens da capa: CLOC- Via Campesina América do Sul – solidariedade com os presos políticos no Brasil; cartaz encontro continental de CEBs; sessão solene pelos 20 anos do MST no Congresso Nacional, 19-2-2004 (Elza Fiúza); cartaz 18º Grito dos Excluídos/as.

Fundação Perseu Abramo
Rua Francisco Cruz, 234 Vila Mariana 04117-091 São Paulo/SP – Brasil
Telefone: (55 11) 5571 4299
editora@fpabramo.org.br / www.fpabramo.org.br

Livraria e Editora Expressão Popular
Rua da Abolição, 201 Bela Vista 01319-010 São Paulo/SP – Brasil
editora@expressaopopular.com.br / www.expressaopopular.com.br

Dados Internacionais de Catalogação na Publicação (CIP)

L922q Löwy, Michael.
    O que é Cristianismo da Libertação : religião e política na América Latina /
    Michael Löwy. - 2. ed. – São Paulo : Editora Fundação Perseu Abramo : Expressão Popular,
2016.
    256 p. ; 23 cm.

    Inclui bibliografia e anexos.
    Tradução de: The war of gods: religion and politics in Latin America.
    ISBN 978-85-5708-043-0 – ISBN 978-85-7743-290-5

    1. Teologia da libertação. 2. Igreja e Estado - América Latina. 3. Igreja e problemas sociais - América Latina. 4. Religião e política - América Latina. I. Título.

CDU 239(7/8=6)
CDD 261.7098

(Bibliotecária responsável: Sabrina Leal Araujo – CRB 10/1507)

SUMÁRIO

7 Apresentação

23 A palavra de Leonardo Boff

27 Introdução

Capítulo 1
RELIGIÃO E POLÍTICA: REVISITANDO MARX E WEBER
33 Marxismo e religião: ópio do povo?
53 A ética católica e o espírito do capitalismo: o capítulo da sociologia da religião de Max Weber que não foi escrito

Capítulo 2
O CRISTIANISMO DA LIBERTAÇÃO NA AMÉRICA LATINA
73 A Teologia da Libertação e o Cristianismo da Libertação
101 A modernidade e a crítica da modernidade na Teologia da Libertação
121 A Teologia da Libertação e o marxismo

Capítulo 3
POLÍTICA E RELIGIÃO DA AMÉRICA LATINA: TRÊS EXEMPLOS
143 A Igreja brasileira e a política
159 O cristianismo e as origens das insurreições na América Central
177 Protestantismo da libertação e protestantismo conservador
199 Conclusão: teria acabado a Teologia da Libertação?

225 Anexo 1
AS ORIGENS SOCIORRELIGIOSAS DO MST

233 Anexo 2
A "CONEXÃO FRANCESA". A contribuição da cultura católica francesa para a gênese do Cristianismo da Libertação no Brasil

Entre deuses & lutas:
um exercício de apresentação

JOSUÉ MEDEIROS E DANIEL SOUZA[1]

Por que, afinal, devemos (re)ler o livro de Michael Löwy sobre o Cristianismo da Libertação, passados dezesseis anos de sua primeira edição? Há, ainda, sentido em nos debruçarmos sobre esse fenômeno político/teológico que foi tão importante em nosso país e na América Latina, e mais importante ainda para as esquerdas brasileiras e latino-americanas?

Decerto que a resposta é positiva. Como bem demonstra Löwy, o Cristianismo da Libertação – surgido em meados da década de 1960 – foi um dos principais movimentos sociais latino-americanos, mais amplo que a Igreja Católica, com especial força em algumas nações, o Brasil entre elas. Em suas palavras, "sem a existência desse movimento social não poderíamos entender fenômenos sociais e históricos de tal importância como a emergência do novo movimento trabalhista no Brasil e o surgimento da revolução na América Central (bem como, em épocas mais recentes, Chiapas)".

Entretanto, queremos afirmar aqui que a relevância desse livro e de seu objeto estão muito além do (importante) interesse historiográfico em um movimento social cujo auge se deu na segunda metade do século passa-

---
1. Josué Medeiros é doutor em Ciência Política pelo IESP/UERJ.
Daniel Souza é doutorando e mestre em Ciências da Religião pela Universidade Metodista de São Paulo (UMESP).

do. Em nossa opinião, e nisso seguimos Löwy, o Cristianismo da Libertação é um movimento que ainda não acabou, suas "sementes" nas lutas dos povos latino-americanos permanecem férteis e os desejos e as possibilidades de imaginação, de novos e outros mundos, seguem abertas e necessárias.

A IMPORTÂNCIA DAS NEGOCIAÇÕES E ALARGAMENTOS METODOLÓGICOS

Em suas reflexões intelectuais e prática política, Michael Löwy costuma caminhar para além das fronteiras e espaços "claros e distintos", cristalinos no ponto de vista conceitual e metodológico. Tomemos dois exemplos para explicar essa nossa consideração. Um deles está na apresentação do livro que reúne os fragmentos de Walter Benjamin, *Capitalismo como religião*. Nesse texto, Löwy evidencia (em um elogio) um Benjamin crítico da "civilização capitalista-industrial moderna" numa "inquietante estranheza" capaz de articular três fontes em suas reflexões: o materialismo histórico (rompendo com a "ideologia do progresso linear"), o romantismo alemão e o messianismo judaico (LÖWY, 2013, p. 7-19).

O segundo exemplo está no livro *A jaula de aço*, no qual Löwy elabora sobre as possibilidades de aproximação entre Marx e Weber. Na apresentação, ele relata a constituição de um marxismo weberiano no Brasil, com destaque para Maurício Tragtenberg, "o primeiro marxista brasileiro a se dedicar de forma intensa ao estudo de Max Weber". E, também por isso, "um sociólogo atípico", um "pensador original, autodidata de formação, judeu alheio tanto ao sionismo como à religião, marxista libertário" (LÖWY, 2014, p. 9-10). Nas trilhas abertas por Tragtenberg e em um exercício de ampliação de territórios epistêmicos, Lowy reconhece que "o marxismo tem muito a ganhar incorporando certas contribuições intelectuais de Max Weber – daí a possibilidade e a fecundidade do marxismo weberiano" (2014, p. 14).

O que os dois exemplos tem em comum com esse livro? A possibilidade e a urgência de se ampliar procedimentos teórico-metodológicos para além dos lugares e terrenos conceituais fixos e bem cercados. Tanto em sua leitura sobre Benjamin, a sua interpretação sobre o "marxismo weberiano" e a sua análise sobre o "cristianismo de libertação" e a "guerra dos deuses", Löwy procura: (i) evidenciar particularidades e diferenças e forjar possíveis unidades entre categorias e métodos distintos (como visto no primeiro capítulo desse livro ou na sua abordagem sobre Benjamin); (ii) colocar-se nos "entre-lugares" fronteiriços no ponto de vista vivencial e epistemológico (como entre o marxismo e o "cristianismo de libertação"); (iii) negociar conceitos e procedimentos de análise, para além dos espaços ociosos e monótonos de teorias colocadas para a simples contemplação e repetição; e (iv) evidenciar – nas ambivalências conceituais e metodológicas (como no marxismo weberiano) – elementos capazes de favorecer um necessário e urgente "engajamento político anticapitalista" nos dias atuais.

O CARÁTER DUPLO E AMBÍGUO DO FENÔMENO RELIGIOSO

No primeiro capítulo, Löwy desenvolve uma reflexão de vital importância para os estudiosos das ciências humanas em geral – e para os marxistas em particular – acerca da complexidade do fenômeno religioso. É preciso, segundo ele, afastar de vez as visões reducionistas calcadas na imagem da "religião como ópio do povo".

Trata-se, então, de captar "a natureza contraditória" da religião, que pode ser tanto "a legitimação das condições existentes como um protesto contra elas". A religião, segundo Löwy (e ele se baseia em Marx) "é uma realidade social e histórica (...), como uma das muitas formas de ideologia – ou seja, das produções espirituais de um povo, da produção de ideias, de representações e consciência, necessariamente condicionada pela produção material e pelas relações sociais correspondentes". A partir dessa definição, podemos tratar a religião como uma *totalidade* dialética e não como mero *reflexo* dos interesses das classes dominantes. Com esse ponto de partida, podemos voltar a tese de Marx: "a crítica da religião é a condição preliminar de toda a crítica" (MARX, 1983, p. 47). Sem uma crítica permanente que seja capaz de evidenciar as suas ambiguidades e ambivalências, a religião pode se tornar alienante e, assim, abafar a sua própria potência libertária.

Como podemos reler e reinterpretar, então, a afirmação de Marx no contexto latino-americano e a partir dos percursos teóricos de Michael Löwy? Para aprofundar essa questão, nos aproximamos de Franz Hinkelammert, um dos autores da "Escola do DEI" (Departamento Ecumênico de Investigação), da Costa Rica, com quem Löwy realiza importantes diálogos, especialmente no segundo capítulo desse livro.

A religião se coloca como expressão da angústia real, um "suspiro da criatura oprimida", e assim se apresenta como "consciência invertida do mundo". Muito mais que um mero *reflexo* das relações e conflitos sociais, a religião evidencia um esquema que organiza mundos desde a lógica da separação e sacralização de processos e elementos da vida comum. É a construção de "deuses celestes" e "deuses terrestres", como evidenciadas no fetichismo da mercadoria em suas "sutilezas metafísicas" e "refinamentos teológicos". Segundo Hinkelammert, em sua obra *A maldição que pesa sobre a lei*, aqui estão algumas novidades na crítica da religião feita por Marx, temas que abordaremos mais a frente.

Marx não parte da religião para realizar a sua crítica, mas assume uma leitura desde a antropologia pensada a partir de um mundo secular – algo reducionista para alguns autores atrelados aos estudos da *fenomenologia da religião*. Com esse ponto de partida, Marx integra a crítica da religião ao seu pensamento de *práxis*, como um imperativo para a transformação da sociedade. Por isso, a sua crítica da religião se dá na forma de crítica do fetichismo (na denúncia dos "deuses terrestres") e como algo central no interior da crítica da economia política. Desse modo, torna-se possível e necessária uma crítica ao capitalismo atual em seu esquema religioso e diante dos elementos mítico-teológicos que o sustentam, revelando as sutilezas metafísicas e teológicas daquilo que nos parece em um primeiro olhar como um objeto comum e cotidiano, como o Estado ou o Capital.

Junto a isso, a leitura de Marx sobre a religião pode também nos ajudar na suspeita do próprio fenômeno da secularização que, como diz Hinkelammert, "desencantou alguns deuses para re-encantar o mundo pelos deuses falsos do fetichismo do mercado, do dinheiro e do capital" (2012, p. 167). Assim, para além da lógica binária religioso *x* secular, o desafio colocado é evidenciar – desde à interpretação da religião e a visibilidade do seu potencial libertador – os "deuses falsos" (que no cristianismo de libertação de chamou de *idolatria*), os "deuses celestes" e "deuses terrestres" (nos fenômenos religiosos, nos desdobramentos econômicos e políticos) que em seu nome e por meio deles se legitimem que o ser humano seja um ser "humilhado, subjugado, abandonado e desprezível".

Se em Marx encontramos a necessidade da critica à religião e a evidência de seu caráter ambíguo e duplo (para além da crítica ao fetiche que será abordada em outro momento desse texto), em Max Weber também encontramos intuições possíveis que apontam para os limites e possibilidades da religião. Para explicarmos essa interpretação, retomemos o próprio Löwy: "de Max Weber não é tanto (como se diz com frequência) que a religião é o fator causal determinante do desenvolvimento econômico, mas sim que existe, entre certas formas religiosas e o estilo de vida capitalista, um relacionamento de *afinidade eletiva*".

A leitura de Weber evidencia a "simbiose cultural" entre capitalismo e protestantismo. Há uma relação intrínseca entre religião & economia. A sua análise nos permite ver as tramas e teias enredadas entre o capitalismo (dito secular) e o protestantismo (religioso). É como se uma análise puxasse a outra, como pontas de um mesmo novelo. A critica do capitalismo implica no desvelamento e interpretação séria e qualificada do fenômeno religioso.

Aqui é um ponto de partida e uma ambiguidade do pensamento de Weber. Ao evidenciar a conexão entre os dois polos, Weber os separa. E capitalismo se junta e é base da ideologia do mundo moderno, que se pretende desencantado, secularizado, orientado somente pela racionalidade instrumental, que tem como marca a burocracia, o cálculo de utilidade, a crença na evolução, na quantificação das relações humanas, a diferenciação de esferas e o politeísmo de valores" (COELHO, 2014, p. 63). No entanto, especialmente para nós, ao se evidenciar a "simbiose" entre os polos, optamos por um caminho que não tente separar capitalismo *x* religião, mas que desvele o mesmo esquema que pode sustenta-los. Uma saída construída por Walter Benjamin que mostra o *capitalismo como religião* – em que a religião não apenas fornece as bases simbólicas e éticas para o desenvolvimento e estruturação do capitalismo. Como escreve Benjamin: "como uma religião, isto é, o capitalismo está essencialmente a serviço da resolução das mesmas preocupações, aflições e inquietações a que outrora as assim chamadas religiões quiseram oferecer resposta" (2013, p. 21).

GÊNESE E POTÊNCIA DO CRISTIANISMO DA LIBERTAÇÃO

A perspectiva da religião como uma *totalidade* – e não como mero *reflexo* dos interesses das classes dominantes – permite também, sempre de acordo com Löwy, explicar porque o Cristianismo da Libertação pôde surgir e se desenvolver na América Latina da segunda metade do século XX, e não em outro lugar ou período histórico.

Com sucesso, Löwy nos apresenta uma explicação não unilateral, e isso graças a um duplo movimento de incorporação das virtudes de dois conjuntos de narrativas acerca das origens do fenômeno político/teológico do Cristianismo de Libertação e de superação dos limites que essa díade apresenta.

Em primeiro lugar, trata-se da narrativa que atribui as mudanças na catolicismo à capacidade de parte da elite clerical em compreender que a instituição da Igreja precisava mudar e se abrir para a sociedade ocidental moderna que emergia do pós Segunda Guerra Mundial, pois do contrário sofreria com crescente perda de influência. A segunda narrativa é aquela que enxerga na própria capacidade do "povo de Deus", ou seja, dos fiéis mais engajados e críticos, de voltar-se para dentro da estrutura eclesial e forçar uma reorientação da Igreja para os interesses e demandas da maioria da população.

Löwy argumenta que ambas as leituras captam um aspecto verdadeiro e importante do processo histórico, e isso precisa ser incorporado em uma explicação da totalidade do fenômeno do Cristianismo de Libertação. Contudo, tal totalidade só será alcançada se tivermos êxito em romper com o que ele chama de "argumento circular", pois essas duas narrativas seguem sem conseguir explicar porque foi naquele momento histórico e porque no continente latino-americano que aquelas transformações se deram.

Por que, afinal, na América Latina da segunda metade do século XX a elite clerical tomou consciência de que precisava mudar ou a Igreja perderia espaço e por que, então, nessa região e naquele período o "povo de Deus" finalmente conseguiu reorientar a ação da Igreja para os interesses da maioria da população?

A hipótese que Löwy apresenta procura recuperar a questão da totalidade ao vincular o surgimento e o desenvolvimento do cristianismo de libertação a um série de acontecimentos históricos e políticos internos e externos à Igreja católica e que convergiram naquela quadra histórica: (i) o aparecimento de novas correntes teológicas desde o final da Segunda Guerra, mais abertas às questões sociais e ao conhecimento produzido no âmbito das ciências humanas; (ii) processos de industrialização na América Latina, os quais não alteraram o lugar estratégico de periferia do continente e que geraram um tipo de modernização que agudizou as contradições sociais latino-americanas e, por consequência, os conflitos políticos, resultando em revoluções e contra revoluções que se sucedem.

É no encontro desses dois acontecimentos históricos de alcance estrutural que o Cristianismo de Libertação nasce e de onde ele extrai sua potência: a modernidade capitalista periférica promete o bem estar e a felicidade coletiva, porém só consegue entregar a agudização das contradições sociais, com aumento da pobreza, da exploração e da revolta popular. É nessa fissura que as esquerdas e os movimentos sociais do período (incluindo ai o Cristianismo da Libertação) vão agir, alimentando suas propostas emancipatárias da própria condição de vida das pessoas.

Não por acaso, Löwy demarca o ano de 1959 como o nó simbólico desse encontro da *totalidade* que explica o Cristianismo de Libertação: "de uma maneira simbólica, poderíamos dizer que a corrente cristã radical nasceu em janeiro de 1959, no momento em que Fidel Castro, Che Guevara e seus camaradas entraram marchando em Havana, enquanto que, em Roma, João XXIII publicava a primeira convocação para a reunião do Concílio [Vaticano II, que lançou as bases para uma reorientação geral da Igreja Católica em direção à modernidade ocidental]".

Aqui, em diálogo com o próprio método de Löwy, podemos levantar uma suspeita sobre a definição e construção desse marco como "nascedouro" do cristianismo de libertação. Essa datação não pode, em hipótese alguma, favorecer uma interpretação do movimento de libertação como resultado de uma decisão hierárquica, da estrutura eclesiástica ou da mobilização política, encobrindo e não visibilizando experiências marginais e construções políticas nas bases e na vida cotidiana, que aconteceram nesse período. Não podemos enveredar por um caminho que nos leve à construção de personalismos e que imponha a necessidade das "bênçãos" institucionais, abafando a possibilidade dos novos processos de libertação no comum da vida.

A DIVERSIDADE DO CRISTIANISMO DA LIBERTAÇÃO

O livro nos traz ainda outro aspecto de fundamental importância para o entendimento do Cristianismo de Libertação, qual seja, sua diversidade e amplitude que em muito ultrapassaram o catolicismo, nutrindo-se também de processos políticos/teológicos ocorridos no seio do protestantismo latino-americano.

A partir do Congresso Evangélico do Panamá (1916) e dos encontros nacionais e internacionais que dele desembocaram – como a fundação da Confederação Evangélica Brasileira (CEB) – há uma busca das comunidades de fé, inicialmente protestantes, por estabelecerem espaços de cooperação mais consolidada diante da realidade sociopolítica e econômica do continente (DIAS, 2008. p. 43). O início deste processo também se dá a partir da década de 1950. Mais institucionalmente – com o apoio do Conselho Mundial de Igrejas (CMI) – as Igrejas protestantes organizaram Conferências sobre Igreja e Sociedade; e, com as mobilizações de grupos politizados organizados nas Conferências Evangélicas Latino-Americanas (CELAS) criaram, em 1961, a Junta Latino-Americana de Igreja e Sociedade. Conhecida pela sigla ISAL (Igreja e Sociedade na América Latina).

A Confederação Evangélica Brasileira (CEB), com o seu Setor de Responsabilidade Social e o Departamento de Ação Social, o braço da ISAL no Brasil - ao guiar-se pela transformação social e por um projeto de libertação latino-americana, realiza conferências marcantes para o protestantismo e para o movimento ecumênico latino-americano, como a *Conferência do Nordeste: "Cristo e o Processo Revolucionário Brasileiro"* (1962), em Recife (PE), num exercício de diálogo entre Igreja e sociedade. Essas ações tiveram influências políticas da revolução cubana, com o ideário socialista em meio a uma realidade de pobreza e injustiça – como vemos nas leituras de Michael Löwy sobre esse período. Não sem motivo, essa última conferência acontece em Recife. Como relata Rubem Cesar Fernandes: "No Brasil, a Cuba brasileira era o Nordeste. Essa região simbolizava o lado pobre, explorado, que vive a revolução [...] É da injustiça que nasce a alternativa socialista" (FERNANDES, 1992, p. 15). Que acrescenta: "Daí a realização da Conferência do Nordeste, pela aproximação, dentro do grande debate, com aquele lugar que simbolizava a exploração, a miséria e o atraso dentro do mundo capitalista" (FERNANDES, 1992, p. 15).

TEOLOGIA, IDOLATRIA DO MERCADO & O ENGAJAMENTO ANTICAPITALISTA

Um dos méritos do livro de Löwy reside, também, no destaque que ele dá para a questão teológica propriamente dita. Para aprofundar os diálogos realizados nesse livro, retomemos Marx. No primeiro volume do *Capital* encontramos a seguinte afirmação: "à primeira vista, a mercadoria parece uma coisa trivial, evidente. Analisando-a, vê-se que ela é uma coisa muito complicada, cheia de sutileza metafísica e manhas teológicas" (1985, p. 70). Marx ainda chega a apontar o "caráter místico da mercadoria" e a denominá-la com uma "coisa fisicamente metafísica". Aqui, encontramos mais sentido naquela afirmação de Marx: "a crítica da religião é a condição preliminar de toda a crítica". Ou: uma crítica ao capitalismo, por exemplo, exige antes uma crítica ao seu esquema religioso, as suas bases mítico-teológicas. Uma tarefa que a razão moderna e a secularização não souberam muito bem como interpretar. Por isso, o caminho mais fácil foi (e em geral ainda é), "limpar" o religioso da análise. Não se sabe o que fazer com as marcas e "manhas teológicas".

Um caminho oposto daquele seguido por Michael Löwy, como um pensador capaz de alargar processos conceituais e metodológicos. Nesse livro sobre o Cristianismo de Libertação, há um significativo diálogo, por exemplo, com os teólogos da "Escola do DEI", como Hugo Assmann, Enrique Dussel, Franz Hinkelammert, Pablo Richard, Jung Mo Sung, que desenvolveram "um novo relacionamento com o marxismo, usando a teoria do fetichismo de mercadorias em sua crítica do capitalismo como uma falsa religião". E um conceito que organiza algumas reflexões teológicas desse grupo é o de idolatria. Como escreve Löwy, a "idolatria do mercado, concebida pela Teologia da Libertação como uma 'luta de deuses' entre o Deus da Vida Cristão e os novos ídolos da morte, é, até o momento, a expressão mais radical e sistemática do *ethos* católico anticapitalista".

Para exemplificarmos ainda mais essa realidade, nos aproximamos de Hugo Assmann & Franz Hinkelammert no texto *Idolatria do mercado*: *ensaios sobre teologia e economia*. A hipótese que orienta estes autores se apresenta da seguinte maneira: "nas teorias econômicas e nos processos econômicos se verifica uma estranha metamorfose dos deuses e uma aguerrida luta entre os deuses" (1989, p. 11). Assim, estamos numa luta entre esquemas teológicos que sustentam práticas políticas e concepções de governo. Os imaginários teológicos se constroem a partir das realidades humanas e na tentativa de responder e intervir em determinados contextos e relações. Neste sentido, as categorias que orientaram estas perspectivas das teologias da libertação latino-americanas guiam-se pela concepção de idolatria (o discernimento entre deuses falsos e o verdadeiro). Como apontam os teóricos da "Escola do DEI": o "essencial da realidade econômica se tornou completamente invisível. O Capital é o *deus absconditus*, que exige da parte de todos os que intervêm na encenação das aparências econômicas uma relação radicalmente transcendental, ou seja, uma atitude devocional em relação à sua onipotência" (1989, p. 52).

Estamos, aqui, diante de um problema importante: os discursos teológicos possuem um potencial capaz de desvelar a estrutura mítico-teológica sacrificial do capitalismo – junto com o seu elemento sedutor (COELHO, 2014) – e, também, o Estado sacralizado (feito *deus absconditus*) construído na política ocidental moderna. É evidente, no entanto, que há sujeitos & discursos teológicos que cantam louvores e dançam ante o capital e à soberania do Estado. Por isso, é importante salientar que não se assume a "teologia" sem se compreender os significados nela contidos, a pluralidade de métodos e perspectivas aí postas, nem a pluralidade e relações de poder embutidas nas conclusões apresentadas.

Como escreve a teóloga feminista Ivone Gebara: "ninguém escapa às armadilhas do 'poder-saber', sobretudo quando este 'poder-saber' se apresenta como um discurso sobre 'Deus', sobre seu desígnio, sua santidade e seu mistério" (2000, p. 224). O reconhecimento das relações de poder que estruturam discursos e espaços de saber pode abrir horizontes de compreensão e de rebeldia que propiciem subversões e a construção de discursos e práticas teológicas "contra-hegemônicas" e – como escreve Lowy sobre seus percursos intelectuais e praxiológicos – que sejam elaboradas em um "engajamento político anticapitalista". Pois, como sabemos: "toda teologia é uma teologia política, isto é, que na organização do pensamento teológico, Deus toma partido a favor dos grupos, das pessoas, das situações e que, finalmente, a imagem de Deus é forjada segundo certos interesses" (GEBARA, 2000, p. 227).

AS MEMÓRIAS DO CRISTIANISMO DE LIBERTAÇÃO E OS SEUS POTENCIAIS SUBVERSIVOS PARA AS LUTAS

Ao apresentar o Cristianismo da Libertação como um movimento social, político e teológico de importância crucial para a América Latina de ontem e de hoje, o livro de Michael Löwy se constitui em indispensável material historiográfico e de constituição de memória politica e coletiva para as esquerdas brasileiras. Mas não como um tipo de memória contemplativa, que se converte em um espaço de visitação de uma história enquadrada e cristalizada. O caráter relevante desse texto e que nos impele a releituras críticas e reinterpretações criativas está no desafio de revermos as memórias desde sua *função subversiva*, como dizia Rubem Alves, autor da obra pioneira da Teologia da Libertação (1968). Assim, nos caminhos abertos por Löwy, nos afastamos da construção de um passado que se quer preservar como um espaço em que a memória mostra-se, antes, como um objeto de consumo neutro, fixo e tranquilizador de nossas consciências, com o dever de recordarmos e repetirmos o mesmo "cristianismo de libertação", inibindo (mesmo que não em sua totalidade) possibilidades de resistência e reinvenção do presente e de nós mesmos.

Ao se assumir o caráter subversivo da memória, evidenciamos a polifonia presente no Cristianismo de Libertação, as suas várias perspectivas e abordagens, os seus dissensos e contradições e as possibilidades de imaginação de outros e novos cristianismos de libertação, ou novos e outros movimentos cotidianos de busca por liberdade, não para demonstrar o que aconteceu no ponto de vista factual por meio da "afinidade eletiva" entre ética religiosa e utopias sociais, mas para resgatar a atualidade e o potencial emancipatório e libertário a partir dos movimentos *sub-versivos* antes de nós, em nós e para além de nós.

Esse livro chega em nossas mãos em um contexto histórico complexo, atravessado por crises e por derrotas e pela transição de ciclos políticos. Estamos assistindo o fechamento de um primeiro ciclo político dos governos progressistas na América Latina, que se iniciou em 1998 com a vitória de Cháves na Venezuela e teve no Brasil de Lula & Dilma e do PT um dos eixos principais.

Essa transição de ciclo se apresenta em grande medida por uma nova onda neoliberal, em marcos ainda mais brutais e desumanos do que a primeira hegemonia do neoliberalismo em nossa região, entre o final da década de 1980 e os anos 1990, na medida em que ela está significando não apenas o recuo dos direitos e da distribuição de renda, como também está marcada por um feroz ataque contra a institucionalidade democrática, como ocorreu em 2009 com a deposição do presidente Manuel Zelaia em Honduras, com o impeachment aprovado em 24 horas do presidente Fernando Lugo no Paraguai no ano de 2012 e de modo mais dramático, com o golpe contra a presidente Dilma em 2016.

Ao mesmo tempo, o novo ciclo já nasce crivado por potentes lutas em todo o continente, a grande maioria delas protagonizadas por novas sujeitas e sujeitos políticos: juventudes em luta por direitos tais como lazer, mobilidade urbana, saúde e educação; nova geração feminista, juventude antirracista no Brasil e novas expressões de movimentos indígenas. Muitas dessas lutas já contam com um poderoso conteúdo anticapitalista, e muitas delas apresentam uma disposição de produzir convergências com outros setores, embora seja visível uma enorme dificuldades para produzir encontros e processos comuns.

Retornar ao Cristianismo de Libertação de modo crítico e criativo, sem considerá-lo nem peça de museu nem "a luz" que vai guiar as lutas, mas sim mergulhando em suas teias comunitárias e libertadoras a fim de conhecer o tipo de anticapitalismo que floresce naquele movimento é um dos caminhos que podemos e devemos trilhar para produzir nesse novo ciclo político um encontro entre as novas jornadas de lutas que já explodem no nosso continente e a herança positiva do ciclo progressista que está em vias de se fechar, pois só com esse encontro conseguiremos derrotar o neoliberalismo e abrir uma nova quadra de expansão dos direitos e das liberdades na América Latina.

REFERÊNCIAS BIBLIOGRÁFICAS

ASSMANN, Hugo & HINKELAMMERT, Franz. *A idolatria do mercado:* ensaio sobre economia e teologia. Petrópolis: Vozes, 1989.

BENJAMIN, Walter. *O capitalismo como religião*. São Paulo: Boitempo Editorial, 2013.

COELHO, Allan da Silva. *Capitalismo como religião*: uma crítica a seus fundamentos mítico-teológicos. Tese de doutorado apresentada ao Programa de Pós-Graduação em Ciências da Religião da Universidade Metodista de São Paulo (UMESP), 2014.

DIAS, Zwinglio Mota; TEIXEIRA, Faustino. *Ecumenismo e diálogo inter-religioso*: a arte do possível. Aparecida: Editora Santuário, 2008.

FERNANDES, Rubem César. Um exercício de memória. *Contexto Pastoral*, Conferência do Nordeste: 30 anos. Campinas/Rio de Janeiro: CEBEP/CEDI, 2(8), mai./jun. 1992. pp 14-15.

GEBARA, Ivone. *Rompendo o silêncio*: uma fenomenologia feminista do mal. Petrópolis: Vozes, 2000.

HINKELAMMERT, Franz. *A maldição que pesa sobre a lei*: as raízes do pensamento crítico em Paulo de Tarso. São Paulo: Paulus, 2012.

LÖWY, M. Walter Benjamim, crítico da civilização. Em: BENJAMIN, W. *O capitalismo como religião*. São Paulo: Boitempo Editorial, 2013. p. 7-19.

_____. *A jaula de aço*: Max Weber e o marxismo weberiano. São Paulo: Boitempo, 2014.

MARX, K. *Crítica da filosofia do direito de Hegel*. Lisboa: Presença, 1983.

_____. *O Capital*. Apresentação de Jacob Gorender – vol. 1. 2 ed. São Paulo: Nova Cultural, 1985.

A palavra de Leonardo Boff[1]

Michael Löwy é um homem de muitos mundos: do Primeiro (vive na França), do Segundo (fez uma opção socialista), do Terceiro (nasceu no Brasil e possui aqui muitos laços), do mundo da pesquisa, do compromisso transformador, da religião dos pobres e da libertação. E sabe uni-los em sua vida e pensamento.

Sua vasta obra merece ser estudada e aprofundada, pois traz contribuições de notável atualidade para o momento histórico em que vivemos, sob a crise do socialismo e do marxismo e sob a penosa dominação globalizada do capital. Suas características principais são o resgate e a recriação. Resgata a complexa tradição emancipatória e libertária da Europa central e da América Latina, com ênfase ao legado judaico, com nomes que vão de Marx, Heine e Freud a Bloch, Goldmann e Benjamin. Os estudos sobre o Romantismo como visão de mundo e sua crítica à sociedade burguesa em nome de outra percepção da natureza (não como mero meio de produção, mas como realidade viva que poderíamos qualificar de pré-capitalista, mas que eu chamaria de ecológica) são clássicos e de referência permanente.

---

1. Originalmente publicado como Prefácio em Ivana Jinkings e João Alexandre Peschanski, *As utopias de Michal Löwy: reflexões sobre um marxista insubordinado* (São Paulo: Boitempo, 2007).

Löwy dedicou todo um livro, *A guerra dos deuses: religião e política na América Latina* [no Brasil, Petrópolis: Vozes, 2000] ao Cristianismo da Libertação da América Latina e suas afinidades e influências na tradição marxista. Valorizando a obra do grande socialista/marxista peruano José Carlos Mariátegui, esse livro mostra que os ideais da revolução e da libertação não são monopólio da tradição marxista. Podem ser e são ideais também de um extrato significativo do cristianismo que tomou a sério a herança do Jesus histórico, o carpinteiro e camponês mediterrâneo que optou pelos pobres e lutou contra sua pobreza.

O que ocorreu e ainda ocorre nos porões da sociedade latino-americana, e que pode ser generalizada para a sociedade-mundo, é uma verdadeira guerra de deuses. De um lado, o Deus do mercado e do capital, que procura criar um sentido derradeiro à vida e às populações famintas de bens, frustrando-as continuamente. De outro, o Deus vivo da tradição judaico-cristã, que desmascara aquele Deus como falso – e, por isso, como ídolo –, que toma partido pelos pobres e excluídos e se materializa num processo político de libertação.

Raramente temos lido uma síntese tão orientadora do que ocorre nas igrejas e no pensamento latino-americano comprometido como a presente nessa obra de um acadêmico magistral.

Löwy tem se ocupado com a ecologia, não como tema entre outros, mas como estratégia para a emancipação humana que inclui a natureza e o planeta inteiro. Apresenta o ecossocialismo como uma ética radical, no sentido de descer às raízes da perversidade que a todos afeta. Propõe uma mudança radical de paradigma, uma transformação revolucionária. Aproveita, para tal, todos os elementos acumulados pela tradição marxista e faz deles uma releitura criativa.

Eis a segunda característica da obra intelectual de Löwy: a capacidade de recriação imaginativa. Sua abordagem, por mais fundada nos textos críticos e seus contextos, nunca é positivista, mas hermenêutica. Sabe que ler é sempre reler; e entender implica também, e sempre, interpretar. Seu objetivo é municiar o leitor com categorias, visões, conceitos e sonhos para melhor entender o presente e fundar um engajamento político-transformador, na linha da tradição socialista e radicalmente democrática.

Por essa razão, cada livro é inspirador e revela-nos como as perguntas radicais levantadas pelos clássicos do pensamento emancipatório e revolucionário são sempre atuais. Situar as respostas em seus devidos contextos pode ser iluminador para tempos obscuros e de grande indigência criativa como os de hoje. Em tudo o que Löwy produz se percebe, com *esprit de finesse*, uma fé inquebrantável na dignidade dos oprimidos, no futuro da liberdade e na função político-redentora da tradição libertária da modernidade e da herança judaico-cristã.

Por isso, é um companheiro fiel de tantos que estão na caminhada, nos movimentos sociais como o dos sem-terra, nos partidos de esquerda e dos militantes das igrejas que optaram pela libertação das massas destituídas em nome de sua fé bíblica. Com todos esses, entretém uma afinidade eletiva que funda uma verdadeira comunidade de destino.

Petrópolis, junho de 2007

Introdução

Já existe um corpo de literatura significativo sobre o relacionamento entre religião e política na América Latina. O tema é abordado, explícita e implicitamente, não só por ensaios teológicos, depoimento de participantes e investigações jornalísticas, mas também em obras acadêmicas pertencentes às várias disciplinas das ciências sociais (sociologia, ciência política, antropologia). No entanto, a maior parte da pesquisa se restringe a estudos de caso em um único país (ou em uma sub-região como a América Central), ou a único aspecto (comunidades de base, as novas Igrejas Protestantes etc.) dessa área vasta e problemática.

Este livro é uma tentativa de fornecer uma introdução analítica geral ao estudo dos novos acontecimentos no campo de força político-religioso da América Latina, desde a segunda metade do século XX, na medida em que esses foram fatores importantes para a mudança social. Essa cronologia não é arbitrária: no final da década de 1950 iniciou-se um novo período na história das relações entre religião e política na América Latina, período esse que continua e cujo final é imprevisível. Suas origens podem ser encontradas em dois eventos históricos que ocorreram quase simultaneamente em 1958-59: um deles no Vaticano – a eleição do Papa João XXIII – e o outro em uma ilha Caribenha: a vitória da Revolução Cubana.

Embora, como é óbvio, este livro dependa muitíssimo da literatura disponível, ele tenta, ainda assim, sugerir um quadro mais amplo e formular algumas novas hipóteses teóricas. O método utilizado é o da sociologia da cultura, inspirado sobretudo na tradição marxista (mas também incorporando algumas noções weberianas). Seu foco não será, portanto, a descrição etnológica de práticas religiosas, ou o estudo da estrutura funcional da Igreja como instituição, ou mesmo dados empíricos sobre o comportamento eleitoral de várias religiões, e, sim, a complexa evolução dos laços entre as culturas religiosas e política, em um contexto de modernização e de intenso conflito social e político. Documentos religiosos (teológicos, canônicos e pastorais) serão uma das fontes importantes do material, examinados, ao mesmo tempo, por seu conteúdo cultural interno, suas implicações sociais e políticas e seu elo com instituições e movimentos sociais.

Será dada uma atenção maior aos movimentos religiosos comprometidos com os objetivos da emancipação social – normalmente chamados de "progressistas" ou "esquerdistas", mas esses termos não são muito apropriados – tanto devido às simpatias pessoais do autor, como porque eles constituem um fenômeno histórico, comparado ao papel tradicionalmente conservador da religião, ou de organizações mais antigas tais como a Democracia Cristã, já estudada no passado. Esse fenômeno, também chamado de "Teologia da Libertação", é muito mais profundo e amplo que uma mera corrente teológica: na verdade, ele é um vasto movimento social – que podemos chamar de "Cristianismo da Libertação" – com consequências políticas de grande alcance. O livro também levará em consideração a contra-ofensiva conservadora (tanto católica quanto protestante), e sua luta contra a Teologia da Libertação, que criou dificuldades crescentes para o movimento. Não há nenhuma tentativa de esgotar o assunto, e a hipótese geral será testada com a ajuda de uns poucos estudos de caso.

O conceito de "guerra dos deuses" de Max Weber define de uma maneira extremamente adequada o *ethos* político/religioso da América

Latina desde a década de 1950. Por um lado, *ad intra,* ele se aplica ao conflito no campo religioso entre concepções de Deus radicalmente opostas: a dos cristãos progressistas e a dos cristãos conservadores (tanto católicos quanto protestantes) – "uma colisão de valores" (*Wertkollision* – outro termo weberiano) que, em situações extremas tais como a da América Latina na década de 1980, pode até se transformar em uma guerra civil. Por outro lado, *ad extra,* a expressão foi usada pelos próprios teólogos da libertação – sem referência a Weber – para descrever o conflito entre o Deus libertador, como eles o concebem, e os ídolos da opressão representados pelo Dinheiro, pelo Mercado, pela Mercadoria, pelo Capital etc.[1]

Nascido e criado no Brasil, em uma família de imigrantes judeus, desde minha juventude sou política e intelectualmente ligado à tradição marxista; sinto, ao mesmo tempo, uma intimidade (como latino-americano) com o objeto de estudo e uma distância dele (como pessoa sem fé). Não tenho intenção de negar minha simpatia ética e política por aqueles cristãos que apostaram tudo na luta pela auto-emanciapação dos pobres na América Latina; mas espero que a leitura do livro possa trazer benefícios também para aqueles que não compartilham meus valores e escolhas.

POST-SCRIPTUM (2016)

Uma versão anterior deste livro foi publicada pela editora Vozes no ano 2000 e recebeu o Prêmio Sérgio Buarque de Hollanda, categoria Ensaio, da Biblioteca Nacional. Decidi entregar o dinheiro do prêmio ao Movimento dos Trabalhadores Sem Terra (MST).

Na impossibilidade de uma atualização geral do livro, fizemos apenas alguns ajustes e acréscimos, entre os quais um anexo sobre as origens do MST e um *post-scriptum* sobre o Papa Bergoglio.

---

1. Por exemplo, veja Hugo Assmann, Franz Hinkelemmert, Jorge Pixley, Pablo Richard e Jon Sobrino, *La Lucha de los dioses. Los ídolos de la opresión y la búsqueda del Dios Libertador,* San José (Costa Rica), DEI (Departamento Ecumênico de Investigações) 1980. O nome de Max Weber não é mencionado nessa coleção magnífica de ensaios.

CAPÍTULO 1

RELIGIÃO E POLÍTICA: REVISITANDO MARX E WEBER

CAPÍTULO 1

Marxismo e religião: ópio do povo?

Será que a religião ainda é, como Marx e Engels a consideravam no século XIX, um reduto da reação, do obscurantismo e do conservadorismo? Será que ela ainda é uma espécie de narcótico, que intoxica as massas e as impede de pensar e de agir claramente em seus próprios interesses? Em grande medida, a resposta é "sim". A visão de Marx e Engels se aplica muito bem às correntes fundamentalistas das principais religiões (cristã, judaica e muçulmana), ao conservadorismo católico, à maioria dos grupos evangélicos (e sua expressão da chamada "Igreja Eletrônica") e à maioria das novas seitas religiosas – algumas das quais, como a conhecida Igreja de Moon, não são nada mais que uma combinação cuidadosa da manipulação financeira, lavagem cerebral obscurantista e um anticomunismo fanático.

No entanto, a emergência do cristianismo revolucionário e da teologia de libertação na América Latina (e em outras regiões) abre um novo capítulo histórico e levanta questões também novas que não podem ser respondidas sem uma renovação da análise marxista da religião. Inicialmente, quando se deparavam com um fenômeno semelhante, os marxistas utilizavam um modelo tradicional de interpretação, contrapondo à Igreja (o clero), um órgão totalmente reacionário, os trabalhadores e camponeses cristãos, que poderiam ser considerados defensores da revolução. Em 1966, ainda era possível considerar-se como excepcional a morte de um padre, padre Camilo Torres, que tinha se juntado à guerrilha colombiana e foi assassinado em um confronto com o exército, naquele mesmo ano. Mas o envolvimento cada vez maior de cristãos – inclusive muitas religiosas e padres – nas lutas populares e sem envolvimento maciço na Revolução Sandinista, obviamente demonstraram a necessidade de uma nova abordagem. Marxistas que se frustraram ou ficaram confusos com esses acontecimentos ainda recorrem à diferença comum entre a prática social válida desses cristãos e sua ideologia religiosa, definida como necessariamente reacionária e idealista. Mas com a Teologia da Libertação vemos o surgimento de um pensamento religioso que usa conceitos marxistas e que serve de inspiração para as lutas pela libertação social.

Na verdade, algo novo aconteceu no cenário religioso latino-americano nas últimas poucas décadas, e algo que tem grande relevância para a história mundial. Um setor significativo da Igreja – tato fieis, como clero – na América Latina, mudou de posição na área de lutas sociais, passando, com seus recursos materiais e espirituais, para o lado dos pobres e de sua luta por uma sociedade nova. Será que o marxismo poderá nos ajudar a explicar esse evento inesperado?

A conhecida frase "a religião é o ópio do povo" é considerada a quinta-essência da concepção marxista do fenômeno religioso, não só pela maioria daqueles que apoiam Marx como também por seus adversários. Até que ponto essa visão é apropriada? Em primeiro lugar, devemos enfatizar que essa afirmação *não é, de modo algum, especificamente marxista*. A mesma frase pode ser encontrada, em vários contextos, nos escritos de Kant, de Herder, de Feuerbach, de Bruno Bauer, de Moses Hess e de Heinrich Heine. Em seu ensaio sobre Ludwing Borne, por exemplo, Heine já usa a frase, de uma maneira positiva (embora irônica). "Bem-vinda seja a religião que verta, no cálice amargo do sofrimento humano, algumas gotas doces e soporíficas de ópio espiritual, algumas gotas de amor, de esperança e de fé". Moses Hess, em ensaios publicados na Suíça, em 1843, adota uma posição mais crítica (mas mesmo assim ambígua): "A religião pode tornar suportável... a triste consciência da escravidão... da mesma forma que o ópio é útil no caso de doenças penosas" [1].

A expressão apareceu pouco tempo depois no artigo de Marx sobre *Philosophy of Right*, de Hegel (1844). Uma leitura cuidadosa do parágrafo de Marx onde aparece essa frase revela que ela é mais qualificada e menos unilateral do que se crê normalmente. Embora obviamente contrário à religião, Marx leva em consideração o caráter duplo do fenômeno: "A angústia religiosa é, ao mesmo tempo, a *expressão* da verdadeira angústia e um *protesto* contra a verdadeira angústia. A religião é o suspiro da criatura oprimida, o coração de um mundo sem coração, assim como é o espírito de um mundo sem espírito. É o *opiato* do povo"[2].

Se lermos todo o ensaio, nos daremos conta de que o ponto de vista de Marx deve mais ao neo-hegelianismo de esquerda, que via a religião como alienação da essência humana, do que à filosofia do Iluminismo, que simplesmente a denunciava como sendo uma conspiração do clero. Na verdade, quando Marx escreveu o texto acima, ainda era discípulo de Feuerbach e um neo-hegelianista. Sua análise da religião é, portanto, pré-marxista, sem qualquer referência às classes sociais e bastante a-histórica. Mas tinha, sim, uma qualidade dialética, captando a natureza contraditória da "angústia" religiosa: tanto a legitimação das condições existentes como um protesto contra elas.

Foi só mais tarde, sobretudo sobretudo em *A Ideologia Alemã* (1846), que teve início o verdadeiro estudo marxista da religião como uma realidade social e histórica. O elemento principal desse novo método para a análise da religião é abordá-la como uma das muitas formas de ideologia – ou seja, das produções espirituais de um povo, da produção

---
1. Citado em Helmut Gollwitzer, "marxistische religionskritik und christlicher Glaube", Marxismusstudien, quarta edição, Tubingen: J.C.B. Mohr, 1962, p. 15-16. Outras referências a essa expressão podem ser encontradas nesse artigo.
2. Karl Marx, "Towards the Critique of Hegel's Philosophy os Right" (1844), in: Louis S. Feuer (org.), Marx and Engels, Basic Writings on Politics and Philosophy. Londres: Fontana, 1969, p. 304.

de ideias, de representações e consciência, necessariamente condicionada pela produção material e pelas relações sociais correspondentes. Embora de vez em quando Marx use o conceito de "reflexo" – que levou várias gerações de marxistas para um desvio estéril – a ideia principal do livro é a necessidade de explicar a gênese e o desenvolvimento de várias formas de consciência (religião, ética, filosofia etc.) em termos das relações sociais, "através das quais, é claro, é possível considerar o conjunto total em sua totalidade (e, portanto, também a ação recíproca desses vários aspectos uns sobre os outros) "³. Toda uma escola "dissidente" da sociologia da cultura marxista (Lukács, Goldmann) prefere o conceito dialético de *totalidade* em vez da teoria do *reflexo*.

Após haver escrito, com Engels, *A Ideologia Alemã*, Marx não deu mais muita atenção à religião propriamente dita – isto é, a religião como um universo de significado cultural-ideológico específico. No entanto, no primeiro volume *d'O Capital* podemos encontrar algumas observações metodológicas interessantes, como, por exemplo, a conhecida nota de rodapé onde Marx responde ao argumento de que a importância da política nos tempos antigos e da religião na Idade Média revela a impropriedade da interpretação materialista da história: "Nem poderia a Idade Média viver do catolicismo, nem a Antiguidade da política. As condições econômicas respectivas explicam, de fato, por que o catolicismo lá e a política aqui desempenharam papel dominante (*Hauptrolle*)"⁴. Marx nunca se preocupou em fornecer as razões econômicas para a importância da religião na Idade Média, mas esse texto é significativo, ao admitir que, sob certas circunstâncias históricas, a religião pode realmente desempenhar um papel decisivo na vida de uma sociedade.

Apesar da sua falta de interesse pela religião de um modo geral, Marx deu alguma atenção ao relacionamento entre protestantismo e capitalismo. Vários textos em *O Capital* fazem referência à contribuição do

---
3. Karl Marx e Friedrich Engels, The German Ideology, in: *ibid.*, p. 50.
4. Karl Marx, *Das Kapital*, Berlin: Dietz Verlag, 1968, vol. 1, p. 96.

protestantismo para a acumulação primitiva de capital – por exemplo, ao estimular a expropriação da propriedade da Igreja e dos pastos comuns. No *Grundrisse* – meio século antes do famoso ensaio de Max Weber – Marx faz o seguinte brilhante comentário sobre a íntima associação entre protestantismo e o capitalismo:

> O culto do dinheiro tem seu ascetismo, sua autonegação, seu auto-sacrifício – economia e frugalidade, desprezo dos prazeres mundanos, temporais e passageiros, a caça ao tesouro *eterno*. Daí a conexão (*Zusammenhang*) entre puritanismo inglês ou o protestantismo holandês e o fazimento de dinheiro. (*Geldmachen*).[5]

O paralelo (mas não a identidade) com a tese de Weber é surpreendente, principalmente se pensarmos que o autor de *A Ética Protestante* não poderia ter lido esse texto (O *Grundrisse* só foi publicado pela primeira vez em 1940).

Por outro lado, Marx muitas vezes se referia ao capitalismo como "religião do cotidiano" baseada no fetichismo da mercadoria. Descreveu o capital como "um Moloch que exige o mundo inteiro como sacrifício a ele devido" e o progresso capitalista como "um monstruoso deus pagão que só quer beber néctar nos crânios dos mortos". Sua crítica à economia política é recheada de referências à idolatria: Baal, Moloch, Mammon, o Bezerro Dourado e, é claro, o próprio conceito de "fetiche". No entanto, sua linguagem tem um significado um pouco mais metafórico do que substantivo (em termos de sociologia da religião)[6].

Friedrich Engels demonstrou (provavelmente devido a sua educação piedosa) um interesse muito maior que o de Marx nos fenômenos religiosos e em seu papel histórico. A principal contribuição de Engels

---

5. Karl Marx, *Das Kapital*, p. 749-750; Foundations of the Critique of Political Economy (Rough Draft), Harmondsworth: Penguin, 1973, p. 232; e Grudisse der Kritik der Politischen Okonomie. Berlim: Dietz Verlag, p. 143.
6. Karl Marx, Werke, Berlin: Dietz Verlag, 1960, vol 9, p. 226 e vol. 26, p. 488. Alguns teólogos da libertação (Enrique Dussel, Hugo Assmann) faze uso extensivo dessas referências em sua definição de capitalismo como idolatria.

para o estudo marxista das religiões é sua análise do relacionamento das representações religiosas com a *luta de classes*. Além e acima da polêmica filosófica do "materialismo contra o idealismo", Engels estava interessado em entender e explicar as formas sociais e históricas concretas da religião. O cristianismo já não lhe parecia (como havia parecido a Feuerbach) uma "essência infinita", e sim um sistema cultural, passando por transformações nos vários períodos históricos: primeiro, como uma religião de escravos, depois como a ideologia estatal do Império Romano, a seguir feita sob medida para a hierarquia feudal e, finalmente, adaptada à sociedade burguesa. Aprece assim como um espaço simbólico pela qual lutavam forças antagônicas – no século XVI, por exemplo, a teologia feudal, o protestantismo burguês e as heresias plebeias.

Ocasionalmente, sua análise escorrega na direção de um utilitarismo restrito, uma interpretação instrumental dos movimentos religiosos "(...) cada uma das várias classes usa sua própria religião mais adequada (...) e faz pouca diferença se esses senhores creem ou não em suas religiões respectivas"[7]. Parece que, nas várias formas de crença, Engels não encontra nada além de um "disfarce religioso" dos interesses de classe. No entanto, graças ao tratamento que deu à luta de classes, Engels compreendeu – ao contrário dos filósofos do Iluminismo – que o clero não era um corpo social homogêneo e que, em certas conjunturas históricas, dividia-se segundo sua composição de classe. Assim, durante a reforma, tínhamos, de um lado, o alto clero que era a cúpula feudal da hierarquia, e, do outro, o baixo clero, que fornecia os ideólogos da Reforma e do movimento camponês revolucionário[8].

Embora materialista, ateísta e inimigo irreconciliável da religião, Engels conseguiu, apesar disso, captar, como o fez o jovem Marx, o caráter duplo do fenômeno: seu papel como legitimadora da ordem estabelecida mas também, dependendo das circunstâncias sociais, seu papel

---

7. Friedrich Engels, "Ludwig Feuerbach and the End of Classical German Philosopy", in: Fuer (org.), *Marx and Engels, Basic Writings*, p. 281.
8. Friedrich Engels, "The Peasant War in Germany", in: *ibid.*, p. 422-475.

crítico, de protesto e até revolucionário. Além disso, a maioria dos estudos concretos que ele escreveu referem-se às formas *rebeldes* de religião.

Primeiramente, seu interesse era o cristianismo primitivo, que é definido como a religião dos pobres, dos exilados, dos amaldiçoados, dos perseguidos e oprimidos. Os primeiros cristãos vieram dos níveis mais baixos da sociedade: escravos, homens livres que tinham seus direitos abolidos e pequenos camponeses, incapacitados devido as dívidas.[9] Engels chegou mesmo a elaborar um paralelo surpreendente entre esse cristianismo primitivo e o socialismo moderno: a) os dois grandes movimentos que não são criação de líderes e profetas – embora não faltem profetas em nenhum dos dois; b) ambos são movimentos dos oprimidos, dos que sofrem perseguição e cujos membros são proscritos e caçados pelas autoridades do governo; e c) ambos pregam uma libertação iminente da escravidão e da miséria. Para embelezar sua comparação, Engels, de uma maneira um tanto provocativa, citou uma frase do historiador francês Renan: "Se você quiser ter uma ideia de como eram as primeiras comunidades cristãs, dê uma olhada na filial mais próxima da Associação Internacional de Trabalhadores".

Segundo Engels, o paralelo entre o socialismo e o cristianismo primitivo está presente em todos os movimentos que sonham, através dos séculos, restaurar a religião dos cristãos primitivos – dos Taboritas de John Zizka (com muita memória gloriosa) passando pelos Anabatistas de Thomas Munzer até (depois de 1830) os comunistas da Revolução Francesa e os partidários do comunismo utópico alemão, de Wilhem Weitling. Ainda permanece, no entanto, aos olhos de Engels, uma diferença essencial entre os dois movimentos: os cristãos primitivos colocam a liberdade do mundo no além, enquanto que o socialismo a coloca nesse mundo[10].

Mas será que essa diferença é assim tão óbvia como parece à primeira vista? Em seu estudo das grandes guerras camponesas na Alema-

---
9. Friedrich Engels, *Anti-Duhring*. Londres: Lawrence & Wishart, 1969, p. 121-122, 407.
10. Friedrich Engels, "Contribuition to a History of Primitive Christianismy", in: Marx e Engels, *On Religion*. Londres: Lawrence & Wishart, 1960, cap 25.

nha, Thomas Munzer, o teólogo e líder dos camponeses revolucionários e dos plebeus heréticos (Anabatistas) do século XVI, desejava o estabelecimento imediato de um Reino de Deus na terra, o milenário Reino dos Profetas. Segundo Engels, o Reino de Deus, para Munzer, era uma sociedade sem diferenças de classes, sem propriedade privada ou autoridade estatal que fosse independente dos membros daquela sociedade ou alheia a eles. No entanto, Engels caiu na tentação de reduzir a religião a um estratagema: falou da "fraseologia" cristã de Munzer e de sua "capa" bíblica[11]. A dimensão especificamente religiosa do milenarismo munzeriano – sua força espiritual e moral, sua profundidade mística, genuinamente sentida – parece havê-lo eludido.

Engels não esconde sua admiração pelo profeta quiliasta alemão, cujas ideias ele descreve como "quase comunistas" e "revolucionárias religiosas"; a seu ver, essas ideias eram menos que uma síntese de reivindicações plebeias da época que uma "antecipação brilhante" dos objetivos emancipatórios futuros do proletariado. Essa dimensão antecipatória e utópica da religião – que não deve ser explicada em termos da teoria de reflexo – não é mais explorada por Engels mas é elaborada intensa e detalhadamente (como veremos mais tarde) por Ernst Bloch.

Segundo Engels, o último movimento revolucionário empreendido sob a bandeira da religião foi o Movimento Puritânico inglês do século XVII. O fato de que foi a religião, e não o materialismo, que forneceu a ideologia para essa revolução, deve-se à natureza politicamente reacionária dessa filosofia na Inglaterra, representada por Hobbes e outros partidários do absolutismo real. Ao contrário desse materialismo e deísmo conservador, as seitas protestantes deram à guerra contra os Stuarts sua bandeira religiosa e seus combatentes[12]. Essa análise é bastante interessante: rompendo com a visão linear da história herdada do Iluminismo, Engels reconhece que a luta entre o materialismo e a religião

---
11. Friedrich Engels, "The Peasant War in Germany", 1850, in: Fuer (org.), *Marx and Engels, Basic Writings*, p. 464.
12. Friedrich Engels, "On Materialism", in: *ibid.*, p. 99.

não corresponde necessariamente à guerra entre revolução e contrarrevolução, progresso e regressão, liberdade e despotismo, classes oprimidas e classes dominantes. Nesse caso específico, o relacionamento é exatamente o oposto: religião revolucionária contra materialismo absolutista.

Engels estava convencido de que desde a Revolução Francesa a religião já não podia funcionar como uma ideologia revolucionária e surpreendeu-se quando os comunistas franceses e alemães – tais como Cabet ou Weitling – afirmaram que "cristianismo é comunismo". Esse desacordo a respeito da religião foi uma das razões mais importantes para a não participação dos comunistas franceses nos Anuários Franco-Alemães (1844) e para a ruptura com Weitling em 1846.

Engels não poderia ter previsto a Teologia da Libertação, mas, graças à sua análise dos fenômenos religiosos do ponto de vista da luta de classes, trouxe à tona o potencial de protesto da religião e abriu caminho para uma nova abordagem ao relacionamento entre religião e sociedade que difere, por um lado, da filosofia do Iluminismo (religião como conspiração do clero) e, por outro, do neo-hegelianismo alemão (religião como essência humana alienada).

A maior parte dos estudos marxistas sobre religião do século XX se restringem a comentar ou desenvolver as ideias esboçadas por Marx e Engels, ou a aplica-las a uma realidade específica. Esse foi o caso, por exemplo, dos estudos históricos do cristianismo primitivo, das heresias medievais, de Tomás More a Tomás Munzer, feitos por Karl Kautsky. Este considerou todas essas correntes religiosas como movimentos comunistas e "precursores do socialismo moderno" (esse foi o título do seu conjunto de ensaios), cujo objetivo era uma espécie de comunismo distributivo – em oposição ao comunismo produtivo do movimento trabalhista moderno. Embora Kautsky nos dê uma série de ideias interessantes sobre os detalhes das bases sociais e econômicas desses movimentos e sobre suas aspirações comunistas, de um modo geral, reduz suas crenças a um simples "envelope" (Hulle) ou "roupagem" (Gewand) que "esconde" seu conteúdo social. As manifestações místicas, apocalípticas e quiliastas das heresias medievais, a seu ver, não são nada mais que expressões do desespero resultante da impossibilidade de realizar os ideais comunistas[13]. Em seu livro sobre a Reforma Alemã, Kautsky não perde tempo com a dimensão religiosa da luta entre católicos, luteranos e anabatistas, menosprezando aquilo que ele chama de "brigas teológicas" [*theologischen Zankereien*] entre aqueles movimentos religiosos, acha que a única tarefa do historiador é buscar as origens das lutas daqueles períodos nas contradições de interesses materiais. As 95 teses de Lutero não são tanto uma briga sobre dogmas quanto um conflito sobre questões econômicas: a bolsa de dinheiro [Geldbeutel] que Roma extorquiu da Alemanha na forma de impostos eclesiásticos[14].

O livro de Kautsky sobre Tomás More é mais original: nos dá um quadro arrebatador e idílico do cristianismo popular medieval como uma religião alegre e feliz, cheia de vitalidade, de comemorações e festas animadas. O autor de *Utopia* é apresentado como o último representante desse catolicismo popular feudal antigo – bastante diferente do catolicismo jesuítico moderno. Segundo Kautsky, Tomás More escolheu o catolicismo e não o protestantismo como religião porque se opunha à proletarização forçada dos camponeses, resultante da destruição da Igreja tradicional e da propriedade comunitária da terra pela Reforma Protestante na Inglaterra. Por outro lado, as instituições religiosas da ilha "Utopia" mostram que Tomás More estava longe de ser partidário do autoritarismo católico estabelecido: o que defendia era a tolerância religiosa, a abolição do celibato do clero, a eleições de padres por comunidades e a ordenação de mulheres. [15]

Muitos marxistas no movimento trabalhista europeu eram radicalmente hostis à religião, mas acreditavam que a batalha ateísta contra a

---

13. Karl Kautsky, Vorlaufer des neureren Sozialismus. Ester Band. Kommunistische Bewegungen im Mittelelalter. Stuttgart: Dietz Verlag, 1913, p. 170, 198, 200-202.
14. Karl Kautsky, *Der Kommunismus in der deustschen Reformation*. Stuttgart: Dietz Verlag, 1921, p. 3, 5.
15. Karl Kautsky, *Thomás More und seine Utopie*. Stuttgart: Dietz Verlag, 1890, p. 101, 244-249, 325-330.

ideologia religiosa devia ser subordinada às necessidades concretas da luta de classes, que demandava unidade entre trabalhadores que acreditam em Deus e os que não acreditam nele. O próprio Lênin, denunciou a religião como "um nevoeiro místico", insistiu em seu artigo "Socialismo e religião" (1905) que o ateísmo não devia ser parte do programa do Partido porque "a unidade na luta verdadeiramente revolucionária das classes oprimidas para a criação do paraíso na terra é mais importante para nós do que a unidade da opinião proletária sobre o paraíso no céu"[16].

Rosa Luxemburgo partilhou dessa estratégia, mas elaborou uma abordagem distinta e original. Embora sendo, ela própria, uma ateísta convicta, em seus escritos, Rosa atacava a política reacionária da Igreja, em nome da sua própria tradição, menos do que a religião propriamente dita. Em um ensaio escrito em 1905 ("Igreja e Socialismo") ela afirmou que os socialistas modernos são mais fiéis aos princípios originais do Cristianismo que o clero conservador dos dias de hoje. Como os socialistas lutam por uma ordem social de igualdade, liberdade e fraternidade, padres, se é que honestamente desejem implementar, na vida da humanidade, o princípio cristão "ame seu vizinho como a si mesmo" deveriam acolher o movimento socialista com prazer. Quando o clero apoia os ricos e os que exploram e oprimem os pobres, estão agindo em contravenção explícita aos ensinamentos de Cristo: não estão servindo a Cristo e, sim, ao Bezerro de Ouro. Os primeiros apóstolos do cristianismo eram comunistas dedicados e os Pais da Igreja (como S. Basílio, o Grande, e João Crisóstomo) denunciavam a injustiça social. Hoje, essa causa foi adotada pelo movimento socialista, que leva aos pobres o Evangelho da fraternidade e da igualdade e exorta o povo para que se estabeleça o Reino da Liberdade e o amor ao próximo na terra[17]. Em vez de conduzir uma batalha filosófica em nome do materialismo, Rosa Luxemburgo tentou resgatar a dimensão social da tradição cristã para o movimento trabalhista.

---

16. V. I. Lênin, "Socialism and Religion" (1905), in: *Collected Works*, Moscou: Progress, 1972, vol. 10, p. 86.
17. Rosa Luxemburgo, "Kirche und Sozialismus" (1905), in: *Internationalismus und Klasenkampf*. Neuwied: Lucchterhand, 1971, p. 45-47, 67-75.

Os marxistas austríacos, como Otto Bauer e Max Adler, foram muito menos hostis à religião que seus companheiros alemães e russos. Pareciam achar que o marxismo era compatível com algum tipo de religião, mas isso se referia principalmente à religião como "crença filosófica" e não às tradições religiosas concretas e históricas.[18]

Na Internacional Comunista não se dava muita atenção à religião, embora um número significativo de cristãos tenha entrado para o movimento e um antigo pastor protestante, Jules Humbert-Droz, tenha se tornado, durante a década de 1920, uma das figuras mais importantes do Comintern. A ideia predominante entre os marxistas da época era que um cristão que se tornava socialista ou comunista necessariamente abandonava suas antigas crenças religiosas, consideradas "anticientíficas" e "idealistas". A maravilhosa peça de Bertold Brecht *Saint Joan of the Stocyards* (1932) é um bom exemplo desse tipo de abordagem à conversão dos cristãos à luta para a emancipação do proletariado. Brecht descreve, com grande percepção, o processo pelo qual Joan, uma das líderes do exército de salvação, descobre a verdade sobre a exploração e a injustiça social e morre renegando sua visão anterior. Mas, para Brecht, deve haver uma ruptura absoluta e total entre sua fé cristã antiga e seu credo novo, da luta revolucionária. Pouco antes de morrer, Joan diz ao povo:

"Se algum dia alguém vier lhe dizer
Que existe um Deus, por mais que invisível,
Do qual você possa esperar ajuda,
Bata-lhe forte na cabeça com uma pedra,
Até que ele morra."

A ideia de Rosa Luxemburgo, de que seria possível lutar pelo socialismo em nome dos verdadeiros valores do Cristianismo original, perdeu-se nessa espécie de perspectiva "materialista" grosseira e ligeiramente intolerante. Aliás, uns pouco anos depois de Brecht haver escrito

---
18. Sobre o tema, veja o livro interessante e útil de David McClellan *Marxism and Religion*. Nova Iorque: Harper & Row, cap. 3.

a peça, surgiu, na França, um movimento de cristãos revolucionários, com vários milhares de seguidores, que apoiou o movimento trabalhista ativamente, sobretudo suas tendências mais radicais (a ala esquerda do Partido Socialista). O slogan mais conhecido do movimento era "somos socialistas por que somos cristãos"[19].

Entre os líderes e pensadores do movimento comunista, Gramsci foi provavelmente o que dedicou mais atenção às questões religiosas. Ao contrário de Engels ou de Kautsky, Gramsci não se interessou pelo cristianismo primitivo, ou pelas heresias comunistas da Idade Média, e, sim, pelo funcionamento da Igreja Católica: foi um dos primeiros marxistas que tentou entender o papel contemporâneo da Igreja e o peso da cultura religiosa entre as massas populares. Nos escritos de sua juventude, Gramsci mostrou ter simpatia pelas formas progressistas de religiosidade. Ficou fascinado, por exemplo, pelo socialista cristão Charles Péguy: "a característica mais evidente da personalidade de Péguy é a religiosidade, a fé intensa... Seus livros estão repletos desse misticismo inspirado pelo entusiasmo mais puro e persuasivo, que adota a forma de uma prosa muito pessoal, de modulação bíblica". Ao ler *Notre Jeunesse*, de Péguy:

> ficamos intoxicados com aquele sentimento religioso místico de socialismo, de justiça que se espalha por toda parte... sentimos em nós mesmos uma nova vida, uma fé mais forte que vai além das polêmicas comuns e miseráveis dos políticos materialistas, pequenos e vulgares.[20]

Os escritos mais substanciais de Gramsci sobre religião, no entanto, serão encontros nos *Prison Notebooks,* que apesar de sua natureza fragmentária, pouco sistemática e alusiva, contém observações extrema-

---
19. Veja a excelente pesquisa de Agnés Rochefort-Turquin, *Socialistes parce que chrétiens*. Paris: Cerf, 1986.
20. Antonio Gramsci, "Carlo Péguy ed Ernesto Psichari" (1916), in: *Scritti Giovanili* 1914-1918. Turim: Einaudi, 1958, p. 33-34; "I movimenti e Coppoleto" (1916), in: *Sotto la Mole*, Turin: Einaudi, 1972, p. 118-119. Gramsci parecia também interessado, no início da década de 1920, no movimento camponês liderado por um católico de esquerda, G. Miglioli. A esse respeito, veja o extraordinário livro de Rafael Diaz-Salazar, *El proyecto de Gramsci*. Barcelona: Ahthropos, p. 96-97.

mente profundas sobre o tema. A crítica inteligente e irônica que faz das formas conservadoras de religião – especialmente do tipo de catolicismo jesuíta, que ele detestava profundamente – não impediu que ele também percebesse a dimensão utópica do pensamento religioso:

> A religião é a utopia mais gigantesca, a 'metafísica' mais gigantesca que a história jamais conheceu, porque é a tentativa mais grandiosa de reconciliar, de forma mitológica, as contradições verdadeiras da vida histórica. Ela afirma, na verdade, que a humanidade tem a mesma natureza, que o homem... tendo sido criado por Deus, sendo filho de Deus e, portanto, irmão dos demais homens, é igual aos demais homens, e livre entre os outros homens como eles...; mas ela afirma também que tudo isso não é deste mundo, mas sim de um outro (a utopia). Por isso que as ideias de igualdade, fraternidade e liberdade fermentaram entre os homens... Por isso é que sempre ocorre que em cada agitação radical da multidão, de uma maneira ou de outra, com formas específicas e ideologias específicas, essas reivindicações sempre são levantadas.

Gramsci insistiu também nas diferenças internas da Igreja segundo as orientações ideológicas – as correntes liberal, modernista, jesuítica e fundamentalista na cultura católica – e segundo as diversas classes sociais: "todas as religiões... são na verdade uma multiplicidade de religiões diferentes e muitas vezes contraditórias: há um catolicismo para camponeses, um catolicismo para a pequeno burguesia e um catolicismo para intelectuais". Além disso, ele acreditava que o cristianismo é, em certas condições históricas, "uma forma necessária da vontade das massas populares, uma forma específica de racionalidade no mundo e da vida"; mas isso se aplica somente à religião inocente do povo, não "ao cristianismo jesuítico" [cristianesmo gesuitizzato] que é "narcótico puro para as massas populares". [21]

---

21. Antonio Gramsci, *Selections from the Prison Notebooks*, org.: Quintin Hoare e G. Nowell Smith, Londres: New Left Books, 1971, p. 328, 397, 405; *Il Materialismo Storico*. Roma: Editori Riuniti, 1979, p. 17.

A maioria das anotações de Gramsci se relaciona com a história e o atual papel da Igreja Católica na Itália; sua expressão social e política através da Ação Católica e do Partido do Povo, seu relacionamento com o Estado e com as classes subordinadas, e assim por diante. Embora focalizando as diferenças de classe no interior da Igreja, Gramsci também estava consciente da autonomia relativa da instituição, como um órgão composto de "intelectuais tradicionais" (o clero e os intelectuais católicos leigos) – isto é, intelectuais ligados a um passado feudal e não conectados "organicamente" a alguma classe social moderna. É por isso que o motivo principal para as ações políticas da Igreja e para a sua relação conflituosa com a burguesia italiana é a defesa de seus interesses corporativistas, de seu poder e de seus privilégios.

Um dos maiores interesses de Gramsci era a Reforma protestante; ao contrário de Engels e Kautsky, no entanto, ele se preocupou mais com Lutero e Calvino, não se concentrando muito em Tomás Munzer e nos Anabatistas. Como leitor cuidadoso da *Ética Protestante*, de Max Weber, para Gramsci, a transformação da doutrina calvinista sobre predestinação, "um dos impulsos mais importantes para a iniciativa prática que ocorreu na história mundial", é um exemplo clássico da passagem de uma visão do mundo para a norma prática de comportamento. Até certo ponto, podemos considerar que, focalizando o papel produtivo das ideias e representações através da história, Gramsci usou Weber para combater a abordagem economicista do marxismo vulgar[22].

Seu relacionamento com o protestantismo, no entanto, abrangia muito mais que essa mera questão metodológica: para Gramsci, a reforma protestante, como movimento verdadeiramente nacional/popular, capaz de mobilizar as massas, era uma espécie de paradigma para a grande "reforma moral e intelectual" que o marxismo busca realizar; a filosofia da práxis 'corresponde à conexão Reforma Protestante + Revo-

---

22. Gramsci, *Il Materialismo Storico*, p. 17-18 (referência direta a Weber) 50, 110. Veja também M. Montanari, "Razionalità e tragicità del moderno in Gramsci", *Crítica Marxista*, 2-3, 1987, p. 58.

lução Francesa: é uma filosofia que é também política e uma política que também é filosofia". Enquanto Kaustky, que vivia na Alemanha protestante, idealizou o Renascimento Italiano e menosprezou a Reforma considerando-a "coisa de bárbaros", Gramsci, o marxista italiano, elogiava Lutero e Calvino e acusava o Renascimento de ter sido um movimento aristocrático e reacionário[23].

Apesar de ricas e estimulantes, as observações de Gramsci acabam por seguir o padrão marxista clássico para analisar a religião. O primeiro autor a mudar radicalmente o arcabouço teórico, sem, no entanto, abandonar a perspectiva marxista revolucionária foi Ernst Bloch. Como Engels, Bloch distinguiu duas correntes opostas: de um lado, a religião teocrática das igrejas oficiais, o ópio do povo, um aparato mistificador a serviço dos poderosos; do outro, o submundo, a religião subversiva e herética dos Albigenses, dos Hussitas, de Joaquim de Fiori, Tomás Munzer, Franz von Baader, Wilhelm Weitling e Leon Tolstoy. Porém, ao contrário de de Engels, Bloch recusou-se a ver a religião unicamente como uma "roupagem" acobertando interesses de classe; na verdade, criticou essa concepção explicitamente, atribuindo-a unicamente a Kautsky. Em suas formas de protesto e rebeldes, a religião é uma das formas mais significativas de consciência *utópica*, uma das expressões mais ricas do *princípio da esperança*. Através de sua capacidade de antecipação criativa, a escatologia judaico-cristã – o universo religioso preferido de Bloch – contribui para formular o espaço imaginário daquilo que *ainda-não-é*[24].

Com base nessas pressuposições filosóficas, Bloch desenvolve uma interpretação da Bíblia – tanto do Antigo quanto do Novo Testamento – que é heterodoxa e iconoclasta, trazendo à tona a *Biblia pauperum*, que acusa os Faraós e exorta a cada um e a todos para que escolham *aut Caesar aut Christus*, ou César ou Cristo.

---

23. Gramsci, *Il Materialismo Storico*, p. 105. Veja também Kautsky, *Thomás More und seine Utopie*, p.76.
24. Ernst Bloch, *Das Prinzip Hoffnung*, Frankfurt/Main: Suhrkam Verlag, 1959, 3 vols; *Atheismus im Christentum. Zur Religion des Exodus und des Reichs*. Frankfurt/Main: Suhrkam Verlag, 1968.

Um ateísta religioso – segundo ele só um ateísta pode ser um bom cristão e vice-versa – e um teólogo da revolução, Bloch não só produziu uma leitura marxista do milenarianismo (segundo Engels) mas também, e isso foi algo novo, uma *interpretação milenária do marxismo*, na qual a luta socialista pelo Reino da Liberdade é vista como herdeira direta das heresias escatológicas e coletivistas do passado.

É claro que Bloch, como o jovem Marx da famosa citação de 1844, reconhecia o caráter duplo do fenômeno religioso, seu aspecto opressivo assim como seu potencial para a rebelião. O primeiro requer o uso daquilo que ele chamava de "a corrente fria do marxismo": a incansável análise materialista de ideologias, ídolos e idolatrias. O segundo, no entanto, requer a "corrente tépida do marxismo", que busca resgatar o excedente utópico da religião, sua força crítica e antecipadora. Além de qualquer "diálogo" Bloch sonhava com uma autêntica união entre o cristianismo e a revolução, como a que havia ocorrido durante as Guerras Camponesas do século XVI.

As ideias de Bloch eram, até certo ponto, compartilhadas por alguns dos membros da Escola de Frankfurt. Max Horkheimer achava que a "a religião é o registro dos desejos, das nostalgias (*Sehnsuchte*) e das acusações de inúmeras gerações"[25]. Erich Fromm, em seu livro *O Dogma de Cristo* (1930), usou o marxismo e a psicanálise para lançar luz sobre a essência messiânica, plebeia, igualitária e antiautoritária do cristianismo primitivo. E Walter Benjamin tenta combinar, em uma análise única e original, a teologia e o marxismo, o messianismo judaico e o materialismo histórico, e a luta de classes e a salvação[26].

A obra de Lucien Goldmann é outra tentativa de abrir novos caminhos que renovem o estudo marxista da religião. Embora com uma motivação bastante diferente da de Bloch, Goldmann também tinha in-

---
25. Max Horkheimer, "Gedanke zur Religion" (1935), in: Kritische Theorie. Frankfurt/Main: S. Fischer Verlag, 1972, vol. 1, p. 374.
26. Veja Michel Lowy "Revolution against progress": Walter Benjamimn's Romantic Anarchism", *New Left Review*, n. 152, novembro-dezembro 1985; e "Religion, Utopia and Countermodernity: The Allegory of the Angel of History in Walter Benjamin", in: Michel Lowy, *On Changing The Word*, Atlantic Highlands. NJ: Humanities Press, 1993.

teresse em salvar os valores morais e humanos da tradição religiosa. Em seu livro *O Deus Escondido* (1955) ele elaborou uma análise sociológica extremamente sutil e inovadora da heresia jansenista (incluindo o teatro de Racine e a filosofia de Pascal) como sendo uma visão de mundo trágica, que expressava a situação peculiar de uma camada social (*a noblesse de robe*) no século XVII na França. Uma de suas novidades metodológicas foi associar a religião não só aos interesses das classes, mas também a toda a *condição existencial*: examinou, portanto, como essa camada jurídica e administrativa, dividida entre sua dependência da monarquia absoluta e sua oposição a ela, deu uma expressão religiosa a seus dilemas na trágica visão de mundo jansenista. Segundo David McLellan, essa é a "mais extraordinária de todas as análises específicas da religião produzidas pelo marxismo ocidental"[27].

A parte mais surpreendente e original da obra de Goldmann é, no entanto, a tentativa de comparar – sem assimilar um ao outro – a fé religiosa e a fé marxista: ambas têm em comum a recusa do individualismo puro (racionalista ou empirista) e a crença nos valores transindividuais – Deus pela religião, a comunidade humana pelo socialismo. Em ambos os casos, a fé tem como base uma aposta – a aposta pascalina da existência de Deus e a aposta marxista da libertação da humanidade – que pressupõe riscos, o perigo de erro e a esperança de sucesso. Ambos envolvem uma crença básica que não é demonstrável no nível exclusivo de juízos factuais. O que os separa, então, é, logicamente, o caráter supra-histórico da transcendência religiosa: "A fé marxista é a fé no futuro histórico que os próprios seres humanos construirão, ou que devemos fazer com nossa atividade, uma 'aposta' no sucesso de nossas ações; a transcendência que é o objeto dessa fé não é nem supernatural nem trans-histórica, e sim, supra individual, nada mais e nada menos"[28]. Sem, de jeito algum, querer "cristianizar o marxismo", Lucien Goldmann introduziu, graças ao con-

---

27. McLellan, *Marxism and Religion*, p. 128.
28. Lucien Goldmann, *Le Dieu caché*, Paris, Gallimard, 1955, p. 99.

ceito de fé, uma nova maneira de olhar o relacionamento conflitivo entre crença religiosa e ateísmo marxista.

A ideia de que existe um terreno comum entre os revolucionários e os de mente religiosa foi sugerido, de uma forma menos sistemática, pelo mais original e criativo dos marxistas latino-americanos, o peruano José Carlos Mariátegui. Em um ensaio de 1925, "o homem e o mito", Mariátegui propõe uma visão um tanto heterodoxa dos valores revolucionários.

> Os intelectuais burgueses se ocupam com a crítica racionalista, a teoria e a técnica do método revolucionário. Que falta de compreensão! A força dos revolucionários não reside em sua ciência; ela reside em sua fé, sua paixão, sua força de vontade. É uma força religiosa, mística, espiritual. É a força do Mito... A emoção revolucionária... é uma emoção religiosa. As motivações religiosas se mudaram do céu para a terra. Não são mais divinas; são humanas, são sociais.

Elogiando Georges Sorel como o primeiro pensador marxista que entendeu "o caráter religioso, místico, metafísico do socialismo", ele escreveu, uns poucos anos mais tarde, em seu último livro, *Defence of Marxism* (1930):

> Graças a Sorel, o marxismo foi capaz de assimilar os elementos e as aquisições substantivas das correntes filosóficas que vieram depois de Marx. Pondo de lado as bases racionalistas e positivistas do socialismo da época, Sorel encontrou, em Bergson, as ideias pragmatistas que fortaleceram o pensamento socialista, restaurando-o à sua missão revolucionária... A teoria dos mitos revolucionários, aplicando ao movimento socialista a experiência dos movimentos religiosos, estabeleceu as bases para uma filosofia da revolução.[29]

---

29. José Carlos Mariátegui, "El hombre y el mito" (1925), in: *El alma matinal*, Lima: Amauta, 1971, p. 18-22; e *Defensa del Marxismo* (1930). Lima: Amauta, 1971, p. 21

Esta formulação – a expressão de uma rebelião romântica/marxista contra a interpretação predominante (semipositivista) do materialismo histórico – pode parecer demasiado radical. De qualquer forma, devemos deixar claro que Mariátegui não queria fazer do socialismo uma Igreja ou uma seita religiosa, e sim tinha a intenção de trazer à tona a dimensão espiritual e ética da luta revolucionária: a fé (mística), a solidariedade, a indignação moral, o compromisso com risco da própria vida (ao que ele chamava de "heroico"). O socialismo, para Mariátegui, era inseparável de uma tentativa de re-encantar o mundo através da ação revolucionária. Não é muito surpreendente, portanto, que ele tenha se tornado uma das referências marxistas mais importantes para o fundador da Teologia da Libertação, o peruano Gustavo Gutiérrez.

Marx e Engels pensavam que o papel subversivo da religião era uma coisa do passado, já sem qualquer significado na época de luta da classe moderna. Essa precisão foi mais ou menos confirmada historicamente durante um século – com umas poucas exceções importantes (particularmente na França): os socialistas cristãos da década de 1930, os padres operários da década de 1940, a ala esquerda dos sindicatos cristãos (a Confederação Francesa dos Trabalhadores Cristãos) da década de 1950 etc. Mas para entender o que vem acontecendo nos últimos quarenta e cinco anos na América Latina (e, em um menor grau, também em outros continentes) ao redor da questão da ideologia da libertação, precisamos integrar à nossa análise as ideias de Bloch e Goldmann a respeito do potencial utópico da tradição judaico-cristã.

A Ética católica e o espírito do capitalismo: o capítulo da sociologia da religião de Max Weber que não foi escrito

O argumento principal de *A ética protestante e o espírito do capitalismo* de Max Weber não é tanto (como se diz com frequência) que a religião é o fator causal determinante do desenvolvimento econômico, mas sim que existe, entre certas formas religiosas e o estilo de vida capitalista, um relacionamento de *afinidade eletiva [Wahlverwandtschaft]*. Weber não define o que ele quer exatamente com esse termo, mas podemos deduzir por seus escritos que ele se refere a um relacionamento de atração mútua e de mútuo reforço, que, em certos casos, leva a uma espécie de simbiose cultural[30].

E o que dizer da importância econômica da ética católica? Em seus escritos, Max Weber não fez uma avaliação sistemática das relações entre o catolicismo e o *ethos* capitalista, mas há um "subtexto" evidente, um contra-argumento não escrito construído na própria estrutura de *A ética protestante*: a Igreja Católica é um ambiente muito menos favorável – se

---

30. Para uma discussão detalhada desse conceito e sua unidade metodológica para a sociologia da cultura, veja Michel Lowy, *Redemption and Utopia: Libertarian Judaism in Central Europe*. Stanford, CA: Stanford University Press, 1993.

não completamente hostil – ao desenvolvimento do capitalismo que as seitas calvinistas e metodistas. Por que será que isso acontece? Na verdade, existem algumas ideias, tanto nesse mesmo livro como em alguns de seus outros trabalhos, que constituem uma espécie de resposta (parcial) a essa pergunta. Embora esses argumentos estejam dispersos em escritos distintos e nunca tenham sido elaborados ou sistematizados por Weber, eles nos dão algumas pistas preciosas para entender a tensão entre o catolicismo e o capitalismo. Curiosamente, não existe – pelo menos que eu saiba – praticamente qualquer tratamento substancial dessa questão na imensa literatura escrita sobre a tese weberiana que foi publicada nos últimos 100 anos. Tentemos reconstruir esse ensaio weberiano que não foi escrito, utilizando todas as referências que ele próprio fez a essa tensão e a seguir verificando sua hipótese à luz de algumas outras fontes históricas ou religiosas.

Paradoxalmente, *A Ética Protestante* é um dos textos de Weber que fala muito pouco sobre a questão. Embora o primeiro capítulo trate extensivamente das diferenças entre o desenvolvimento econômico de áreas predominantemente católicas e das áreas principalmente protestantes na Alemanha, Weber não se esforça muito para examinar os obstáculos impostos ao crescimento do capitalismo pela cultura católica. Ele se limita a mencionar "a caracterização feita por Santo Tomás do desejo do lucro como *turpitudo* (um termo que inclua até mesmo o inevitável – e, portanto, eticamente justificável – fazimento de lucros)". Em um trecho mais explícito, ele argumenta que, na tradição católica, "o sentimento nunca foi totalmente superado, aquela atividade orientada para a aquisição de si mesma, no fundo, era um *pudendum* que era preciso tolerar unicamente devido às necessidades inalteráveis da vida nesse mundo.... A doutrina dominante rejeitava o espírito de aquisição capitalista como *turpitudo* ou pelo menos, não podia lhe dar uma sanção ética positiva"[31].

---

31. Max Weber, *The Protestant Ethic and the Spirit of Capitalisma*. Londres, Unwin, 1967, p. 73-74.

No debate que se seguiu à publicação do livro, Weber propôs uma outra ideia: a incompatibilidade [*Unvereinbarkeit*] entre os ideais de um católico que crê realmente e a luta "comercial" pela aquisição; mas não mencionou quaisquer razões éticas ou religiosas para essa oposição[32].

Só alguns anos mais tarde, no "Zwischenbetrachtung" (1915-1916), é que descobrimos algumas hipóteses explicativas – aliás muito interessantes. A princípio Weber não trata especificamente do catolicismo, e sim da tensão geral entre a ética soteriológica da fraternidade e dos valores do mundo: uma *cisão irreconciliável* [unversöhlicher Zwiespalt] que em nenhum lugar é tão visível quanto na esfera econômica, pela qual a religiosidade que redime sublimada não combina com a econômica racionalizada, baseada no dinheiro, no mercado, na competição e no cálculo abstrato e impessoal: "Quanto mais o cosmos da economia capitalista racional moderna segue suas próprias leis internas imanentes, tanto menos ele será acessível a qualquer relação imaginável com a ética religiosa da fraternidade... Racionalidade formal e substantiva nessa caso estão em conflito mútuo".

De uma maneira bastante interessante, Weber não apresenta a ética religiosa como irracional, em oposição ao sistema econômico racional (capitalista). Ao contrário, ele descreve a ambos como dois tipos diferentes de racionalidade, em termos ("formal e substantiva") que não estão muito distantes daqueles utilizados posteriormente pela Escola de Frankfurt ("instrumental e substantiva").

O exemplo principal – mencionado no "Zwischenbetrachtung" – dessa desconfiança que a religião tem do surgimento de forças econômicas impessoais, necessariamente hostis à ética da fraternidade [*brüderlichkeitsfiedliche ökonomischen Mächte*] é a Igreja Católica. "O *Deo placere non potest* católico foi, por muito tempo, típico de sua atitude com relação à vida econômica". É claro que, por sua própria dependência das atividades econômicas, a Igreja foi obrigada a chegar a um acordo, como podemos ver, por exemplo, na história da proibição dos juros de empréstimos

---

32. Max Weber, *Die protestantische Ethik II. Kritiken und Antikritiken*. Gütersloh: GTB, 1972, p. 168.

[Zinsverbot]. No entanto, "em última instância, era pouco provável que a própria tensão fosse superada"³³.

A questão é tratada uma vez mais – e a análise aprofundada – Em *Economia e Sociedade*. Dessa feita, Weber discute diretamente a relação entre ética católica e o capitalismo. Referindo-se à longa e obstinada luta da Igreja Católica contra as taxas de juros, ele fala de uma "luta de princípios entre a racionalização ética e econômica da economia", cujas motivações ele descreve como se segue:

> Acima de tudo, é o caráter impessoal, economicamente racional, mas, consequentemente, eticamente irracional, dos relacionamentos puramente comerciais [geschäftlicher] que faz surgir, precisamente nas religiões éticas, esse sentimento de desconfiança, que nunca é explicitado, e, por isso mesmo, é sentido ainda com maior profundidade. Todas as relações puramente pessoais de um ser humano com outro, sejam elas quais forem, inclusive a escravidão mais completa, podem ser regularizadas eticamente, e normas éticas podem ser estabelecidas, já que sua estrutura depende das vontades individuais dos participantes, e, portanto, há espaço para a demonstração de virtudes criativas. O mesmo não se dá, no entanto, com as relações racionais comerciais, e quanto menos isso acontecer, mais racionalmente diferenciadas serão elas. A reificação [*Versachlinchung*] da economia com base na socialização pelo mercado segue totalmente suas próprias leis objetificadas [*sachlichen*]... O universo reificado [*Versachlicht Kosmos*] do capitalismo, finalmente, não oferece qualquer espaço para uma inclinação caritativa. Portanto, em uma ambiguidade característica, o clero sempre apoiou – também nos interesses do tradicionalismo – a patriarquia contra as relações impessoais de dependência, embora, por outro lado, a profecia possa romper os elos patriarcais.³⁴

---

33. Max Weber, "Zwischenbetrachtung", in: Die Wirtschaftsethik der Weltreligionen. Konfuzianismus und Taoismus. Tübingen: JCB, Mohr, 1989, p. 487-488.
34. Max Weber, *Wirtschaft und Gesellschaft*. Tübingen: JCB, Mohr, 1923, p. 305. Em outro capítulo do livro, Weber fala da "profunda antipatia" de todas as religiões hierocráticas (inclusive o cristianismo) pelo capitalismo, devido à impossibilidade de um controle ético do sistema: "Ao contrário de todas as outras formas de dominação, a dominação econômica do capital não pode, devido ao seu 'caráter impessoal', ser regulada eticamente... A competição, o mercado, o mercado de trabalho, o mercado financeiro, o mercado de mercadorias, em uma palavra, as considerações 'objetivas', nem éticas, nem antiéticas, mas simplesmente não-éticas... determinam o comportamento em momentos decisivos e se introduzem entre as instâncias impessoais dos seres humanos envolvidos". (*ibid.*, p. 708-709).

Essa é uma análise extremamente inovadora, que nos ajuda a entender tanto a oposição dos católicos progressistas da América Latina à natureza fria e impessoal das relações capitalistas *como* sua luta, em nome de justiça profética, contra a dominação das comunidades camponesas pela patriarquia tradicional. Embora o movimento tenha adotado, como veremos mais tarde, uma forma inteiramente nova, ele tem raízes profundas naquela tradição católica dupla (ou "ambígua").

Em sua *Economic History*, Weber dá forte ênfase à hostilidade moral da Igreja com relação à lógica abstrata e reificada do sistema capitalista. Referindo-se ao paradoxo de que o capitalismo surgiu no Ocidente, isto é, em uma parte do mundo onde a ideologia dominante tinha "uma teoria econômica totalmente hostil ao capital" [*durchhaus kapitalfeindliche Wirtschaftstheory*], ele acrescentou o seguinte comentário:

> O espírito da ética econômica eclesiástica pode ser resumido no juízo – provavelmente oriundo do Arianismo – que faz do comerciante: *homo mercator vix aut mumquam potest Deo placere...* A profunda aversão [*Abneigung*] da ética católica e, depois dela, da ética luterana, a qualquer iniciativa capitalista é essencialmente baseada no medo da natureza impessoal das relações no interior de uma economia capitalista. Essa impessoalidade é a razão pela qual determinadas relações humanas são arrancadas da Igreja e da sua influência, e porque passa a ser impossível para ela penetrá-las ou dar-lhes forma de uma maneira ética.[35]

Uma das consequências dessa "profunda divisão entre as exigências inevitáveis da economia e o ideal cristão da vida" foi a "desvalorização ética" do espirito racional econômico[36]. Deve ser observado que Weber associa tanto a ética católica como a luterana em uma oposição comum ao *ethos* capitalista – uma abordagem um tanto diferente daquela

---

35. Max Weber, *Wirtschaftsgeschichte*. Munique: Dunker & Humbolt, 1923, p. 305. A citação em latim pode ser traduzida como: "O mercador pode triunfar, mas nunca poderá satisfazer a Deus".
36. *Ibid.*, p. 306.

de *A Ética Protestante*, embora em uma obra anterior já tivesse sido feita uma distinção entre as formas luterana e calvinista – ou metodista – do Protestantismo, que foi considerada a mais favorável para o desenvolvimento da acumulação capitalista.

De qualquer forma, Weber insinua a existência de uma aversão, ou rejeição, básica e irreconciliável, ao espírito do capitalismo, por parte da Igreja Católica (e provavelmente também por parte de algumas denominações protestantes). Poderíamos falar de uma espécie de *antipatia* cultural – no sentido antigo, alquímico da palavra, "de falta de afinidade entre duas substâncias". Em outras palavras, temos aqui uma exata inversão da *afinidade eletiva* [*Wahlverwandtschaft*] com a ética protestante (algumas formas dela) e o espírito do capitalismo: haveria assim, entre a ética católica e o capitalismo, uma espécie de afinidade negativa – usando este termo como Weber o faz quando fala dos "privilégios negativos" das comunidades párias.

Como o próprio Weber sugere, isso não impede uma acomodação e adaptação "realista" das instituições católicas ao sistema capitalista, particularmente na medida em que esse se torna cada vez mais poderoso; a crítica da Igreja é normalmente dirigida contra os excessos do liberalismo e não contra as bases do capitalismo. Além disso, diante de um perigo muito maior – o movimento trabalhista socialista – a Igreja não hesitou em unir-se às forças burguesas e capitalistas contra seu inimigo comum. Em geral, podemos dizer que a Igreja nunca achou que seria possível ou desejável abolir o capitalismo: seu objetivo sempre foi corrigir seus aspectos mais negativos através das ações caritativas e "sociais" do cristianismo. No entanto, profundamente enraizada na cultura católica, ainda persiste – algumas vezes escondida, outras manifesta – a aversão ética ao capitalismo, ou uma "afinidade negativa" com ele.

Até que ponto a investigação histórica confirma ou nega essa – bastante implícita – hipótese weberiana? Extrapolaria o alcance deste capítulo discutir a questão em um nível mais profundo. Mencionemos apenas uns poucos estudos importantes que parecem corroborar essa afirmação. A evidência fornecida por Bernard Groethusysen, por exemplo, em seu conhecido trabalho sobre as origens da sociedade burguesa na França (*The Bourgeois: Catholicism vs Capitalism in Eighteenth-Century France – Os Burgueses: Catolicismo versus Capitalismo na França do Século Dezoito*) mostra claramente a oposição da Igreja ao surgimento do capitalismo. Baseando-se extensivamente nos escritos de teólogos católicos do século XVII e XVIII, tais como o *Traité du négoce et de l'usure* (1697) de padre Thomassin ou o conhecido *Dictionnaire historique et critique* (1695) de Pierre Bayle, ele chama atenção para seu viés sistematicamente anticapitalista e antiburguês.

> Assim, o alvo era uma classe social inteira. Não era o novo rico, ou o rico em geral... que os ministros de Deus atacavam; eram os grandes industrialistas, os grandes banqueiros, os empreiteiros comerciais, que indicavam pelo nome... Todos eles eram classificados de "capitalistas" e "agiotas", de homens que deliberadamente ignoravam os mandamentos de Deus.

Devemos deixar bem claro, no entanto, que ao contrário da suposição de Weber, não tanto a impessoalidade do novo sistema econômico e sim sua injustiça que provocava o maior ultraje moral (embora os dois não fossem necessariamente contraditórios), como indica esse trecho das *Observations sur le prêt à interêt das le commerce* (1783) de Prigent:

> O capital da indústria se multiplica, mas para o benefício de quem? Para o dos artesãos que lhe dão seu trabalho? A maioria desses só tem trabalho, pobreza e humilhação como destino. Os recursos que são acumulados são despejados nos cofres de um pequeno número de homens de negócios, engordados pelo suor de um grupo de trabalhadores que se desgastam na lúgubre produção industrial. [37]

---

37. Veja Bernard Groethuysen, *The Bourgeois: Catholicism vs Capitalism in Eighteenth-Century France*. Nova Iorque: Holt, Rinehart & Winston, p. 192-193, 217. Groethuysen começa seu estudo com o século XVII, mas existem vários outros trabalhos que se referem a períodos anteriores. Segundo J. Streider, no século XVII existiam expressões generalizadas de uma fervente oposição católica às formas primitivas do espírito capitalista (fruh kapitalistischen Geist). Veja seu livro *Studien zur Geschichte kapitalistischen Organisationsformen*, Munique, 1925, p. 63.

A pesquisa de Groethusysen e o trabalho de vários outros historiadores chamam a atenção para uma fonte de anticapitalismo católico que Weber parece haver negligenciado: a identificação ética e religiosa de Cristo com os pobres (inspirados por Mateus 25, 31). Durante séculos, a teologia e a tradição popular católicas viram os pobres como a imagem terrestre dos sofrimentos de Cristo. Como escreveu o teólogo A. Bonnefous em seu livro *Le Chrestien charitable* (1637), "o homem pobre a quem ajudamos talvez seja o próprio Jesus Cristo". [38] É claro que essa atitude levou principalmente a que se desse uma atenção caritativa aos pobres sem necessariamente rejeitar o sistema econômico vigente. No entanto, durante toda a história da Igreja, ela também alimentou movimentos e doutrinas rebeldes que desafiavam a injustiça social em nome dos pobres e, em tempos modernos, denunciavam o capitalismo como raiz do mal e a causa do empobrecimento. Como veremos, isso é particularmente verdadeiro na Teologia da Libertação na América Latina.

Com relação aos séculos XIX e início do XX, uma análise semelhante à de Groethusysen é apresentada por Émile Poulat em seu livro *The Church Against the Bourgeoise*. Usando sobretudo fontes italianas, Poulat descreve uma ampla tendência europeia que ele chama de catolicismo intransigente, cuja influência explica a oposição persistente da Igreja à civilização burguesa moderna. Embora o catolicismo intransigente seja também radicalmente hostil ao socialismo, "ambos se declaram ser incompatíveis com o espírito do liberalismo que domina a sociedade burguesa e a economia capitalista". Vozes tais como a do autor católico francês Émile de Laveleye, que, em 1888, reivindicavam "uma aliança do catolicismo e do socialismo contra a burguesia liberal, seu inimigo comum", eram bastante isoladas. [39]

Não existem estudos equivalentes a respeito da história do catolicismo latino-americano, mas, recentemente, em um ensaio brilhante

---

38. Veja Jean-Pierre Gutton, La Societé et les pauvres. *L'exemple de la généralité de Lyon* 1534-1789. Paris: Le Belles Lettres, 1971.
39. Émile Poulat, Église contre *bourgeoise. Introductions au devenir du catholicisme social actuel*, Paris: Castermann, 1977. A citação do livro de Laveleye *Le Socialisme contemporain* (Paris: Alcan, 1888, p. 167) pode ser encontrada em Émile Poulat, Journal d'um prête d'après demain. Paris: Castermann, 1961, p. 187.

sobre o *ethos* católico barroco da cultura hispano-americana dos século XVII e XVIII, o estudioso mexicano Bolivar Echevarría argumentou que esse era um mundo histórico, "conectado pela tentativa da Igreja Católica de construir uma forma religiosa da modernidade, baseada na revitalização da fé – como uma alternativa para a modernidade abstrata e individualista que tinha como base a vitalidade do capital[40].

Pensadores católicos modernos utilizaram tanto as obras de Weber (para o aspecto protestante) quanto as de Groethusysen para argumentar que "o *ethos* católico é anticapitalista". Essa afirmação aparece no livro de Amintore Fanfani, *Catholicism, Protestantism and Capitalism* (1935). Segundo Weber, o autor – à época um jovem intelectual católico, que mais tarde se tornou um dos líderes do Partido Democrata Cristão e Primeiro-Ministro Italiano – define o capitalismo como um sistema de racionalização econômica que é impermeável a influencias externas. Dessa premissa, resulta a seguinte conclusão:

> Descobrir um princípio no qual basear a crítica de um sistema como o capitalismo no interior do próprio sistema é impossível. A crítica só pode vir de uma outra ordem de ideias, de um sistema que orientasse a atividade social para metas não capitalistas. Isso é feito pelo Catolicismo quando sua ética social exige que os fins devam convergir em uma direção definitivamente não capitalista.

Além disso,

> Em uma época em que a concepção católica da vida tinha uma grande influência sobre a mente, a ação capitalista só poderia ter-se manifestado como algo errôneo, repreensível, espasmódico e pecaminoso, a ser condenado pela fé e pelo conhecimento do próprio agente... A ação anticapitalista da Igreja, que foi muito intensa nos séculos XV e XVI, como indicou Groethuysen, ainda estava em pleno vigor no século XVIII. [41]

---
40. Bolivar Echevarría, "El ethos barroco", *Nariz del diablo*. Quito (Equador), n. 20, p. 40.
41. Amintore Fanfani, *Catholicism, Protestantism and Capitalism* (1935), Notre Dame, in: Editora da Universidade de Notre Dame, 1984.

Segundo Fanfani, embora o protestantismo preferisse o predomínio do espírito capitalista, ou melhor dito, o legitimasse e santificasse – a tese de Weber revista e corrigida por H. M. Robertson -, "existe um abismo intransponível entre a concepção de vida católica e a capitalista". A fim de entender essa diferença, temos que levar em consideração o fato de que ao contrário da ética protestante, "em suas linhas gerais, a ética social católica é sempre antiética para o capitalismo". Como resultado dessa contradição, o catolicismo mostra a "mais firme repugnância" com relação ao capitalismo – não contra esse ou aquele aspecto (quase todos esses aspectos sendo acidentais) mas sim contra a própria essência do sistema[42].

É claro que nem todos os intelectuais católicos compartilhavam desse ponto de vista radical, e o próprio autor, Amintore Fanfani, acabou por tornar-se um administrador típico da economia capitalista como Primeiro-Ministro italiano depois da guerra. No entanto, de acordo com o novo prefácio, escrito em 1984 por Michael Novac, o livro se tornou "um *locus classsicus* do sentimento anticapitalista entre intelectuais católicos".

Michel Novak, conhecido neoconservador religioso norte-americano, é um bom exemplo do pensamento católico pró-capitalista. No entanto, suas inúmeras queixas contra aquilo que ele chama de "viés anticapitalista católico", sua clara insatisfação com aquilo que ele considera uma séria deficiência de sua própria tradição religiosa, constituem outra prova, ainda que involuntária, da existência de uma espécie de *afinidade negativa ou antipatia cultural* entre a ética católica e o espirito do capitalismo. Segundo Novak, um livro como o de Fanfani:

> Ajuda a explicar por que os países católicos levaram tanto tempo para encorajar o desenvolvimento, a invenção, a poupança, o investimento, o espírito empresarial e, em geral, o dinamismo econômico. Em nome dos ideais católicos ele (o livro) está cego para seus próprios preconceitos.[43] Não exprime corretamente o ideal capitalista. E nem vê os defeitos e as partes subdesenvolvidas do pensamento social católico.

---
42. *Ibid.*, p. 142-151, 208.
43. Michel Novak, "Introduction: The Catholic Anti-capitalista Bias", in: Fanfani, p. xlviii.

Uma crítica semelhante da "tradição anticapitalista católica" e do "viés católico contra o capitalismo democrático" também pode ser encontrada nas obras principais de Novak, tais como a peça laudatória e muito celebrada *The Spirit of Democratic Capitalism* (1982). Segundo o autor, as atitudes católicas com relação ao dinheiro foram "baseadas em realidades pré-modernas" e o pensamento católico "não entendeu a criatividade e a produtividade do capital sabiamente investido"; fascinado pela ética distributiva ele "fez uma leitura errada da revolução capitalista liberal democrata", principalmente na Grã-Bretanha e nos Estados Unidos[44].

Novak acusou a Igreja Católica de ser demasiado conservadora. É verdade que esse viés católico anticapitalista, essa hostilidade para com a sociedade burguesa moderna teve, desde a sua origem, uma tendência esmagadoramente conservadora, restaurativa, regressiva – em uma palavra, *reacionária*. Ela expressa claramente a nostalgia que a Igreja tem de seu passado feudal e corporativo, de uma sociedade hierárquica pré-capitalista na qual tinha poder e privilégios extraordinários. Muitas vezes essa atitude tomou a forma de antissemitismo, com os judeus servindo de bodes expiatórios para os males da usura, o poder dissoluto do dinheiro e a ascensão do capitalismo. No entanto, ao lado dessa orientação predominante – e em uma relação mais ou menos conflitiva com ela – também existia uma sensibilidade católica diferente, cuja motivação principal era a simpatia com a situação dos pobres e que era – pelo menos até certo ponto – atraída pelas utopias socialistas ou comunistas. É óbvio que as duas dimensões nem sempre são contraditórias, e entre os polos opostos da utopia progressista e restauração regressiva existe todo um espectro de posições ambíguas, ambivalentes ou intermediárias. Embora Weber estivesse interessado principalmente nas consequências (sobretudo negativas) da ética católica para a ascensão e o crescimento da economia industrial moderna, podemos demonstrar facilmente que o mesmo tipo de anticapitalismo religioso inspirou o envolvimento ativo dos católicos com a emancipação social dos pobres.

---

44. Michel Novak *The Spirit of Democratic Capitalism*. Nova Iorque: Touchstone, 1982, p. 25, 239, 242.

O primeiro exemplo moderno de um catolicismo utópico desse tipo é o de Tomás More, que não só sonhou com um tipo de sistema "comunista" (aliás, bastante autoritário) mas que também denunciou um dos aspectos principais daquilo que Marx definiu como acumulação primitiva de capital do século XVI: o fechamento das terras comunitárias que expulsou os pobres de sua terra e substituiu-os por carneiros ("carneiros que normalmente são tão doces... começaram a ficar tão famintos e selvagens que chegam a comer homens"). Condenando as "pestes perniciosas" que despiram os arrendatários de suas terras com enganos ou violência e "ambição malvada de uns poucos", Tomás More lamentou a "pobreza desgraçada" da maioria do povo inglês, exigindo uma nova política econômica: "Impeçam os ricos de comprarem tudo e ponham um fim à sua liberdade de monopólio"[45].

Não nos é possível acompanhar, aqui, a evolução das correntes conservadora e utópica do anticapitalismo católico (ou protestante) através dos séculos. Lembremo-nos apenas de que, no início do século XIX, podemos encontrar uma estranha combinação de ambos naquilo que Marx, ironicamente, chamou de socialismo feudal cristão: "metade lamentação, metade pasquim; metade um eco do passado, metade uma ameaça ao futuro; às vezes, graças à sua crítica amarga, sagaz e incisiva, ferindo a burguesia bem no meio de seu coração; mas sempre risível em seu efeito, devido à incapacidade total de compreender a marcha da história moderna"[46]. Marx talvez estivesse se referindo a autores tais como filosófico social romântico católico Johannes von Baader, um defensor ardente da Igreja e do Rei, que denunciava a condição miserável dos *proletairs* (sua expressão) na Inglaterra e na França considerando-a mais cruel e desumana que a servidão. Criticando a exploração brutal e pouco cristã da classe despossuída pelos interesses dos que tinham

---
45. Tomas More, *Utopia*. Nova Iorque: Washington Square Press, 1965, p. 1965, p. 14-16.
46. Karl Marx, "Manifesto of the Communist Party", in: *The Revolution of 1848*. Harmondsworth: Penguin, 1973, p. 88.

dinheiro [*Argyrokratie*] ele sugeriu que o clero católico deveria se tornar o defensor e representante dos *proletairs*[47].

Johannes von Baader era representante de uma forma muito especificamente católica da cultura romântica. O romantismo é muito mais que uma escola literária; ele constitui uma visão do mundo que abrange todas as esferas da cultura. Poderíamos defini-lo como um protesto contra a civilização capitalista/industrial moderna em nome dos valores pré-capitalistas, uma Weltanchaung nostálgica oposta a determinados componentes-chave daquela civilização, desencanto com o mundo, quantificação de valores, mecanização, dissolução da comunidade, racionalidade abstrata. Desde o final do século XVIII (Rousseau) até os dias de hoje, ele foi sempre uma das principais estruturas da sensibilidade na cultura moderna, sob várias formas, desde um conservadorismo exacerbado até um utopismo revolucionário. Embora no início do século XIX os pensadores católicos normalmente pertencessem à parte tradicionalista e reacionária do espectro romântico (com algumas exceções, tais como o famoso abade de Lammennais), isso começou a mudar no começo do século XX, com a emergência de uma pequena corrente do socialismo católico[48].

Ao escrever *A Montanha Mágica*, logo depois da Primeira Guerra Mundial, Thomas Mann representou a cultura católica romântica, com todas as suas ambiguidades, na estranha figura de Leon Naphta, jesuíta revolucionário, partidário da Igreja medieval, e ao mesmo tempo um profeta apocalíptico do comunismo mundial. Há muito do próprio Thomas Mann em Leon Naphta, mas, ao fazê-lo um jesuíta de origem judaica, Mann talvez tivesse buscado sua inspiração em alguns revolucionários judeu-alemães românticos, fascinados pela cultura medieval católica. Entre esse grupo de "socialistas góticos" poderíamos incluir a figura

---

47. Johannes von Baader, "Uber das demalige Missverhaltnis der Vermogenlosen order Proletairs zu den Vermogen besitzenden Klassen der Sozietat in betreff ihres Auskommens sowohl *in* materieller als intellektueller Hinsicht aus den Standpunkte des Rechst betrachtet" (1835), in: G.K. Kaltenbrunner, org., *Satze sur Erotische Philosophie*. Frankfurt: Insel Verlag, 1991, p. 181-182, 186. Não estamos tratando aqui dos inúmeros "comunistas cristãos" do começo do século XIX (Cabet, Weitling, Kriege) porque esses tiveram poucos laços com o Catolicismo ou com a Igreja. A melhor referência nessa área é Henri Desroche, *Socialisme et sociologie religieuse*. Paris: Cujas, 1965.

48. Sobre isso veja Michel Lowy e Robert Sayre, *Revolta e Melancolia – O Romantismo na contramão da modernidade*. Petrópolis: Vozes, 1995.

de Georg Lukács (que muitas vezes é apresentado como modelo para a figura de Naphta), Gustav Landauer e Ernst Bloch. Para todos eles, a atração da cultura gótica estava intimamente relacionada com a aversão romântica à civilização capitalista industrial moderna.

O que é bastante interessante é que vários desses autores utópicos usaram a obra de Max Weber para denunciar o protestantismo e elogiar a civilização medieval católica – bem ao contrário das intenções do autor de *A Ética Protestante*. Ernst Bloch, por exemplo, em *Tomás Münzer, Teólogo da Revolução* (1921), insistiu a respeito do papel que o ascetismo "do mundo interno" calvinista desempenhou para a acumulação do capital. Graças à ética protestante, "como Max Weber mostrou de forma brilhante, a economia capitalista emergente foi totalmente liberada, separada e emancipada de todos os escrúpulos do cristianismo primitivo, assim como de tudo aquilo que permanecia relativamente cristão na ideologia da Idade Média". [49]

Paradoxalmente, o surgimento de uma Esquerda Católica parece estar relacionado com a disposição cada vez maior da Igreja de fazer concessões mútuas à sociedade burguesa. Depois de sua amarga condenação dos princípios liberais e da sociedade moderna no Syllabus (1864), Roma pareceu aceitar, no final do século XIX, o advento do capitalismo e do Estado burguês ("liberal") moderno como fatos irreversíveis. A manifestação mais visível dessa nova estratégia é o reagrupamento da Igreja francesa (até então defensora evidente da monarquia) ao redor da República francesa. O catolicismo intransigente se transforma em "catolicismo social", o qual, ainda que criticando os excessos do "capitalismo liberal", não desafia verdadeiramente a ordem social e econômica vigente. Isso se aplica a todos os documentos da chamada Magistratura Romana (encíclicas papais) bem como à doutrina social da Igreja, desde a *Rerum Novarum* (1891) até os dias atuais.

---

49. Ernst Bloch, *Tomás Münzer als Theologue der Revolution*. Frankfurt/Main: Suhrkan Verlag, 1972, p. 118-119. Em um espírito semelhante, Erich Fromm, em um ensaio de 1930, referiu-se a Sombart e Weber para denunciar o papel do calvinismo ao estabelecer como normas éticas burguesas predominantes os deveres de trabalhar, de adquirir mercadorias e de poupar, em vez do direito natural à felicidade reconhecido nas sociedades pré-capitalistas (tais como a cultura medieval). Veja Erich Fromm, "Die psychoanalytische Charakterologie und ihre Bedeutung fur die Sozialpsychologie", Zeitschrift fur Sozialforschung, 1932, in: E. Fromm, *Gesamtausgabe*. Stuttgart: Deutsche Verlag-Anstalt, 1980, I, p. 59-77.

Foi precisamente no momento da (real ou aparente) "reconciliação" da Igreja com o mundo moderno que surgiu, sobretudo na França, um novo tipo de socialismo católico que se tornou um fator minoritário significativo na cultura católica francesa. No limiar do século vê-se o surgimento simultâneo das formas mais reacionárias do anticapitalismo católico – Charles Maurras, o movimento Ação Francesa (*Action Française*) e a ala regressiva da Igreja, todos participantes ativos na terrível campanha anti-semita contra Dreyfus – e de uma forma igualmente intransigente, mas já ligeiramente de esquerda de anticapitalismo, cujo principal representante foi o – filossemítico e pró-Dreyfus – líder e escritor socialista Charles Péguy, que se tornou católico em 1907, embora nunca tenha entrado para a Igreja. Essa corrente não deixou de ter suas ambiguidades (com relação ao "conservadorismo revolucionário"), mas seu compromisso básico era com a esquerda.

Poucos autores socialistas desenvolveram uma crítica mais minuciosa, radical, e mordaz da sociedade burguesa moderna, do espírito de acumulação capitalista e da lógica impessoal do dinheiro que Charles Péguy. Ele é o fundador de uma tradição especificamente francesa do anticapitalismo cristão progressista (sobretudo católico, mas às vezes ecumênico) que se desenvolveu no decorrer do século XX, incluindo figuras tão diferentes como: Emanuel Mounier e seu grupo (o jornal *Espirit*), o (pequeno) movimento dos Cristãos Revolucionários à época da Frente Popular, a rede da Resistência antifascista *Témoignage Chrétien* durante a Segunda Guerra Mundial, movimentos e redes cristãs que tomaram parte na fundação, nos últimos anos da década de 1950, do partido de esquerda socialista PSU (Partido Socialista Unificado), a corrente majoritária da Confederação Cristã do Trabalho (CFTC), que se tornou socialista e se transformou na Confederação Democrática do Trabalho (CFDT), bem como uma grande parte da Juventude Católica – estudantes (JEC, JUC) – ou trabalhadores (JOC) – que eram simpatizantes ativos, nos anos 1960 e 1970, de vários movimentos socialistas, comunistas ou revolucionários. A esse amplo espectro devemos também agregar um grande número de autores religiosos (particularmente dominicanos) e os teólogos que mostraram, desde a Segunda Guerra Mundial, um grande interesse no marxismo e no socialismo: Henri Desroche, Jean-Yves Calvez, M.D. Chenu, Jean Chardonnel, Paul Blanquart e muitos outros.

Dessas figuras, a mais influente foi provavelmente Emmanuel Mounier: seguindo os passos de Charles Péguy (sobre cujo legado ele escreveu um de seus primeiros livros), Mounier impressionou seus leitores com sua crítica veemente do capitalismo como um sistema que tem por base "o imperialismo do dinheiro", a anonimidade do mercado (encontramos aqui o elemento a que Weber deu mais ênfase) e a negação da personalidade humana; uma aversão ética e religiosa que o levou a propor uma forma alternativa de sociedade, "o socialismo personalista" que, em suas próprias palavras, "tem muitíssimo que aprender do marxismo"[50].

Embora socialistas cristãos associados à Igreja Católica possam ser encontrados em outras partes, não existe (a não ser na América Latina) qualquer outra tradição religiosa anticapitalista e de esquerda que seja tão ampla e extensa como aquela da cultura católica francesa. Estaria além do alcance destas páginas tentar examinar as razões dessa particularidade. Mas não é nenhum acidente que a primeira manifestação de um cristianismo progressista na América Latina, a chamada Esquerda Cristã Brasileira de 1960-62 – cujo principal defensor era o sindicato de estudantes católicos, a Juventude Universitária Católica (JUC) – estava diretamente associada com essa cultura francesa. Para mencionar um único exemplo: de acordo com o Jesuíta Henrique de Lima Vaz, conselheiro da JUC, no começo da década de 1960, Emanuel Mounier era " (o autor) que mais influenciava a juventude católica brasileira"[51].

A "Igreja dos Pobres" da América Latina é herdeira da rejeição ética do capitalismo pelo catolicismo – a "afinidade negativa" – e espe-

---

50. Emanuel Mounier, *Feu la chrétienté*. Paris: Seuil, 1950, p. 52. Durante a década de 1930, Mounier parecia estar ao mesmo tempo fascinado e aterrorizado com algumas das chamadas tendências "esquerdistas" no fascismo e sua atitude frente à "revolução nacional" de Vichy, em 1940, foi ambivalente. Pouco tempo depois ele entrou para a Resistência e depois da guerra foi sendo cada vez mais atraído pelo marxismo.
51. H. de Lima Vaz, "La Jeunesse brésilienne à l'heure des décisions", *Perspectives de catholicité*, n. 4, 1963, p. 288.

cialmente dessa tradição francesa e europeia do socialismo cristão. Quando, em uma reunião em 1968, a JOC (Juventude Operária Católica) aprovou uma resolução declarando que "o capitalismo é intrinsecamente mau, porque impede o desenvolvimento integral dos seres humanos e o desenvolvimento da solidariedade entre os povos", deu-nos a expressão mais radical e impressionante dessa tradição. Ao mesmo tempo, ao inverter, ironicamente, a conhecida fórmula de excomunhão papal do comunismo como "um sistema intrinsecamente perverso", ela se desassociou do elemento conservador ("reacionário") da doutrina oficial da Igreja[52].

De maneira semelhante, Herbert José de Souza, um dos principais líderes da Juventude Católica brasileira, em um artigo de 1962, prestou uma homenagem ao *ethos* anticapitalista católico (oficial):

> Não estamos falando nada de novo. Repetimos com todos os Papas, a condenação do capitalismo, a necessidade de uma estrutura mais justa e humana, na qual a propriedade social toma o lugar da propriedade privada da estrutura liberal... Não é por acidente que todos os documentos oficiais da Igreja condenam o capitalismo: ele é um sistema que estabelece, por princípio, a desigualdade de oportunidades.[53]

Esse tipo de declaração não deve ser tomado muito literalmente: o Cristianismo da Libertação latino-americano não é apenas uma continuação do anticapitalismo tradicional da Igreja, ou de sua variante da esquerda católica/francesa. Ele é basicamente a criação de uma nova cultura religiosa, que expressa a condições específicas da América Latina: capitalismo dependente, pobreza em massa, violência institucionalizada, religiosidade popular. Examinarei os aspectos dessa nova cultura nos capítulos que se seguem.

---

52. Resoluções do Congresso da JOC e da ACO (Ação Católica), Recife, 15 de junho de 1968, citadas in: Márcio Moreira Alves, *L'Église et la politique au Brésil*. Paris: Cerf, 1974, p. 153.
53. Herbert José de Souza, "Juventude cristã hoje", in: *Cristianismo hoje*. Rio de Janeiro: Editora Universitária da UNE, 1962, p. 110, 112.

CAPÍTULO 2

O CRISTIANISMO DA LIBERTAÇÃO NA AMÉRICA LATINA

A Teologia da Libertação e o Cristianismo da Libertação

O QUE É A TEOLOGIA DA LIBERTAÇÃO?

Antes de mais nada, a Teologia da Libertação é um corpo de textos produzidos a partir de 1970 por figuras latino-americanas tais como Gustavo Gutiérrez (Peru), Rubem Alves, Hugo Assmann, Carlos Mesters, Leonardo e Clodovis Boff, Frei Betto (Brasil), Jon Sobrino, Ignacio Ellacuría (El Salvador), Segundo Galilea, Ronaldo Munoz (Chile), Pablo Richard (Chile-Costa Rica), José Miguez Bonino, Juan Carlos Scanone, Ruben Dri (Argentina), Enrique Dussel (Argentina-México), Juan-Luis Segundo (Uruguai), Samuel Silva Gotay (Porto Rico), para mencionar apenas o mais conhecidos.

No entanto, como afirmou Leonardo Boff, a Teologia da Libertação é, ao mesmo tempo, reflexo da *práxis* anterior e uma reflexão sobre essa *práxis*. Mais precisamente, é a expressão de um vasto movimento social que surgiu no começo da década de 1960, bem antes dos novos escritos teológicos. Esse movimento envolveu setores significativos da Igreja (padres, ordens religiosas, bispos), movimentos religiosos laicos (Ação Católica, Juventude Universitária Cristã, Juventude Operária Cristã, redes pastorais com base popular, Comunidades Eclesiais de Base (CEBs), bem como várias organizações populares criadas por ativistas das CEBs; clubes de mulheres, associações de moradores, sindicatos de camponeses ou trabalhadores etc. Sem a existência desse movimento social não poderíamos entender fenômenos sociais e históricos de tal importância como a emergência do novo movimento operario no Brasil e o surgimento da revolução na América Central (bem como, em épocas recentes, Chiapas).

Normalmente, refere-se a esse amplo movimento social/religioso como "Teologia da Libertação", porém, como movimento surgiu muitos anos antes da nova teologia e certamente a maioria de seus ativistas não são teólogos, esse termo não é apropriado; algumas vezes, o movimento é também chamado de "Igreja dos Pobres", mas, uma vez mais, essa rede social vai bem mais além dos limites da Igreja como instituição, por mais ampla que seja sua definição. Proponho chamá-lo de *Cristianismo da Libertação*, por ser um conceito mais amplo que "teologia" ou que "Igreja" e incluir tanto a cultura religiosa e a rede social, quanto a fé e a prática. Dizer que se trata de um movimento social não significa necessariamente dizer que ele é um órgão "integrado" e "bem coordenado", mas apenas que tem, como outros movimentos semelhantes (feminismo, ecologia etc.) uma certa capacidade de mobilizar as pessoas ao redor de objetivos comuns[1].

No Cristianismo da Libertação pode-se encontrar elementos de "igreja" e de "seita" (de acordo com os conceitos sociológicos de Troeltsch). Mas podemos entendê-lo melhor se usarmos o tipo-ideal weberiano da religiosidade soteriológica comunitária (*soteriologische Gemeindereligiosität*), cujas origens remontam às antigas formas econômicas de ética comunitária[2]. Como veremos mais tarde, todos esses elementos podem ser encontrados, em forma quase "pura", nas comunidades eclesiais de base e nas pastorais populares da América Latina.

O Cristianismo da Libertação é combatido fortemente pelo Vaticano e pelo órgão regulamentador da hierarquia da Igreja na América

---

1. Essa exatidão tornou-se necessária porque certos sociólogos, com o pretexto de que a natureza da rede era insuficiente "integrada" e "bem coordenada", negam a existência de um movimento social: segundo Jean Daudelin, por exemplo, "esse movimento não foi nada mais que uma utopia teológica e uma ficção sociológica" ("A crise da Igreja Progressista no Brasil: fraqueza institucional e vulnerabilidade política", manuscrito, 1991.
2. Max Weber, "Zwischenbetrachtung", in: *Die Wirtschaftsethik der Weltreligionen. Konfuzianismus und Taoismus*, Tübingen: JCB, Mohr, 1989, p. 485-486. Inglês: "Religious rejections of the word and their directions", in: H.H. Gerth e C.W. Mills, orgs., *From Max Weber*. Londres: Routledge, 1967, p. 329.

Latina – o CELAM (Conselho dos Bispos Latino-Americanos), dirigido desde o início dos anos 1970 pela ala conservadora da Igreja. Poderíamos então dizer que há uma "luta de classes dentro da Igreja?". Sim e não. Sim, na medida em que certas posições correspondem aos interesses das elites dominantes e outras aos dos oprimidos. E não, na medida em que bispos, jesuítas ou padres que chefiam a "Igreja dos Pobres" não são, eles próprios, pobres. Sua dedicação à causa dos explorados tem como motivo razões espirituais e morais inspiradas pela cultura religiosa, pela fé cristã e pela tradição católica. Além disso, essa dimensão moral e religiosa é um fator essencial na motivação de milhares de ativistas cristãos nos sindicatos, nas associações de moradores, nas comunidades de base e nas frentes revolucionárias. Os próprios pobres se conscientizam de sua condição e se organizam para lutar como cristãos que pertencem a uma Igreja e são inspirados por uma fé. Se considerarmos essa fé e essa identidade religiosa, profundamente arraigada na cultura popular, só como um "envelope" ou "roupagem" de interesses sociais e econômicos, estaremos incorrendo no tipo de abordagem reducionista que nos impede de entender a riqueza e a autenticidade do movimento verdadeiro.

A Teologia da Libertação é o produto espiritual (como sabemos, o termo vem de *A Ideologia Alemã*, de Marx) desse movimento social, mas, ao legitimá-lo, ao lhe fornecer uma doutrina religiosa coerente, ela contribui enormemente para sua expansão e financiamento. No entanto, a fim de evitar desentendimentos e reducionismos (sociológicos ou de outro tipo) é preciso lembrar-nos, em primeiro lugar, de que a Teologia da Libertação não é um discurso social e político e sim, antes de qualquer coisa, uma reflexão religiosa e espiritual. Como enfatizou Gustavo Guitiérrez, em seu livro pioneiro *Teologia da Libertação – Perspectivas*:

> A primeira tarefa da Igreja é celebrar, com alegria, a dádiva da ação redentora de Deus na humanidade, que realizou-se através da morte e da ressureição de Cristo. É a Eucaristia, memorial e ação de graças. Memorial para Cristo que

supõe uma aceitação sempre renovada do significado da vida: a dádiva total para os demais.³

O que muda – e muito profundamente – com respeito à tradição da Igreja é o significado concreto dessa "dádiva total para os demais" que ela adota. Se tivéssemos de resumir em uma única fórmula a ideia central da Teologia da Libertação, poderíamos nos referir à expressão consagrada pela Conferência dos Bispos Latino-Americanos de Puebla (1979): "a opção preferencial pelos pobres". Mas é preciso acrescentar imediatamente que, para a nova teologia, esses pobres são os agentes de sua própria libertação e o sujeito de sua própria história – e não simplesmente, como na doutrina tradicional da Igreja, objeto da atenção caridosa.

O pleno reconhecimento da dignidade humana dos pobres e a missão histórica e religiosa especial que lhes foi atribuída pelo Cristianismo da Libertação é certamente uma das razões para o seu relativo sucesso – pelo menos em alguns países – em arregimentar o apoio das mais pobres da sociedade. Os motivos para isso podem ser entendidos mais facilmente se nos referirmos à extraordinária análise ideal-típica proposta por Max Weber em seu estudo da ética econômica das religiões mundiais:

> O sentido da dignidade das camadas socialmente reprimidas ou das camadas cuja situação é negativamente (ou pelo menos positivamente) avaliada, é mais facilmente alimentada com a crença de que uma "missão" especial lhes foi confiada; seu mérito é garantido ou constituído por um *imperativo ético...* Seu valor é assim transportado para algo que vai mais além deles mesmos, transformado em uma "tarefa" que é colocada diante deles por Deus. Uma das fontes do poder ideal de profecias éticas entre as camadas socialmente em desvantagem reside nesse fato. O ressentimento não foi exigido como compensação; o interesse racional nas compensações materiais e ideais por si mesmas já foi perfeitamente suficiente.

---

3. Gustavo Gutiérrez, *Théplogie de la libération – perspectives*. Bruxelas: Lumem Vitae, 1974, p. 261.

Sejam quais forem as diferenças entre os teólogos da libertação, é possível descobrir uma série de princípios básicos na maior parte dos seus escritos, que constituem inovações radicais. Alguns dos mais importantes são:

1. A luta contra a idolatria (não o ateísmo) como inimigo principal da religião, isto é, contra os novos ídolos da morte adorados pelos novos Faraós, pelos novos Césares e pelos novos Herodes: Bens Materiais, Riqueza, o Mercado, a Segurança Nacional, o Estado, a Força Militar, a "Civilização Ocidental Cristã".

2. Libertação humana histórica como a antecipação da salvação final em Cristo, o Reino de Deus.

3. Uma crítica da teologia dualista tradicional, como produto da filosofia grega de Platão, e não da tradição bíblica na qual a história humana e a história divina são diferentes, mais inseparáveis.

4. Uma nova leitura da Bíblia, que dá uma atenção significativa a passagens tais como a do Êxodo, que é vista como paradigma de luta de um povo escravizado por sua libertação.

5. Uma forte crítica moral e social do capitalismo dependente como sistema injusto e iníquo, como uma forma de *pecado estrututral.*

6. O uso do marxismo como instrumento socioanalítico a fim de entender as causas da pobreza, as contradições do capitalismo e as formas da luta de classe.

7. A opção preferencial pelos pobres e a solidariedade com sua luta pela autolibertação.

8. O desenvolvimento de comunidades de base cristãs entre os pobres como uma nova forma de Igreja e como alternativa para o modo de vida individualista imposto pelo sistema capitalista.

Como se relacionam a religião e a política nesse tipo de movimento? Como assinalou Daniel Levine em seus últimos trabalhos, as teorias de "modernização" – que se supõe uma especialização funcional cada vez maior e uma diferenciação institucional entre religião e política – não estão em contato com a realidade no continente. Tal modelo de interpretação só funcionaria se a "religião" pudesse ser reduzida ao culto e a "política" ao governo. No entanto, na América Latina, ambas têm um significado muito mais amplo e, mesmo quando permanecem autônomas, desenvolve-se um elo verdadeiramente dialético entre elas. Conceitos tais como "trabalho pastoral" ou "libertação" têm um significado que é tanto religioso quanto político, tanto espiritual quanto material, tanto cristão quanto social[4].

Defrontamo-nos aqui com o tipo de fenômeno descrito pelo sociólogo francês Henri Desroche como "reativações mútuas do espírito messiânico e revolucionário"[5]. Mas em vez de "amálgama" ou "cumplicidade" (termos utilizados por Desroche) parece-me que seria mais útil usar aqui com o conceito de afinidade eletiva [*Wahlverwandtschaft*] de Weber, para entender como essas duas dimensões se relacionam na cultura do Cristianismo da Libertação. Voltarei a essa questão mais adiante. Por enquanto, permitam apenas que eu levante a hipótese de que essa afinidade eletiva baseia-se em uma *matriz comum de crenças políticas e religiosas*, ambas enquanto um "corpo de convicções individuais e coletivas que estão fora do domínio da verificação e experimentação empíricas... mas que dão sentido e coerência à experiência subjetiva daqueles que as possuem"[6].

Algumas sugestões feitas por Lucien Goldmann em seu livro *O Deus escondido* podem nos ajudar a compreender essa matriz comum, que ele chamou de "fé". Como vimos no capítulo 1, e ele usou o conceito de fé – sob a condição de excluir "as contingências individuais, históricas e sociais que o associam a alguma região específica, ou até mesmo às

---

4. Daniel Levine (org.), *Churches and Politics in Latin America*, Beverly Hills, CA: Sage, 1980, p. 17-19, 30; e Daniel Levine (org.), *Religion and Political Conflict in Latin America*. Chapel Hill: The University of North Carolina Press, 1986, p. 17.
5. Henri Desroche, *Sociologie de l'espérance*. Paris: Calmann-Lévy, 1973, p. 158.
6. Definição de crer [*croire*] por Daniéle Hervieu-Léger, *La religion pour memóire*. Paris: Cerf, 1993, p. 105. A ideia de uma matriz comum para a religião e para a política que regula "as passagens de uma para a outra segundo mecanismos extremamente complexos de reinterpretação e redefinição" aparece no livro recente de Patrick Michel, *Politique e religion. La grande mutation*. Paris: Albin Michel, 1994, p. 27. Michel de Certeau já havia escrito acerca do "complexo movimento para a frente e para trás entre religião e política" (e especificamente cristianismo e socialismo) através do qual ocorre uma transferência de crenças no mesmo contorno estrutural. Veja seu livro *L'Invention du quotidien. 1. Arts de Faire*, (1980). Paris; Galimmard-Folio, 1990, p. 265-268, e também p.261-264, onde ele escreve sobre as mudanças, transições e investimentos da energia crente [*énergie croyante*].

religiões positivas de um modo geral" – para definir uma certa atitude total, comum às religiões e às utopias sociais, que se referem aos valores *transindividuais* e baseiam-se em um desafio[7].

Goldmann comparou o valor religioso transcendente (Deus) ao valor utópico imanente (a comunidade humana) mas, no cristianismo de libertação latino-americano, a comunidade é, ela própria, um dos valores transindividuais mais centrais, possuindo um significado tanto transcendente quanto imanente, tanto ético/religioso como sociopolítico.

Essa matriz comum é uma condição importante para o desenvolvimento de um processo de afinidade eletiva na América Latina entre ética religiosa e utopias sociais. O sociólogo brasileiro Pedro Ribeiro argumenta, no entanto que, na "Igreja da libertação" o relacionamento entre prática religiosa e prática política é mais profundo que na afinidade eletiva: "ele tem que ser entendido como uma unidade dialética, que vê a religião e a política como dois momentos de uma única realidade: as práticas da transformação social implementadas pelas classes populares".[8] Eu acrescentaria apenas que o conceito de afinidade eletiva pode ser ampliado para incluir a possibilidade de obter-se uma espécie de fusão dialética.

Venho dando ênfase à fusão e à unidade, mas é importante referir-nos também à diferença e à distância entre os dois: não sendo um movimento político, a Teologia da Libertação não tem um programa, nem formula objetivos econômicos e políticos precisos. Admitindo a autonomia da esfera política, ela deixa essas questões para os partidos políticos da Esquerda, limitando-se a fazer uma crítica social e moral à injustiça, a aumentar a consciência da população, a espalhar esperanças utópicas e a promover inciativas "de baixo para cima". Por outro lado, mesmo

---

7. Lucien Goldmann, *Le Dieu caché*. Paris: Gallimard, 1955, p. 99. Veja também a edição inglesa *The Hidden God*, Londres: Routledge & Kegan Paul, 1964, p. 90.
8. Pedro A. Ribeiro de Oliveria, "Estruturas da Igreja e conflitos religiosos", in: Pierre Sanchis (org.), *Catolicismo: modernidade e tradição*. São Paulo: Loyola/ISER, 1992, p. 54. Essa é uma coleção de ensaios extremamente valiosa feita pelo Grupo de Pesquisa sobre o Catolicismo Brasileiro, do ISER, Instituto para o Estudo da Religião, Rio de Janeiro.

quando dão apoio a um movimento político (por exemplo, a Frente Sandinista), os teólogos da libertação normalmente mantêm uma distância crítica, comparando a prática real do movimento com as esperanças de emancipação dos pobres.

O Cristianismo da Libertação e a Teologia da Libertação influenciaram apenas uma minoria das Igrejas latino-americanas, na maioria das quais a tendência predominante é bastante conservadora ou moderada. No entanto, seu impacto está longe de ser desprezível, especialmente no Brasil, onde a Conferência Nacional dos Bispos do Brasil (CNBB), apesar de pressões insistentes por parte do Vaticano, recuou-se a condená-la (algo que pode mudar, pois, em 1995, um conservador foi eleito presidente da CNBB). Aliás, a Igreja latino-americana deixou de se apresentar como uma corporação homogênea. De um país ao outro podemos encontrar orientações não só diferentes como às vezes totalmente opostas: por exemplo, na Argentina, durante a ditadura militar e sua "guerra suja" (trinta mil assassinados ou "desaparecidos") contra a "subversão", a Igreja tolerou, com seu silêncio subserviente, a política do regime; hoje, ela pede "perdão" dos torturadores e assassinos das Forças Armadas e mobiliza toda sua força contra o verdadeiro perigo que ameaça o país... o divórcio. Da mesma maneira, na Colômbia, a Igreja continua comprometida de com corpo e alma com o sistema oligárquico e, em nome da religião, legitima a guerra contra o comunismo ateu. Por outro lado, no Brasil, a partir de 1970, a Igreja denunciou o regime militar e, no decorrer dos últimos trina e cinco anos, deu apoio à luta de trabalhadores e camponeses por melhores salários e pela reforma agrária.

Internamente, na Igreja de cada país, podemos encontrar tendências opostas – como na Nicarágua, onde muitos padres e membros de ordens religiosas apoiaram a Revolução Sandinista, enquanto que a maioria dos bispos ficou do lado dos *contras*. Diferenças agudas existem também nas instituições em nível continental: enquanto que o CELAM, controlado desde 1972 pelos conservadores, trava uma guerra intensa contra a Teologia da Libertação, a CLAR, Conferência Latino-Americana de Religiosos (que reúne as ordens religiosas, jesuítas, dominicanos, franciscanos etc.) não esconde sua simpatia pela "Igreja dos Pobres".

Apesar disso, seria um quadro distorcido apresentar a Igreja como se essa estivesse dividida entre facções revolucionárias e contrarrevolucionárias. Em primeiro lugar, muitos padres, freiras e bispos (bem como organizadores laicos) não são nada políticos e reagem basicamente de acordo com critérios morais e religiosos. Dependendo das circunstâncias, podem ser atraídos temporariamente para uma ou outra posição. Além disso, existe um arco-íris de tonalidades diferentes entre os dois extremos. Podemos distinguir pelo menos quatro tendências no interior das Igrejas latino-americanas.

1. Um grupo muito pequeno de fundamentalistas, que defendem ideias ultra-reacionárias e às vezes até semifascistas, por exemplo, o grupo "Tradição, Família e Propriedade" (TFP).

2. Uma poderosa corrente conservadora e tradicionalista, hostil à Teologia da Libertação e organicamente associada às classes dominantes (e também à Cúria Romana); por exemplo, a liderança do CELAM.

3. Uma corrente reformista e moderada (com uma certa autonomia intelectual com relação às autoridades romanas), pronta para defender os direitos humanos e apoiar certas demandas sociais dos pobres: essa é a posição que prevaleceu na Conferência de Puebla, em 1979, e (até certo ponto) na Santo Domingo, em 1992.

4. Uma minoria pequena mas influente de radicais, simpáticos à Teologia da Libertação e capazes de uma solidariedade ativa com os movimentos populares, de trabalhadores e de camponeses. Seus representantes mais conhecidos foram bispos (ou cardeais) tais como Mendez Arceo e Samuel Ruiz (México), Pedro Casaldáliga e Paulo Arns (Brasil), Loenidas Proaño (Equador), Oscar Romero (El Salvador) etc. Nessa corrente, a seção mais progressista é representada pelos cristãos revolucionários: o "Movimento Cristãos pelo Socialismo" e outras ten-

dências que se identificam com o Sandinismo, com Camilo Torres ou com o Marxismo Cristão.

Isso significa que a divisão no interior da Igreja não pode ser reduzida ao modelo vertical comum: "aqueles que vêm de baixo" (movimentos cristãos populares, comunidades de base e sindicalistas cristãos) contra "aqueles que vêm de cima" (a hierarquia, bispos e chefes da instituição). O modelo é também horizontal, passando por todo o organismo clerical e dividindo-se em tendências diferentes, se não opostas: as conferências episcopais, as ordens religiosas, o clero diocesano e os movimentos laicos. Mas não podemos nos esquecer de que estamos lidando com contradições no interior de uma instituição que cuidadosamente preservou sua unidade, não porque todas as partes envolvidas desejavam evitar uma cisão, mas sim porque seus objetivos religiosos parecem não ser redutíveis à arena social.

ORIGENS E DESENVOLVIMENTO
DO CRISTIANISMO DA LIBERTAÇÃO

Quais são as razões para o surgimento dessa nova corrente que rompeu com uma longa tradição conservadora e regressiva? Por que ela foi capaz de se desenvolver na Igreja latino-americana em um momento histórico determinado?

Uma das tentativas mais importantes de explicar o fenômeno foi lançada por Thomas C. Bruneau, conhecido especialista na Igreja Brasileira de nacionalidade norte-americana; segundo ele, a Igreja Católica começou a inovar porque deseja preservar sua influência. Frente a frente com a ascensão de concorrentes religiosos (as Igrejas protestantes, as várias seitas) e a concorrência política (movimentos de esquerda), uma queda no recrutamento de padres e uma crise financeira, a elite da Igreja compreendeu que tinha que encontrar um novo caminho e voltou-se para as classes mais baixas. O que estava em jogo, em última análise, eram os interesses institucionais da Igreja, entendidos de uma forma ampla: "A

Igreja como instituição mudou, não tanto por razões de oportunismo, mas mais para manter uma influência que, por sua vez, foi definida de acordo com orientações normativas também mutantes".[9]

Esse tipo de análise não deixa de ter algum valor, mas continua a ser essencialmente inadequado. Em primeiro lugar, ele se baseia em um argumento circular: a Igreja mudou porque queria manter ou expandir sua influência, mas, por sua vez, essa influência já tinha sido redefinida de acordo com novas orientações normativas (com relação às classes dominadas). A questão é: de onde se originaram essas orientações modificadas? Por que a Igreja já não concebia sua influência naquela mesma maneira tradicional – através de suas relações com as elites sociais com o poder político? A explicação meramente evade essa questão. Além disso, o conceito de "influência" de Bruneau, mesmo sem seu sentido mais amplo (incluindo toda a dimensão espiritual), não explica a profunda transformação ético-religiosa que ocorreu – muitas vezes na forma de verdadeiras conversões entre os atores sociais (tanto o clero como homens e mulheres leigos) que tinham decidido se envolver, algumas vezes com risco da própria vida, com o novo movimento social.

Outra explicação útil, embora ainda demasiado unilateral, é aquela formulada por alguns sociólogos ligados à Esquerda Cristã: a Igreja mudou porque o povo "tomou conta" das instituições, converteu-a e fez com que ela agisse em seus interesses[10].

Isso provavelmente corresponde a um aspecto da realidade – especialmente no caso brasileiro – mas, uma vez mais, surge imediatamente a questão: por que foi possível às classes trabalhadoras "converterem" a Igreja para sua causa em um momento determinado? Esse tipo de análise também tende a subestimar aquilo que Leonardo Boff (elegantemente pedindo emprestado um conceito marxista) chama de "autonomia relati-

---

9. Thomas C. Bruneau, "Church and politics in Brazil: The Genesis of Change", *Journal of Latin American Studies*. Cambridge University Press, n. 17, novembro 1985, p.286-289.
10. Veja, por exemplo, o trabalho extraordinário de Luiz Alberto Gómez de Souza, *Classes Populares e a Igreja nos caminhos da história*. Petrópolis: Vozes, 1982, p. 240. Para uma interessante avaliação crítica dessas duas abordagens, veja Sanchis, "Introdução", *Catolicismo: modernidade e tradição*, p. 23-27.

va do campo eclesiástico-religioso"[11] – ou seja, as determinações culturais e sociais específicas à Igreja, sem as quais "sua abertura para o povo" a partir da década de 1960 em diante não pode ser compreendida.

Gostaria de sugerir uma terceira hipótese para explicar a gênese do Cristianismo da Libertação como movimento social na América Latina: ou seja, que ele é resultado de uma combinação ou convergência de mudanças internas e externas à Igreja que ocorreram na década de 1950, e que ele se desenvolveu a partir da periferia e na direção do centro da instituição.

A mudança interna afetou a Igreja Católica como um todo: foi o desenvolvimento, desde a Segunda Guerra Mundial, de novas correntes teológicas, especialmente na Alemanha (Bultmann, Moltmann, Metz, Rahner) e na França (Calvez, Congar, Lubac, Chenu, Duquoc), novas formas de cristianismo social (os padres operários, a economia humanista do Padre Lebret), uma abertura crescente às preocupações da filosofia moderna e das ciências sociais. O pontificado de João XXIII (1958-63) e o Concílio Vaticano II (1962-1965) legitimaram e sistematizaram essas novas orientações, lançando as bases para uma nova era na história da Igreja.

Ao mesmo tempo, uma mudança social e política devastadora estava a caminho na América Latina: 1) a partir dos anos 1950 em diante, a industrialização do continente, sob a hegemonia do capital multinacional, "desenvolveu o subdesenvolvimento" – na fórmula hoje famosa de André Gunder Frank – isto é, promoveu ainda maior dependência, aprofundou as divisões sociais, estimulou o êxodo rural e o crescimento urbano e concentrou uma nova classe trabalhadora bem como um imenso "pobretariado"[12] nas cidades maiores; 2) Com a Revolução Cubana em 1959, um novo período histórico abria-se na América Latina, caracterizado pela intensificação das lutas sociais, o aparecimento de movimentos guerrilheiros, uma sucessão de golpes militares e uma crise de legitimidade do sistema político.

---
11. Leonardo Boff, *Igreja, carisma e poder*. Petrópolis: Vozes, 1986, p. 178.
12. Minha tradução do termo *pobretariado* utilizado pelos sindicalistas cristãos na América Latina.

Foi a *convergência* desses conjuntos muitos distintos de mudanças que criou as condições que possibilitaram a emergência da nova "Igreja dos Pobres", cujas origens, é preciso observar, remontam a um período anterior ao Vaticano II. De uma maneira simbólica, poderíamos dizer que a corrente cristã radical nasceu em janeiro de 1959, no momento em que Fidel Castro, Che Guevara e seus camaradas entraram marchando em Havana, enquanto que, em Roma, João XVIII publicava a primeira convocação para a reunião do Concílio.

O novo movimento social surgiu primeiramente entre os grupos que estavam localizados na interseção desses dois grupos de mudanças: os movimentos laicos (e alguns membros do clero), ativos entre a juventude estudantil e nas comunidades mais pobres. Em outras palavras, o processo de radicalização da cultura católica latino-americana que iria levar à formação do Cristianismo da Libertação não começou, de cima para baixo, dos níveis superiores da Igreja, como a análise funcionalista que aponta para a busca de influência por parte da hierarquia sugeriria, e nem de baixo para cima, como argumentam certas interpretações "de orientação popular" e, sim, da periferia para o centro. As categorias ou setores sociais envolvidos no campo religioso-eclesiástico que iriam se tornar a forma impulsora para a renovação eram todos, de um jeito ou de outro, marginais ou periféricos em relação à instituição: movimentos laicos, e seus consultores, especialistas laicos, padres estrangeiros, ordens religiosas. Os primeiros bispos a serem afetados foram geralmente aqueles associados a uma ou outra dessas categorias. Em alguns casos, o movimento avançava na direção do "centro" e influenciava as conferências episcopais (principalmente no Brasil); em outros, permanecia bloqueado na "periferia" da instituição.

Movimentos católicos laicos, tais como a Juventude Universitária Católica (JUC), a Juventude Operária Católica (JOC) e a Ação Católica, ou os movimentos populares educacionais (Brasil), comitês para a promoção da reforma agrária (Nicarágua), federações de camponeses cristãos (El Salvador) e, acima de tudo, as comunidades de base, eram, no início dos anos 1960, a arena social na qual os cristãos se comprometeram ativamente com as lutas populares, reinterpretam o Evangelho à luz de sua prática e, em alguns casos, foram atraídos pelo marxismo.

Não é surpresa que esses movimentos, "mergulhados" diretamente em uma sociedade em crise, se tornassem profundamente permeáveis às correntes sociais, políticas e culturais de seu ambiente. Vários deles começaram a passar por uma dinâmica de autonomização, semelhante à JEC francesa (Juventude Estudantil Católica) analisada por Daniéle Hervieu-Léger: na primeira fase, os ativistas cristãos "assumiram plenamente" o meio que pretendiam converter à palavra de Deus, identificando-se intensamente com suas aspirações coletivas; a seguir surge o desejo de autonomia, na medida em que esses compromissos profanos não se encaixavam com as normais religiosas; finalmente, o conflito com a hierarquia explodiu quando o movimento adotou publicamente uma posição diferente da posição oficial da Igreja em uma ou outra questão social ou política[13]. Isso foi exatamente o que aconteceu na JUC brasileira no começo da década de 1960 e, como resultado de seu conflito com a Igreja, os principais líderes e militantes do movimento estudantil cristão decidiram forma uma nova organização política, de inspiração marxista, a Ação Popular (1962). No Chile, também, algo semelhante aconteceu, com o resultado de que líderes da JUC e da Juventude Democrata Cristã formaram o Movimento de Ação do Povo Unido (MAPU), partido marxista, em 1969.

Um outro grupo leigo que desempenhou um papel importantíssimo na formação do Cristianismo da Libertação – embora não tivessem passado pela mesma dinâmica de autonomização – foram as equipes de especialistas de que trabalhavam para os bispos e conferências episcopais preparando instruções e propondo planos para as pastorais e, algumas vezes, redigindo suas declarações. Esses economistas, sociólogos, planejadores

---

13. Por Daniéle Hervieu-Léger, *Vers um nouveau christianisme?* Paris: Cerf, 1986, p. 312-317.

urbanos, teólogos e advogados constituíam uma espécie de aparelho intelectual leigo da igreja, que introduzia na instituição os últimos acontecimentos nas ciências sociais – o que na América Latina a partir da década de 1960, significava sociologia e economia marxistas (teoria da dependência). A influência dessas equipes foi decisiva para a formulação de certos documentos do Episcopado Brasileiro, na preparação da Conferência de Medellín (1968) e assim por diante.

Na própria instituição, as ordens religiosas estavam na vanguarda da nova prática e do novo pensamento teológico. Isso era especificamente verdadeiro no caso dos Jesuítas Dominicanos, Franciscanos, Maryknolls, Capuchinhos e nas ordens femininas. As ordens religiosas – um total de 157 mil pessoas em toda a América Latina, em sua maioria mulheres – são o grupo que mais participa das novas pastorais sociais e que mais cria comunidades de base. A maioria dos teólogos da libertação conhecidos são religiosos e, como mencionado anteriormente, a CLAR (fundada em 1959) costumava adotar posições bem mais radicais que o CELAM. Em alguns países, tais como a Nicarágua, essa diferença teve como consequência um conflito mais ou menos aberto entre os bispos e as ordens religiosas, enquanto que, em outras regiões (Brasil), a conferência episcopal apoiou as ordens progressistas.

Como podemos explicar o envolvimento particularmente proeminente das ordens? Um elemento deve ser levado em consideração é o protesto – tanto contra o mundo como contra a Igreja – que fazia parte da própria natureza da utopia monástica; em um artigo escrito em 1971, o sociólogo francês Jean Séguy sugeriu essa dimensão utópica pode ajudar-nos a entender "certas conexões entre as ordens religiosas católicas e a atividade revolucionária na América Latina"[14].

Além disso, as ordens religiosas gozam de uma certa autonomia no interior da Igreja, e são menos sujeitas ao controle direto da hierarquia episcopal que o clero diocesano. Outro fator importante é o alto nível de

---

14. Jean Séguy, "Une sociologie des sociétes imaginées: monachisme et utopie", *Annales ESC*, março-abril 1971, p. 337, 354.

educação recebido pelos religiosos, sua familiaridade com o pensamento moderno e com as ciências sociais, seu contato direto com a teologia contemporânea como é ensinada em Louvain, em Paris e na Alemanha. Certas ordens, tais como os Jesuítas e os Dominicanos, são verdadeiras redes de intelectuais "orgânicos" da Igreja, envolvidos em um intercâmbio e em diálogos constantes com o mundo intelectual acadêmico e "profano" – um mundo que, na América Latina, é substancialmente influenciado pelo marxismo.

O último grupo periférico que definitivamente contribuiu para o surgimento do Cristianismo da Libertação é o de padres e religiosos estrangeiros, principalmente vindos da Espanha, da França e da América do Norte. Metade dos oitenta padres que publicaram uma declaração em abril de 1971, no Chile, endossando a transição para o socialismo, por exemplo, eram estrangeiros; fenômeno semelhante pode ser encontrado na América Central. Uma possível explicação é o auto-recrutamento seletivo: padres e religiosos disponíveis para missões em países latino-americanos provavelmente representavam um setor da Igreja que é particularmente sensível aos problemas da pobreza e do Terceiro Mundo. Muitos dos missionários franceses tinham participado da experiência dos padres operários, ou pelo menos tinham um conhecimento de primeira mão dessa experiência; e entre os "espanhóis" havia uma alta porcentagem de bascos, vindos de uma região onde a Igreja tinha uma tradição de resistência ao governo. Uma razão adicional é o fato de que membros do clero estrangeiro eram muitas vezes enviados pelos bispos para as regiões mais remotas e mais pobres, ou para as novas favelas que proliferavam nas grandes áreas urbanas do continente – isto é, onde não existissem dioceses tradicionais. O contraste entre as condições de vida em seu país de origem e a pobreza total que descobriram na América Latina levou muito deles a uma verdadeira conversão moral e religiosa ao movimento de libertação dos pobres. Como observou Brian H. Smith, um sociólogo americano, em seu importante trabalho sobre a Igreja no Chile, os padres estrangeiros, que originalmente tinham sido inspirados pelas mesmas preocupações com reforma que os bispos, "tinham se radicalizado graças ao que haviam visto e vivenciado nas áreas das classes trabalhadoras" e, com isso, "passaram decisivamente para a esquerda, tanto em suas opiniões teológicas, quanto em sua análise social"[15].

Tampouco o processo de radicalização que surgiu em determinados círculos cristãos (clérigos ou leigos) na década de 1960 limitou-se unicamente ao Brasil e ao Chile: sob várias formas, acontecimentos análogos ocorreram também em outros países: o caso mais conhecido é, obviamente, o de Camilo Torres, o padre que organizou um movimento militante popular e logo após entrou para o Exército de Libertação Nacional (ELN), um movimento guerrilheiro castrista na Colômbia, em 1965. Camilo Torres foi assassinado em 1966 em um confronto com o Exército mas seu martírio teve um profundo impacto emocional e político nos cristãos na América Latina, levando ao surgimento de uma corrente importante, que se identificava com seu legado. Além disso, grupos de padres que se haviam radicalizado começaram a se organizar praticamente em toda a América Latina – Sacerdotes para o Terceiro Mundo (Sacerdotes para el Tecer Mundo) na Argentina em 1966, a Organização Nacional para a Integração Social (ONIS) no Peru, em 1968, o grupo Golconda na Colômbia, também em 1968 – ao mesmo tempo que um número cada vez maior de cristãos começou a se envolver ativamente nas lutas populares. Esses últimos reinterpretavam o Evangelho à luz dessa prática e, algumas vezes, descobriam no marxismo uma chave para a compreensão da realidade social, e orientações sobre como mudá-la.

Essa explosão de atividade, surgindo no contexto da renovação que se seguiu ao Concílio Vaticano II, finalmente começou a estremecer a Igreja em todo o continente. Quando os bispos se reuniram na Conferência Episcopal Latino-Americana em Medellín, em 1968, foram adotadas novas resoluções que, pela primeira vez, não só denunciavam

---

15. Brian H. Smith, *The Church and Politics in Chile: Challenges to Modern Catholicism*. Princeton, NJ: Princeton University Press, 1982, p. 248.

as estruturas existentes, acusando-as de terem como base a injustiça, a violação dos direitos fundamentais da população e a "violência institucionalizada", mas também afirmavam a solidariedade da Igreja com a aspiração do povo à "libertação de toda a servidão". Chegaram mesmo a reconhecer que, em determinados circunstâncias – tais como a existência de uma tirania prolongada de natureza pessoal ou estrutural – a insurreição revolucionária era legítima.

Fenômenos semelhantes ocorreram em outras regiões do Terceiro Mundo (nas Filipinas, por exemplo) e, em menor escala, até mesmo na Europa e nos Estados Unidos. O sucesso maior, na América Latina, deveu-se, em parte, ao fato de que esta é o continente católico, *par excellence*, onde a grande maioria da população está imersa, desde seu nascimento, na cultura religiosa do Catolicismo Romano. Ao mesmo tempo, a América Latina é, por assim dizer, "o elo mais frágil na cadeia do Catolicismo": em um contexto de dependência econômica crescente e pobreza cada vez maior, a vitória da revolução cubana foi o começo de uma onda de luta sociais e tentativas revolucionárias por todo o continente que, iniciando-se a partir de 1960, não cessaram até os dias de hoje. Essas foram as condições sociais e histórias nas quais um setor significativo da Igreja abraçou ativamente a causa dos pobres e sua auto-emancipação.

Não há dúvida de que o Concílio Vaticano II contribuiu para essa evolução. Não devemos nos esquecer, porém, de que os primeiros sinais de radicalização (especialmente no Brasil) se manifestaram bem antes do Concílio. Além disso, as resoluções do Vaticano II não foram muito além das fronteiras de uma modernização, um *aggiornamento*, uma abertura para o mundo. É verdade que essa abertura solapou as antigas certezas dogmáticas e fez a cultura católica permeável a novas ideias e influências "externas". Ao abrir-se para o mundo moderno, a Igreja, sobretudo na América Latina, não poderia escapar dos conflitos sociais que estavam abalando o mundo, nem da influência das várias correntes filosóficas e políticas – especialmente o marxismo que, à época (década de 1960) era a tendência cultural predominante entre os membros da *intelligentsia* continental.

É nesse contexto específico que nasce a Teologia da Libertação. Os teólogos latino-americanos mais progressistas, insatisfeitos com a "teologia do desenvolvimento", que dominava as Igrejas latino-americanas, começaram a levantar o tema da libertação já no final da década de 1960. Hugo Asmann, teólogo brasileiro que estudou em Frankfurt, desempenhou um papel pioneiro na elaboração dos primeiros elementos de uma crítica cristã e da libertação ao desenvolvimentismo (*desaollismo*) em 1970. [16]

Mas foi em 1974, com a publicação de *Teologia da libertação – Perspectivas*, de Gustavo Gutiérrez, jesuíta peruano e antigo estudante das universidades católicas de Louvain e Lyon, que a Teologia da Libertação nasceu verdadeiramente. É claro que esse trabalho não nasceu do nada: ele foi a expressão de dez anos de *práxis* por parte de cristãos com um compromisso social e vários anos de discussões entre teólogos progressistas latino-americanos[17].

Em seu livro, Guitiérrez propõe algumas ideias altamente originais e pouco convencionais que tiveram um impacto profundo na cultura católica latino-americana. Em primeiro lugar, o livro enfatiza a necessidade de se romper com o dualismo herdado do pensamento grego: não existiam duas realidades como se alega, uma "temporal" e a outra "espiritual", nem tampouco existem duas histórias, uma "sagrada" e outra "profana". Existe somente uma história, e é nessa história humana e temporal que a Redenção e o Reino de Deus devem ser realizados. A ideia não é esperar passivamente pela salvação que viria dos céus: o Êxodo é, portanto, o modelo para uma salvação que não é individual e privada, mas sim comunitária e pública, na qual não é a alma de um indivíduo que está em jogo, e sim a redação e a libertação de todo um povo escravizado. Nessa

---

16. Veja seu livro *Opresión-Liberación, desafio a los cristianos*, Montevidéu: Tierra Nova, 1971.
17. Um excelente sumário desse contexto pode ser encontrado em Enrique Dussel, *Teologia de la liberación. Um panorama de su desarrollo*. México: Potrerillos Editores, 1995.

perspectiva, os pobres já não são objeto de piedade ou caridade e sim, como os escravos hebraicos, agentes de sua própria emancipação.

O que significa isso para a América Latina? Segundo Gutiérrez, as populações pobres do continente estão "exiladas em sua própria terra", mas, ao mesmo tempo, "em uma marcha de Êxodo a caminho da sua redenção". Rejeitando a ideologia do desenvolvimento que tinha "se tornado sinônimo de reformismo e modernização" – ou seja, com medidas limitadas, tímidas, ineficazes que só pioravam a dependência – ele acreditava que "só uma destruição radical da situação atual, uma transformação profunda do sistema de propriedade, a chegada ao poder das classes exploradas, uma revolução social, porão fim a essa dependência. Só essas coisas permitirão uma transição para uma sociedade socialista, ou pelo menos a farão possível"[18]. Em um estilo semelhante, o jesuíta chileno Gonzalo Arroyo rejeitou as teorias ocidentais que definiam o desenvolvimento "como a passagem entre dois tipos de ideais de sociedade, a 'tradicional' e a 'moderna', sem referência às situações concretas de poder, e implicitamente identificando a sociedade moderna como a sociedade industrial capitalista"[19].

É interessante notar que essa posição é muito mais radical do que aquela proposta à época pelas correntes predominantes da esquerda latino-americana (os partidos comunistas e os movimentos da esquerda nacionalista), que não desafiavam o capitalismo nem consideravam a transição para o socialismo uma tarefa revolucionária contemporânea na América Latina: ao contrário, reivindicavam uma "transformação nacional-democrata".

Pouco tempo depois, em abril de 1972, a primeira reunião do movimento dos Cristãos para o Socialismo de todo o continente – um movimento influenciado por dois jesuítas chilenos, o teólogo Pablo Richard e o economista Gonzalo Arroyo, e com o apoio do bispo mexicano Sergio

---
18. Gustavo Gutiérrez, *Théologie de la libération*, p. 39-40.
19. Gonzalo Arroyo, "Consideraciones sobre el subdesarrollo en América Latina", *Cuadernos de CEREN*, n. 5, 1970, p. 61.

Mendez Arceo – teve lugar em Santiago do Chile. Esse movimento ecumênico, composto de católicos e protestantes, representou a forma mais radical da Teologia da Libertação, chegando ao extremo de tentar elaborar uma síntese entre o marxismo e o cristianismo – o que fez com que o episcopado chileno logo o premiasse com uma proibição. A resolução final da reunião de 1972 declarou o apoio dos participantes, como cristãos, à luta pelo socialismo na América Latina. Uma das sessões desse documento histórico explica a dialética da fé e da revolução nos seguintes termos:

> A presença real da fé no próprio coração da práxis revolucionária dá lugar a uma interação fecunda. A fé cristã torna-se um fenômeno essencial e dinâmico para a revolução. A fé intensifica a exigência de que a luta de classes avance com determinação em busca da libertação de todos os homens – especialmente aqueles que sofrem as formas mais intensas de opressão. Ela fortalece também nossa aspiração de uma transformação total da sociedade, e de não de uma mera transformação das estruturas econômicas. Assim, entre cristãos comprometidos e através deles, a fé faz uma sociedade que é qualitativamente diferente da atual, e para o surgimento de um homem novo.
>
> Mas o compromisso revolucionário também tem uma função essencial e mobilizadora frente à fé cristã. Ele critica tanto as formas abertas quanto as mais sutis de cumplicidade entre a fé e a cultura dominante no curso da história... Os cristãos que participam do processo de libertação serão levados a compreender claramente que as necessidades da práxis revolucionária os força a redescobrir os temas centrais da mensagem do evangelho – só que, agora, eles estarão livres de sua roupagem ideológica.
>
> O verdadeiro contexto para a fé viva nos dias de hoje, é a história da opressão e da luta pela libertação dessa opressão. Para nos situarmos nesse contexto, no entanto, precisamos realmente participar do processo de libertação, pertencendo aos partidos e organizações que sejam instrumentos autênticos da luta da classe trabalhadora.

A conferência de bispos latino-americanos realizada em Puebla, em 1979, foi o palco de uma verdadeira tentativa de retomar o controle: o CELAM, órgão organizador da conferência, proibiu os teólogos da libertação de participar da conferência. Apesar disso, eles estiveram presentes na cidade de Puebla e, graças à mediação de alguns dos bispos, exerceram uma forte influência nos debates. A solução conciliatória resultante foi resumida na agora famosa fórmula da "opção preferencial da Igreja pelos pobres" – uma frase ampla o bastante para permitir que cada corrente a interprete de acordo com suas próprias tendências.

Na tentativa de responder ao desafio, Roma publicou, em 1984, uma *Instrução sobre alguns aspectos da "Teologia da libertação"*, assinada pela Sagrada Congregação para a Doutrina da Fé (dirigida pelo Cardeal Ratzinger) acusando a Teologia da Libertação de ser um novo tipo de heresia baseada na utilização de conceitos marxistas. A reação dos teólogos latino-americanos e de setores importante da Igreja – sobretudo no Brasil – forçaram o Vaticano a retroceder em parte. Em 1985, é uma publicada uma instrução (aparentemente) nova e mais positiva – *Liberdade e libertação cristã* – que recuperou alguns dos temas da Teologia da Libertação, mas espiritualizou-os, despindo-os de seu conteúdo social e revolucionário. Mais ou menos na mesma época, o Papa enviou uma carta à Igreja Brasileira assegurando-lhe de seu apoio e reconhecendo a legitimidade da Teologia da Libertação.

O debate ao redor das duas instruções romanas era inaceitável para o Vaticano, acostumado ao preceito tradicional de se *Roma locuta, causa finita*. A partir daquele momento o confronto com a Teologia da Libertação continuou, mas não mais no campo da discussão teológica e sim no do poder episcopal: através da nomeação sistemática de bispos conservadores (para substituir os que morriam ou se aposentavam). O objetivo de Roma é marginalizar as correntes radicais e reafirmar seu controle sobre as conferências episcopais que, segundo ela, foram longe demais – entre essas, a principal sendo a CNBB brasileira. A recente mudança da maioria dos bispos brasileiros, com a vitória dos conservadores, parece indicar o sucesso substancial para a estratégia do Vaticano. Votaremos a essa questão no capítulo final.

Com relação à Igreja como estrutura institucional, a grande mudança que ocorreu a partir da década de 1960 foi o surgimento das Comunidades Eclesiais de Base, as CEBs – sobretudo no Brasil, onde elas reúnem centenas de milhares (talvez milhões) de cristãos, e, em menor escala, em todo o continente. A comunidade de base é um pequeno grupo de vizinhos que pertencem à mesma comunidade, favela, aldeia ou zona rural populares e que se reúnem regularmente para rezar, cantar, comemorar, ler a Bíblia e discuti-la à luz de sua própria existência de vida. É preciso enfatizar que as CEBs são muito mais convencionalmente religiosas do que se imagina geralmente: elas apreciam e praticam uma série de orações e ritos tradicionais (o rosário, vigílias noturnas, adoração, e comemorações como procissões e peregrinações) que pertencem à religião popular[20].

Nas áreas urbanas, as CEBs são, em uma grande maioria, organizações de mulheres – em São Paulo, por exemplo, segundo pesquisas recentes, as mulheres compreendem mais que 60 por cento dos participantes. Graças a essa participação, muitas das mulheres conseguem "entrar para o campo da política com base em sua posição de classe e interesses do gênero naquela classe"[21]. A feminização do movimento é fortalecida pelo fato de que a maioria das agentes pastorais que ajudam a organizar as CEBs nas áreas urbanas populares são mulheres das ordens religiosas femininas.

As CEBs fazem parte de uma diocese e têm conexões mais ou menos regulares com agentes pastorais: padres, irmãos religiosos e, com mais frequência, irmãs. Elas não organizam a maioria dos fiéis e sim unicamente aqueles que o sociólogo brasileiro Pedro Ribeiro chama de "elite

---

20. Veja Daniel Levin, "Assessing the impacts of libertaion Theology in Latin America", *The Review of Politics*. Univesity of Notre Dame, primavera de 1988, p. 252.
21. Carol Drogus, "Reconstructing the feminine: women in São Paulo's CEBs". *Archives des sciences sociales des religions*", n. 71, julho-setembro de 1990, p. 63-74.

popular religiosa", um grupo de fiéis ativos e praticantes que pertencem às camadas mais pobres; a paróquia tradicional continua a responder às necessidades religiosas da maioria não praticante e das pessoas da classe média ou ricas que frequentam a Igreja[22]. Pouco a Pouco as discussões e atividades da comunidade se expandem, geralmente com a ajuda do clero, e começam a incluir tarefas sociais: luta por moradia, eletricidade, esgoto ou água nos bairros urbanos, lutas por terra no campo. As CEBs contribuem extraordinariamente para a criação e o desenvolvimento de movimentos sociais tais como (no caso brasileiro) o Movimento contra o Custo de Vida Alto, o Movimento contra o Desemprego, o Movimento pelo Transporte Público, o Movimento dos Trabalhadores Sem Terra, e muitos outros[23]. Em certos casos, a experiência dessas lutas estimula a politização dos membros das CEBs e a que vários de seus membros e líderes entrem para os partidos de trabalhadores ou frentes revolucionárias.

Como indica Daniel Levine, torna-se mais fácil entender essa dinâmica, se nos referirmos às observações de Weber sobre a religião congregacional [*Gemeinde*].

> Uma maneira de apreciar o significado daquilo que as CEBs podem representar é observar a maneira pela qual elas criam e alimentam um espaço para a prática da religião congregacional no catolicismo contemporâneo... A própria promoção da justiça tem suas raízes no núcleo da fé religiosa... Quando essas ideias são colocadas no contexto da solidariedade, reforçando estruturas grupais, os resultados podem ser explosivos... O comentário do resumo de Weber sugere a maneira pela qual as mudanças da religião e na política convergem, com implicações revolucionárias. "Quanto mais a religião se tornou congregacional", escreveu ele, "maior foi a contribuição das circunstâncias políticas para a transformação da ética dos subjugados".

---

22. Pedro de Oliveira, "Estruturas da Igreja e conflitos religiosos", p. 58.
23. Veja o interessante artigo de Ana Maria Doimo, "Igreja e movimentos sociais pós-70 no Brasil", in: Sanchis (org.), *Catolicismo: cotidiano e movimento*, p. 275.308.

O erro de Weber foi ignorar a possibilidade de que um acontecimento como esse pudesse ocorrer em um contexto católico[24].

Como enfatizou o sociólogo brasileiro Ivo Lesbaupin, existem também muitos aspectos das CEBs que correspondem ao tipo ideal de seita segundo Troektsch (ou Weber): a participação de pessoas leigas, a importância atribuída à Bíblia, a vida comunitária, a fraternidade e ajuda mútua, e, acima de tudo, a "afinidade eletiva com as estruturas democráticas" (Weber). Mas, ao mesmo tempo, a comunidade de base não é uma "seita" porque é parte da Igreja Católica e intimamente associada a seu clero[25].

A experiência das CEBs, graças a seu forte componente democrático, contribuiu muitas vezes para dar uma qualidade nova aos movimentos sociais e políticos que alimentou: com raízes no cotidiano do povo e em suas preocupações humildes e concretas, ela encorajou a auto-organização das bases e uma desconfiança da manipulação política, da retórica eleitoral e do paternalismo estatal.

Algumas vezes isso incluiu também uma contraparte negativa: o chamado "basismo", que leva à rejeição da teoria e à hostilidade à organização política. O debate sobre essas questões foi levado a cabo pelos próprios teólogos, alguns deles exibindo uma sensibilidade mais "populista" e outros uma mais "política"; sendo que a tendência dominante é a busca de uma prática que vá mais além de métodos unilaterais. Em um artigo de 1982, Frei Betto criticou tanto as atitudes elitistas como as populistas:

> Na prática da pastoral popular, devemos evitar dois desvios: populismo eclesiástico e vanguardismo eclesiástico. Populismo eclesiástico é a atitude de

---

24. Levine (org.), *Religion and Political Conflict in Latin America*, p. 15. A citação de Weber foi extraída de *Economy and Society*. Berkeley: University of California Press, 1978, vol. 1, p.591. Veja também o interessante livro de Levine, *Popular Voices in Latin America Catholicism*. Princeton, NJ: Princeton University Press, 1992.

25. Ivo do Amaral Lespaubin, "Mouvement populaire, Église, catholique et politique au Brésil: l'apport des communautés ecclésiales urbaines de base aux mouvements populares" tese de doutorado, Toulouse, 1987, p. 341 (infelizmente essa tese extraordinária ainda não foi publicada). A citação de Weber foi extraída de *Economy and Society*, "Die innere Wahlverwandtschaft mit der Struktur der Demokratie liegt schon in diesen eigenen Strukturprinzipien der Sekte auf der Hand". M. Weber, *Wirtschaft und Gesellschaft*. Tubingen: J.C.B. Mohr, 1992, p. 815.

agentes pastorais que acham que as pessoas são sagradas, como se elas tivessem uma consciência pura, intocada pela ideologia dominante. Por outro lado, o vanguardismo eclesiástico é a atitude de agentes pastorais que consideram as pessoas incapazes e ignorantes e acham que eles próprios são auto-suficientes para a orientação da pastoral popular. Essa tendência acredita que não tem nada a aprender com o povo.[26]

De qualquer modo, várias das lutas importantes pela democracia e pela emancipação social na América Latina nos últimos trinta e cinco anos só foram possíveis graças à contribuição das CEBs e do cristianismo de libertação. Esse é o caso, em particular, do Brasil e da América Central: sejam foram as consequências da atual política de "normalização" aplicada por Roma à Igreja Católica na América Latina — e não podemos eliminar a possibilidade de uma vitória substancial da estratégia do Vaticano e de um enfraquecimento subsequente do cristianismo de libertação — certas mudanças históricas já ocorreram: a formação do Partido dos Trabalhadores no Brasil, a Revolução Sandinista na Nicarágua e a insurgência popular em El Salvador. Mais tarde examinaremos cada uma dessas três experiências em maior detalhe.

A MODERNIDADE E A CRÍTICA DA MODERNIDADE NA TEOLOGIA DA LIBERTAÇÃO

Como é que a Teologia da Libertação — e o movimento social que ela inspira — se relacionam com a modernidade? Essa seção se refere principalmente à Teologia da Libertação católica, que tem alguns aspectos específicos que a distinguem de sua congênere protestante.

A antinomia entre tradição e modernidade é muitas vezes utilizada nas ciências sociais — especialmente com relação aos países do Terceiro Mundo — como a chave principal para a interpretação da realidade eco-

---

26. Frei Betto, "Método y pedagogia de las comunidades eclesiais de base", *Diálogo* (Costa Rica) n. 8, 1982 (citado de uma tradução francesa: "Populisme et avant-gardisme ecclesiaux", COELI, Bruxelas, n. 2, setembro 1989, p. 2).

nômica, social, política e cultural. A utilidade dessas categorias é inegável, mas temos de evitar o risco de reduzir todas as análises sociais a uma dicotomia dualista, incapaz de explicar o caráter ambivalente ou polivalente de tais fenômenos. Longe de ser sempre contraditórias, a modernidade e a tradição são muitas vezes articuladas, associadas e combinadas de uma maneira complementar – um processo no qual os componentes tradicionais não são necessariamente um peso morto ("relíquias do passado" e sim constituintes ativos de renovação cultural. Não devemos esquecer, além disso, que a própria modernidade é um fenômeno ambíguo, atravessado de tensões entre as heranças da Revolução Industrial e as da Revolução Francesa, entre o liberalismo e a democracia, entre a racionalidade instrumental e a racionalidade substantiva.

Alguns autores europeus insistem que existe uma contradição interna irredutível na Teologia da Libertação entre sua dimensão moderna e sua crítica da modernidade. Minha hipótese é que a originalidade da Teologia da Libertação resulta precisamente de uma síntese que supera (alguns diriam "dialeticamente") a oposição clássica entre tradição e modernidade. A Teologia da Libertação e o Cristianismo da Libertação são, ao mesmo tempo, o ponto mais avançado da corrente modernista na Igreja Católica e herdeiros da desconfiança católica tradicional – ou intransigente, para usar a terminologia de Émile Poulat – da modernidade. Examinemos rapidamente esses dois aspectos.

Modernidade e a crítica da modernidade na Teologia da Libertação

DEFESA DAS LIBERDADES MODERNAS

A Teologia da Libertação adota plenamente os valores modernos da Revolução Francesa: liberdade, igualdade, fraternidade, democracia e a separação entre Igreja e o Estado. Como enfatiza Leonardo Boff, a nova teologia latino-americana não sente nenhuma afinidade com uma certa tradição da Igreja institucional que, "desde o século XVI, de definiu como 'contra': contra a Reforma (1521), contra as Revoluções (1789), contra os valores que hoje são normalmente aceitos, mas que ainda eram condenados em 1856 por Gregório XVI como *deliramentum,* tais como a liberdade de consciência, a liberdade de opinião – excomungada e considerada 'um erro pestilento' pelo mesmo Papa – contra a democracia etc.". Em um estilo semelhante, Gustavo Gutiérrez categoricamente rejeita a posição retrógrada dos Papas do século XIX, que permitiram que os setores mais conservadores da Igreja (os que alimentavam a esperança de uma restauração da antiga ordem social) eliminassem ou silenciassem, através de forte censura, "os grupos que estavam mais abertos para os movimentos a favor das liberdades da modernidade e ao pensamento crítico". Por essa razão ele comemora o Vaticano II como sendo um despertar saudável para as grandes reivindicações da modernidade (direitos humanos, liberdades, igualdade social) por parte da Igreja moderna, em suma, "como uma rajada de vento fresco em um quarto abafado"[27].

A opção modernista levou alguns teólogos da libertação a criticar o autoritarismo e as limitações à liberdade de expressão no interior da própria Igreja. Embora todos eles compartilhem uma eclesiologia democrática, que não dá muita importância ao poder do clero e concebe a Igreja como "o povo de Deus", construindo a partir da comunidade, de baixo pra cima, poucos deles chegaram ao extremo de desafiar explicitamente o poder de Roma, como o fez Leonardo Boff. Em seu *Igreja, Carisma e Poder* (1981), Boff critica, de uma maneira bastante direta, a autoridade hierárquica no interior da Igreja, seu estilo de poder semelhante ao do Império Romano ou do feudalismo, sua tradição de intolerância e dogmatismo (simbolizada, durante muitos séculos, pela Inquisição), sua repressão de toda a crítica vinda de baixo e sua recusa em aceitar a liberdade de pensamento. Denuncia também a pretensão da Igreja à infalibilidade e o excessivo poder pessoal dos Papas (comparável ao do Secretário-Geral do Partido Comunista Soviético!). Como sabemos, Leonardo Boff foi condenado a um ano de "silêncio obsequioso" por Roma, depois da publicação de seu livro...[28]

Desde a Reforma Protestante, praticamente não houve um desafio maior que esse (partindo do interior da Igreja) à estrutura de poder e à autoridade da Igreja. Mas a abordagem de Boff está longe de ser compartilhada por todos os teólogos da libertação. Gustavo Gutiérrez, por exemplo, já insistia, em 1971: "Concentrar-se nos problemas intra-eclesiásticos – como geralmente acontece com certos tipos de protesto no interior da Igreja – é perder a possibilidade muito mais rica de uma verdadeira renovação da Igreja". Em sua opinião – que é compartilhada por muitos outros católicos progressistas, é através de um envolvimento ativo com um mundo externo à Igreja que as mudanças internas terão lugar[29].

---

27. Boff, *Igreja, carisma e poder*, p. 94; e Gustavo Gutiérrez, *La Force historique des pauvres*. Paris: Cerf, 1986, p. 178-184.
28. Boff, *Igreja, carisma e poder*, p. 41, 72-75.
29. Gutiérrez, *La Force historique des pauvres*, p. 261.

Há uma área sensível relativa às liberdades modernas, na qual os teólogos da libertação são extremamente cautelosos, e onde os bispos e membros do clero que, em outras situações, são bastante liberais, podem se tornar conservadores: ética sexual, divórcio, preservativos e aborto – em suma, a liberdade da mulher para dispor de seu próprio corpo. Será que o silêncio dos teólogos é meramente tático (para evitar conflitos com a hierarquia), ou será ele resultado de convicções pré-modernas, produzidas por uma educação tradicional, inspirada pela filosofia da lei natural? De qualquer forma, essa é uma das questões onde a distância entre as pessoas leigas e o clero, mesmo no Cristianismo da Libertação, é mais evidente.

É bem verdade que, nas questões relacionadas com a família e a sexualidade, a interrupção da gravidez e o controle da natalidade, até uma Igreja tão progressista como é a brasileira ainda defende posições tradicionalistas e atrasadas – bem próxima às preconizadas pelo Papa – que estão longe de serem compartilhadas por todos os católicos leigos. A maioria dos militantes católicos progressistas – mas somente os teólogos da libertação mais avançados, como Frei Betto – aceitam que o aborto deveria ser descriminalizado. Será preciso enfatizar que essa é uma questão de vida ou morte para milhões de mulheres latino-americanas, que ainda são obrigadas a se submeterem a abortos ilegais, com consequências trágicas?

Apesar disso, alguns teólogos da libertação começaram a refletir sobre a questão da opressão específica das mulheres. Seu pensamento atual, ainda experimental, está refletido em uma coleção de entrevistas a respeito do tema (com Gustavo Gutiérrez, Leonardo Boff, Frei Betto, Pablo Richard, Hugo Asmann e outros) publicado por Elsa Tamez em 1986[30].

Ainda mais importante, as próprias mulheres cristãs estão começando a expressar-se, e as vozes de teólogas, e de militantes religiosas ou leigas tais como Elsa Tamez, Ivone Gebara, Maria José Rosario Nunes e

---
30. Elza Tamez (org.), *Teólogos de la liberación hablan sobre la mujer*. Costa Rica, DEI, 1986.

Maria Clara Bingemer estão sendo ouvidas, levantando a questão da opressão dupla das mulheres latino-americanas e as múltiplas formas de discriminação que essas sofrem na sociedade como um todo e na própria Igreja.

A AVALIAÇÃO POSITIVA DAS CIÊNCIAS SOCIAIS E SUA INTEGRAÇÃO NA TEOLOGIA

Durante muito tempo o uso das ciências sociais pela teologia foi rejeitado pela Igreja Católica como heresia "modernista". Isso começou a mudar após a Segunda Guerra Mundial e, finalmente, durante o Concílio Vaticano II, foi feita uma recomendação para que se utilizasse as descobertas feitas pelas *scientiarum profanum, imprimis psychologiae e sociologiae* (em *Gaudium et Spesi*). No entanto, na América Latina e especialmente no Brasil, sob a influência do padre Lebret e de seus Centros de Economia Humanista, as ciências sociais vêm sendo utilizadas bastante sistematicamente desde os anos 1950, bem antes do Concílio. Como vimos acima, depois de 1960, a ciência social marxista – economia política e também a análise de classe – e, sobretudo suas variantes latino-americanas, tais como a teoria da dependência, se tornaram o principal instrumento socioanalítico dos cristãos progressistas. Pelos teólogos da libertação, era considerada um "instrumento" indispensável para entender e avaliar a realidade social – em particular para explicar as causas da pobreza na América Latina – e, portanto, como uma mediação necessária entre a reflexão teológica e a prática pastoral.

É preciso deixar bem claro que, para essa concepção teológica extraordinariamente moderna, o objetivo não é submeter as ciências sociais aos imperativos religiosos, nem transformá-las em uma nova *ancilla theologiae* (segundo a definição escolástica da filosofia como "criada da teologia"). A Teologia da Libertação reconhece a total independência da pesquisa científica das pressuposições ou dogmas da religião e se limita a usar seus resultados para nutrir seu próprio trabalho. Como escreve Guitiérrez: "o uso das ciências sociais com o objetivo de melhor reconhecer a realidade social exige um enorme respeito por seu campo de ação próprio e pela autonomia legítima da política"³¹. Ao mesmo tempo, é evidente que os critérios sociais, éticos e religiosos determinam, em grande parte, que tipo de ciência social será escolhida pelos teólogos e que metodologia científica eles irão privilegiar.

A CRÍTICA DA MODERNIDADE NA TEOLOGIA DA LIBERTAÇÃO

Ao mesmo tempo em que a Teologia da Libertação reivindica para si mesma o papel de herdeira da Revolução Francesa e de seus principais valores políticos em termos de direitos humanos e democracia, ela adota uma posição muito mais crítica com relação a um outro aspecto da modernidade – a civilização industrial/capitalista como essa "realmente existiu" desde o século XVIII até os nossos dias. É possível definir o mundo moderno burguês/industrial como uma civilização baseada no progresso técnico e científico na acumulação do capital, na expansão da produção e no consumo de mercadorias, de individualismo e de reificação [*Versachlichung*], o espírito do cálculo econômico [*Rechenhaftigkeit*], a racionalidade instrumental [*Zweckrationalität*] e o desencanto do mundo [*Entzauberung der Welt*] – para usar algumas das formulações de Max Weber mais conhecidas.

O último "erro" mencionado na longa lista do *Syllabus* de Pio X (1864) é a heresia segundo a qual o "Pontífice romano pode e deve reconciliar-se com o progresso, com o liberalismo e com a civilização moderna, fazendo-lhes concessões". Sem de modo algum compartilhar essa posição de rejeição total, a Teologia da Libertação, no entanto, a critica, de uma maneira o menos comprometedora possível, as consequências perniciosas e malignas que um certo tipo de progresso econômico, o liberalismo e a civilização moderna trazem para os pobres da América Latina. Essa crítica combina elementos tradicionais – isto é, referência aos valores, sociais, éticos e religiosos pré-modernos – e valores da própria modernidade.

---

31. Gustavo Gutiérrez, "Théologie et sciences sociales", in: *Théologies de la libération*. Paris: Cerf, 1985, p. 193.

A CRÍTICA DO CAPITALISMO

A Teologia da Libertação herdou da Igreja a tradição de hostilidade ou "aversão" (o termo de Weber: *Abneigung*) que o catolicismo tem do espírito do capitalismo. No entanto, modificou e modernizou essa hostilidade consideravelmente da seguinte maneira: a) radicalizando-a e tornando-a muito mais abrangente e sistemática; b) combinando a crítica moral com a crítica moderna (sobretudo marxista) da exploração; c) substituindo caridade por justiça social; d) recusando-se a idealizar o passado patriarcal; e e) propondo como alternativa uma economia socializada.

Apesar disso, sem referir-nos a essa tradição não nos será possível entender a natureza intransigente do anticapitalismo da Teologia da Libertação nem o poder de sua força ética e religiosa.

A oposição irreconciliável (outro termo de Weber: *Universohnlich*) ou "luta de princípios" [*prinzipiellen Kampf*] da ética católica contra a modernidade capitalista foi a inspiração para a crítica que os teólogos da libertação fazem da reconciliação da Igreja com o mundo (burguês) moderno. Segundo o teólogo chileno Pablo Richard, um dos fundadores do movimento "Cristãos pelo socialismo":

> Para as classes oprimidas, essa convergência, ou coerência entre a fé e o mundo moderno é uma realidade estranha porque representa a santificação da opressão. O encontro entre a fé e a razão científica moderna, entre a salvação e o progresso humano, aparece, portanto, como um reflexo coerente do encontro ou da reconciliação entre a Igreja e as classes dominantes. O processo de modernização da Igreja e de sua conciliação com o mundo moderno se perverte no momento em que legitima o sistema de dominação.

Richard acrescenta o seguinte argumento, que parece fazer um eco perfeito às observações de Weber sobre as razões da "afinidade negativa" entre a Igreja e o capitalismo: "O cristianismo, reduzido a um código formal de valores e princípios pela modernização, não pode, de forma alguma, interferir com os cálculos econômicos, com a lei da maximização dos lucros, com a lei do mercado". A vida econômica segue seu curso, segundo a "lógica impiedosa da racionalidade econômica e política do sistema capitalista moderno" [32].

Outro tema característico da Teologia da Libertação é seu ataque ao capitalismo como *falsa religião*, uma nova forma de idolatria: a idolatria do Dinheiro (o antigo deus Mammon), do Capital ou do Mercado. Combinando a análise marxista (moderna) do fetichismo da mercadoria com a denúncia profética de deus falsos do Velho Testamento (tradicional), os teólogos latino-americanos insistem a respeito da natureza maligna desses ídolos cruéis que exigem sacrifícios humanos ("a dívida externa", por exemplo): os ídolos capitalistas ou fetiches (no sentido de Marx) são Moloques que devoram a vida humana – uma imagem também usada por Marx em *O Capital*. A luta do Cristianismo da Libertação contra a idolatria (capitalista) é apresentada como uma guerra de deuses – como sabemos um conceito weberiano – entre o Deus da Vida e os ídolos da morte (Jon Sobrino), ou entre o Deus de Jesus Cristo e a multiplicidade de deuses no Olimpo do sistema capitalista (Pablo Richard). Os teólogos mais ativos com relação a essa questão vêm sendo os teólogos do DEI (Departamento Ecumênico de Investigação, Costa Rica), que, em 1980, publicou uma coleção de artigos com o título significativo *The Struggle of Gods. The Idols of Oppression and the Search for the Liberating God* (A luta de deuses. Os ídolos da opressão e a busca do Deus libertador)[33]. Esse tema também vem sendo central nos escritos de uma nova geração de teólogos, tais como o brilhante autor coreano/brasileiro Jung Mo Sung que, em seus trabalhos, ataca a "religião econômica" do capitalismo e seu fetichismo do sacrifício[34].

---

32. Pablo Richard, "Léglise entre la modernité et la libération", *Parole et societé*, 1978, p. 32-33.
33. Hugo Assmann, Franz Hinkelammert, Jorge Pixley, Pablo Richard e Jon Sobrino, *La lucha de los dioses. Los ídolos de la opresion y la busqueda del Dios libertador*. San José de Costa Rica: DEI, 1980.
34. Jung Mo Sung, a Idolatria do capital e a morte dos pobres. São Paulo: Edições Paulinas, 1989; e *Teologia & Economia. Repensando a Teologia da Libertação e as utopias*. Petrópolis: Vozes, 1995.

Dois dos fundadores do DEI, Hugo Assmann e Franz Hinkelammert, publicaram, em 1989, *The Idolatry of the Market* (A idolatria do mercado) um ensaio extraordinário sobre a economia e teologia. Segundo Hinkelammert, na teologia do mercado total – uma combinação do neoliberalismo econômico e do fundamentalismo cristão – "Deus não é nada mais que a personificação transcendentalizada das leis do mercado... A divinização do mercado cria um Deus-dinheiro: *em Deus confiamos*". Assmann chama atenção para o conteúdo teológico explícito do liberalismo econômico – a "mão invisível" de Adam Smith, como sendo equivalente à divina providência – e para a cruel teologia sacrificial do capitalismo, de Malthus até nossos próprios dias[35].

Talvez a maior novidade da Teologia da Libertação com relação à tradição da Igreja, no entanto, seja que ela vai bem mais além de uma crítica moral ao capitalismo, ao exigir sua abolição. Segundo Gutiérrez, por exemplo, os pobres precisam de uma luta revolucionária capaz de

> Questionar a atual ordem social, desde suas raízes. (Essa luta) insiste que, para que a sociedade seja verdadeiramente livre e igualitária, é preciso que o povo chegue ao poder. Em uma sociedade assim, a propriedade privada dos meios de produção será eliminada, pois ela permite que uns poucos expropriem os frutos do trabalho executado pela maioria, gera divisões de classes na sociedade e permite que uma classe seja explorada por outra.[36]

CONTRA A PRIVATIZAÇÃO DA FÉ

Ao comentar sobre os trabalhos de Émile Poulat a respeito da tradição católica, Danièle Hervieu-Léger observa que o mesmo contexto histórico ou tronco "intransigente" produz ramos tão diferentes quanto, de um lado, o fundamentalismo e, de outro, o cristianismo

---

35. Hugo Assmann e Franz Hinkelammert, *A idolatria do Mercado. Ensaio sobre economia e teologia.* Petrópolis: Vozes, 1989.
36. Gustavo Gutiérrez, "Liberation Praxis and Christian Faith", in: Rosino Gibellini (org.), *Frontiers of Theology in Latin America*. Nova Iorque (Markynoll): Orbis, 1983, p. 1-2.

revolucionário, sendo que o traço em comum entre eles é a rejeição do liberalismo[37]. É bem verdade que a Teologia da Libertação compartilha com a tradição católica mais "intransigente" a rejeição da privatização da fé e da separação da esfera religiosa da política — algo tipicamente moderno e liberal.

Criticando as teologias liberais, Gustavo Gutiérrez escreveu: "Ao concentrar sua atenção nas exigências das sociedades burguesas, essas teologias aceitam o lugar em que as sociedades as encerraram: a esfera da consciência privada".[38] Na medida em que sua visão do mundo realmente exige uma "re-politização" do campo religioso e uma intervenção religiosa no campo político, os cristãos da libertação serão acusados por certos críticos liberais de serem um obstáculo à modernização. O sociólogo funcionalista norte-americano Ivan Vallier, por exemplo, acusou os padres revolucionários de exercerem uma influência "retrógrada e tradicionalista" na América Latina. Como a modernização requer uma diferenciação das áreas "que permita que as esferas não-religiosas da sociedade progridam de forma autônoma, isto é, em estruturas normativas não-religiosas", o "radicalismo clerical" dos padres revolucionários constitui

> uma recusa implícita de reconhecer que a esfera civil e a eclesiástica devem ser diferenciadas. Ao unir, pelo menos simbolicamente, os níveis religiosos e políticos da sociedade, (esse radicalismo) não só tem um efeito tradicionalizante, mas também gera efeitos retrógrados, no sentido de que as diferenças políticas são reforçadas pelos significados e identidades religiosos, e isso provavelmente produzirá fissuras irreconciliáveis.

Em conclusão, "o radicalismo clerical" é negativo, porque ele impede "o desenvolvimento cívico e os processos de construção da nação"[39].

---

37. Hervieu-Léger, *Vers um nouveau christianisme?* p. 299.
38. Gutiérrez, *Lu Force historique*, p. 187.
39. Ivan Vallicr, "Radical Priests and Revolution", in: O. Chalmers (org.), *Change in Latin America: New Interpretations of its Politics and Society*. Nova Iorque: Academy of Political Sciences, 1972, p. 17-23.

Essa análise profundamente parcial está muito longe de ser verdadeira, embora seja verdade que o Cristianismo da Libertação recusa-se a se limitar unicamente à "esfera eclesiástica" e a deixar que a economia e a política se desenvolvam "de maneira autônoma" — e, a partir dessa posição, podemos traçar um paralelo com a tradição intransigente e sua rejeição da moderna separação das esferas. Como enfatizou Juan Carlos Scannone, a Teologia da Libertação não aceita a autonomia do mundo temporal defendida pelo racionalismo moderno ou a tranquilizante separação das esferas (temporal e espiritual) característica da ideologia liberal do progresso[40].

No entanto, o tipo de análise apresentada por Vallier é demasiado superficial e formalista porque não leva em consideração o fato de que, com relação à tradição, o Cristianismo da Libertação latino-americano representa uma inovação radical: a) ao propor a separação total entre a Igreja e o Estado; b) ao rejeitar a ideia de um partido ou sindicato cristão, e ao reconhecer a necessária autonomia dos movimentos sociais e políticos; c) ao rejeitar qualquer sugestão de uma volta a um "catolicismo político" pré-crítico e sua ilusão de uma "nova Cristandade"; e d) ao defender a participação cristã nos movimentos ou partidos populares não religiosos.[41]

Para a Teologia da Libertação não existe nenhuma contradição entre essa exigência de democracia secular moderna e o envolvimento cristão no campo político. Existem dois níveis diferentes de abordagem ao relacionamento entre o religioso e o político: no nível institucional, a separação e a autonomia devem prevalecer; mas no nível ético/político é envolvimento que se toma o imperativo essencial.

A CRÍTICA DO INDIVIDUALISMO

Segundo Gustavo Gutiérrez, "o individualismo é a característica mais importante da ideologia moderna e da sociedade burguesa. De

---
40. Juan Carlos Scannone, "Théologie et politique", in: Dussell, Gutiérrez *et al, Les Luttes de liberation bouculent la thélogie*. Paris: Cerf, 1975, p. 144-148.
41. Gutiérrez, *La force historique*, p. 187.

acordo com a mentalidade moderna, o ser humano como indivíduo é o começo absoluto, o centro autônomo de decisão. A iniciativa individual e os interesses individuais são o ponto de partida e o motor da atividade econômica". Muito apropriadamente, ele se refere, nesse contexto, aos escritos de Lucien Goldmann, que enfatizam a oposição entre religião, como um sistema de valores transindividuais, e o método estritamente individualista do Iluminismo e da economia de mercado[42].

Para os teólogos da libertação e os agentes pastorais que trabalham com as comunidades de base, um dos aspectos mais negativos da modernidade urbana/industrial na América Latina — de um ponto de vista social e ético — é a destruição dos elos comunitários tradicionais: populações inteiras estão sendo desarraigadas de seu ambiente rural e comunitário com o desenvolvimento do agrocapitalismo ("seres humanos substituídos por carneiros" segundo a queixa de Tomás More — ou em vez de carneiros, em muitos dos países latino-americanos, por gado) e jogados na periferia dos centros urbanos, onde encontram um clima de individualismo egoísta, uma competição descontrolada e a luta brutal pela sobrevivência. Em um livro recente sobre as comunidades eclesiais de base, o jesuíta e teólogo brasileiro Marcello Azevedo acusa a modernidade capitalista de ser responsável pela ruptura de todo os elos entre o indivíduo e seu grupo e introduz as CEBs como uma expressão concentrada de uma tentativa dupla de restaurar a comunidade, na sociedade e na Igreja[43].

Uma das atividades principais das pastorais populares, tais como a pastoral da terra ou a pastoral indígena, é a defesa das comunidades tradicionais (de camponeses pobres ou de tribos indígenas) ameaçadas pela voracidade das grandes empresas agroindustriais ou pelos imensos projetos estatais de modernização. Na periferia caótica dos centros urbanos, seu objetivo é reconstruir, através das CEBs, um estilo de vida comunitário, com a ajuda das tradições do passado rural que ainda estão presentes

---

42. *Ibid.*, p. 172-173, 218.
43. Marcello Azevedo, SJ, *Comunidades eclesiais de base e inculturação da fé*. São Paulo: Loyola, cap. II.1.

na memória coletiva dos pobres — hábitos de cooperação, solidariedade e ajuda mútua. Um observador entusiasmado das comunidades de base, o teólogo e sociólogo norte-americano Harvey Cox, sugere que, através das CEBs, a população pobre "está se apropriando novamente de um conjunto de estórias e de uma tradição moral que sobreviveu à investida violenta da modernização capitalista e agora está começando a fornecer uma alternativa para o sistema de valores e significados estabelecido oficialmente". As novas teologias latino-americanas têm "estilos organizacionais [que] dão prioridade à comunidade contra o individualismo e às formas orgânicas em vez das mecânicas de convivência"[44].

Estaremos, portanto, diante de uma tentativa de voltar à comunidade orgânica tradicional da pré-modernidade — a *Gemeinschaft* descrita por Tönnies? Sim e não. Sim, na medida em que diante de uma sociedade moderna que, segundo Leonardo Boff "produziu uma atomização da existência e uma anonimidade geral de todas as pessoas", tenta-se criar (ou recriar) "comunidades onde as pessoas conhecem e reconhecem umas às outras", caracterizada de forma ideal por "relações diretas de reciprocidade, fraternidade profunda ajuda mutua, comunhão em ideias evangélicas e igualdade entre seus membros"[45]. Não, na medida em que as comunidades não são simplesmente a reprodução de relacionamentos sociais pré-modernos.

Nessa área, também, o Cristianismo da Libertação irá inovar: como Harvey Cox perspicazmente observa, as comunidades eclesiais de base contêm um aspecto tipicamente moderno – a escolha individual, que gera novas formas de solidariedade e que não têm muito em comum com as estruturas rurais arcaicas[46]. Seu objetivo não é reconstruir as comunidades tradicionais (isto é, estruturas fechadas e autoritárias), com um sistema de normas e obrigações impostas pela família, pela tribo, pela localidade ou pela denominação religiosa em cada indivíduo desde seu

---

44. Harvey Cox, *Religion in the Secular City. Toward a Post-Modern Theology*. Nova Iorque: Simon & Schuster, 1984, p. 103, 215.
45. Leonardo Boff, *Église en genèse. Les communautés de base*. Paris: Desclée, 1978, p. 7-21.
46. Cox, *Religion in the Secular City*, p. 127.

nascimento. Ao contrário, é formar um novo tipo de comunidade que necessariamente incorpore algumas das "liberdades modernas" mais importantes, a começar pela livre escolha de participar ou não dela. Graças a esse aspecto moderno, podemos considerar as CEBs como agrupamentos voluntários utópicos, no sentido dado à expressão por Jean Séguy, isto é, agrupamentos em que os membros participam por sua vontade própria e cujo objetivo (implícito ou explícito) é transformar – de uma maneira que é pelo menos opcionalmente radical – os sistemas globais vigentes[47].

O que as CEBs tentam resgatar das tradições comunitárias são as relações pessoais "primárias", a prática da ajuda mútua e a participação em uma fé comum.

O DESAFIO À MODERNIZAÇÃO ECONÔMICA, AO CULTO DO PROGRESSO TÉCNICO E À IDEOLOGIA DO DESENVOLVIMENTO

Antes do aparecimento das CEBs, a posição da Igreja latino-americana frente ao desenvolvimento econômico e à tecnologia moderna estava longe de ser negativa. No contexto daquilo que poderíamos chamar de uma "teologia do desenvolvimento" – predominante entre 1955 e 1960 – havia, por parte da Igreja, uma atitude favorável com relação à modernização econômica, embora houvesse também a esperança de que fosse possível corrigir alguns daqueles seus aspectos que, segundo os princípios da ética cristã, fossem considerados negativos.

Com a radicalização da Ação Católica (JUC, JOC etc.), na década de 1960, e o surgimento da Teologia da Libertação depois dos anos 1970, essa perspectiva "desenvolvimentista" foi substituída (nos setores mais progressistas da Igreja) por uma atitude muito mais crítica com relação ao modelo capitalista de desenvolvimento, inspirada, pelo menos em parte, pelo marxismo latino-americano e pela teoria da dependência (por exemplo, os ataques que alguém como André Gunder Frank fazia às doutrinas norte-americanas de modernização). Essa nova perspectiva

---

47. Jean Séguy, "Protestations socio-religieuses et contre-culture", EPHE, documento de um seminário, 1973-1974, mimeo. Não publicado, p. 11.

influencia diretamente a cultura social/religiosa do Cristianismo da Libertação, gerando uma forte crença de que a solução para os países da América Latina não dependia tanto de modernização tecnológica e sim de mudança social.

Para a Teologia da Libertação, o desenvolvimento industrial, as novas técnicas e a modernização da produção, longe de serem soluções para os problemas sociais do continente – pobreza, desigualdade social, analfabetismo, desemprego, migração rural, violência urbana, epidemias, mortalidade infantil – muitas vezes os agravam e intensificam. Segundo Hugo Assmann, em um texto pioneiro escrito em 1970, "o preço excessivo pago pelo 'desenvolvimento' é a crescente alienação de amplos setores da comunidade e a repressão de todos os tipos de protesto"; em sua opinião, o grande mérito dos documentos publicados pela conferência de bispos de Medellín (1968) – mesmo considerando que eram mais descritivos que dialéticos ou estruturais – é a atitude crítica com relação ao "desenvolvimentismo". Também Gutiérrez, em seu livro de 1974, questiona a ideologia do desenvolvimento econômico: "A opção desenvolvimentista obscureceu não só a complexidade do problema como também os inevitáveis aspectos conflituosos do processo, considerados de um ponto de vista global".[48] É claro que a alternativa para a modernização não é a tradição, as relações patriarcais das velhas hierarquias rurais, e sim a libertação social – conceito moderno que se refere à teoria de dependência latino-americana.

Em termos gerais, os teólogos da libertação e a liderança das comunidades de base criticam a ideologia modernizante das elites latino-americanas (tanto conservadoras como progressistas) e focalizam os limites, as contradições e os desastres da modernidade industrial/capitalista. Um dos *leitmotivs* de seus documentos é que o progresso na América Latina ocorre às custas dos pobres. A tecnologia propriamente dita não ocupa um lugar central nesse discurso crítico, que só enfatiza que, nas socieda-

---

48. Hugo Asmann, *Theology for a Nomad Church*. Nova Iorque (Maryknoll): Orbis, 1976, p.49-50; e Gutiérrez, *Théologie de la liberation*, p. 92 – veja também p. 39-40, 90-91.

des contemporâneas latino-americanas, a modernidade tecnológica e os benefícios da civilização são monopolizados pelo Estado e pelas classes dominantes. Nas CEBs brasileiras por exemplo - e entre agentes pastorais, consultores leigos, teólogos e bispos que cooperam com elas – é possível encontrar uma profunda desconfiança dos chamados "megaprojetos de desenvolvimento" baseados na tecnologia moderna: barragens hidroelétricas, rodovias expressas, usinas químicas ou nucleares gigantescas, imensas empresas agroindustriais etc. Esses projetos são muitas vezes descritos como "faraônicos" — uma expressão bíblica com conotações sociais e religiosas claramente negativas. Os projetos preferidos pelas CEBs são empreendimentos de cooperativas locais, com técnicas tradicionais ou semimodernas, empregando pouco capital e muita mão de obra.

Dito isso, no entanto, é verdade que o Cristianismo da Libertação não tem uma doutrina explícita sobre tecnologia. É sobretudo no contexto social e político que o uso das tecnologias modernas é rejeitado ou criticado. As técnicas modernas não são avaliadas pelos resultados econômicos que produzem – em termos de lucro, rentabilidade, produtividade, renda de exportações ou em moedas fortes – e sim em termos de suas consequências para os pobres. Se as consequências forem positivas – em termos de emprego ou condições de vida – são aceitas; se não o forem, podem ser recusadas. O que vemos aqui é um certo pragmatismo, combinado com uma atitude moral cuja inspiração é religiosa – a opção preferencial pelos pobres é o critério pelo qual avaliamos a tecnologia.

Normalmente, as CEBs rurais são mais céticas do que as urbanas com relação aos benefícios das técnicas modernas. Durante os últimos anos, aconteceram vários conflitos no Brasil relacionados com a construção de barragens hidroelétricas. Originalmente, as reivindicações das comunidades de base, dos bispos e da Comissão Pastoral da Terra (CPT) limitavam-se à indenizações para os camponeses expulsos. Como exemplo, alguns bispos e agentes pastorais de uma área de conflito no nordeste brasileiro se reuniram em março de 1977 e publicaram uma declaração denunciando as obras hidráulicas de grande porte iniciadas pelo regime militar "em nome do progresso, mas cujo resultado é a concentração de riqueza nas mãos de uma minoria privilegiada". A seu ver, tais projetos são prejudiciais porque, ao invés de ajudarem aos pobres, tiram deles seu único pedaço de terra. jogando-os na miséria mais absoluta. No entanto, ao mesmo tempo, o documento evitava qualquer rejeição total da modernização técnica: "Não negamos a legitimidade das unidades hidroelétricas ou dos projetos de irrigação, mas condenamos a maneira como essas obras foram implementadas, sem levar em consideração a dignidade dos seres humanos e a relocação das famílias expulsas". Mais ou menos na mesma época, no sul do Brasil, a CPT critica as consequências perniciosas da gigantesca barragem de Itaipu, em um documento significativamente chamado de "O Mausoléu do Faraó", que também focalizou as questões relacionadas com a expropriação da terra dos camponeses e a insuficiência das recompensas[49].

No entanto, de uns poucos anos para cá, as CEBs, a CPT e seus consultores técnicos começaram a criticar barragens e outros "megaprojetos" em termos ecológicos. Parece haver alguma convergência nesse sentido entre uma seção da Igreja brasileira – CPT, ClMI (a pastoral indígena) e alguns bispos – sindicatos locais, intelectuais cristãos e da esquerda e ecologistas, com relação à questão da proteção da floresta amazônica[50].

Por outro lado, frente ao desenvolvimento de agroempreendimentos modernos e tecnologicamente sofisticados (máquinas, pesticidas, fertilizantes) orientados para os produtos agrícolas de exportação, as CEBs e as pastorais da terra vêm tentando organizar cooperativas rurais para fazer uso das antigas tradições de trabalho coletivo e de ajuda mútua nas comunidades.

As CEBs urbanas estão sempre dispostas a mobilizar-se por melhorias técnicas em suas condições de vida: eletrecidade, água corrente,

---

49. "Denúncia de três bipos do vale do São Francisco", in: *Pastoral da Terra*, Estudos CNBB, n. 11, São Paulo: Edições Paulinas, 1981, p. 187-188, e *O mausoléu do Faraó*. Curitiba: CPT, 1979.
50. Veja, por exemplo, o trabalho do Centro Ecumênico para Documentação e informação (CEDI) publicado em julho de 1989, sob o título: "O Estado e a Terra: sindicatos, barragens, agroindústria", na revista *Tempo e Presença* (Rio de Janeiro).

esgoto, transporte coletivo. No entanto, mesmo quando a tecnologia é primitiva, preferem as soluções que vêm "das bases" às que vêm "de cima", com tecnologia moderna – prefeririam, por exemplo, mutirões para a construção de suas casas. Para dar um exemplo típico, o movimento popular pela habitação no sul da Grande São Paulo impôs contra a vontade das autoridades (locais e regionais) que preferiam soluções "altamente industrializadas" (inevitavelmente mais caras) – um projeto para a construção de centenas de casas através de suas associações locais, inspirado principalmente nas comunidades de base, pelo método do mutirão (ou ajuda mútua na linguagem tradicional brasileira)[51].

Uma questão à parte é a atitude dos teólogos da libertação e da "Igreja dos Pobres" com relação à mídia. Há, normalmente, uma grande desconfiança da mídia institucional (TV, rádio e imprensa) considerada instrumento de manipulação do povo pela elite. A crítica à televisão é um tema importante para o Cristianismo da Libertação, mas ela se dirige mais ao conteúdo dos programas do que à mídia técnica propriamente dita. No entanto, os teólogos da libertação – ao contrário dos evangélicos e de certos bispos – têm uma certa relutância em fazer uso da televisão como meio de comunicação.

Recentemente, o teólogo brasileiro Hugo Assmann escreveu uma crítica da "Igreja Eletrônica" americana e seu impacto na América Latina. Além da denúncia daquilo que ele chama de "capitalismo cristão" dos tele-evangélicos, ele levanta a questão do próprio meio de comunicação: não é ela, por sua própria natureza, uma máquina que "fetichiza" a realidade? Sua conclusão temporária é que "a religião, através da TV, gera, quase que inevitavelmente, a legitimidade religiosa de um fetichismo já existente" – na medida em que a participação reflexiva do espectador permanece mínima. No entanto, Assmann não quer se fechar em uma rejeição total e pouco realista:

---
51. Jeanne Bisilliat, "Un mouvement populaire à S. Paulo et son équipe technique architecturale". Cahiers de l'ORSTOM, Paris, 1989.

A TV veio para ficar: temos que aprender a viver com ela: de nada adianta ter uma atitude apocalíptica (no sentido dado ao termo por Umberto Eco em seu livro Apocalíptico ou Integrado) e puramente negativa com relação à TV - ela também tem um poder extraordinário para a socialização de rupturas necessárias em várias áreas do comportamento social.[52]

Podemos, portanto, resumir a posição do cristianismo libertação com relação à tecnologia da seguinte maneira: não se trata de uma atitude de uma rejeição categórica e por princípio e sim, ao contrário, de uma distância pragmática, cuidadosa e crítica, que contrasta fortemente com o entusiasmo tecnológico das elites latino-americanas (gerentes, tecnocratas, os militares), dos intelectuais modernizantes (das duas tendências, direitista e esquerdista) e, é claro, das Igrejas evangélicas, bem como de certos setores católicos conservadores agrupados ao redor do projeto Lumen 2000.

CONCLUSÃO

O Cristianismo da Libertação, o movimento social que tem sua expressão intelectual na Teologia da Libertação, critica a modernidade "realmente existente" na América Latina (capitalismo dependente) tanto em nome de valores pré-modemos como de uma modernidade utópica (a sociedade sem classes), através da mediação socioanalítica da teoria marxista, que une a crítica dos primeiros e a promessa da segunda. As *posições* modernas da Teologia da Libertação são inseparáveis de suas *pressuposições* tradicionais – e vice-versa. Temos aqui uma forma sociocultural que evita as dicotomias clássicas entre modernidade e tradição, ética e ciência, religião e mundo secular. Como uma reapropriação moderna da tradição, essa configuração cultural tanto preserva como nega a tradição e a modernidade, em um processo de síntese "dialética". Sua opção preferencial pelos pobres é o critério se-

---

52. Hugo Assmann, *A Igreja eletrônica e seu impacto na América Latina*. Petrópolis: Vozes, 1986, p. 172-176.

gundo o qual julga e avalia a doutrina tradicional da Igreja e também a sociedade ocidental moderna.

É aqui, precisamente, onde reside a diferença entre a Teologia da Libertação e as teologias progressistas europeias. Em um livro recente, o teólogo francês Christian Duquoc afirmou, com enorme percepção, que essas últimas teologias consideram a exclusão (dos pobres ou dos países do Terceiro Mundo) como algo temporário ou acidental: o futuro pertence ao Ocidente e ao progresso econômico, social e político que ele traz. Ao contrário, a Teologia da Libertação considera a história de uma perspectiva inversa, aquela dos vencidos e excluídos, os pobres (no sentido mais amplo, incluindo as classes, raças e culturas oprimidas), que são os portadores da universalidade e da salvação. Ao contrário da cultura progressista europeia, a Teologia da Libertação rejeita a visão otimista da história como progresso, a avaliação da tecnologia e da ciência moderna como condições objetivas para esse progresso e a emancipação do indivíduo como seu critério principal. Isso não quer dizer que ela rejeita o progresso técnico e científico ou a estrutura formal das liberdades individuais: apenas ela não pode aceitar uma visão da história que tem como posto de observação esses critérios ambivalentes ocidentais[53].

Duquoc conclui através dessa comparação que Roma prefere a Teologia da Libertação às teologias ocidentais que surgiram do Iluminismo. Será possível que a participação ativa de cristãos na luta dos pobres latino-americanos por libertação social parece, aos olhos do Vaticano, menos subversiva que a aspiração dos intelectuais católicos europeus por emancipação individual? Isso não está nada evidente: nos dois casos, Roma enfrenta um desafio a sua autoridade e ao sistema de poder tradicional da Igreja.

Na verdade, a Teologia da Libertação compartilha algumas premissas básicas da cultura progressista ocidental, mas, ao mesmo tempo,

---

53. Christian Duqoc, *Liberátion et progressisme*. Paris: Cerf, 1988, p. 28-96.

tem muito em comum com uma tradição diferente – o Romantismo. O Cristianismo da Libertação, como outros movimentos sociais ou culturais contemporâneos (por exemplo, a ecologia), é, em grande parte, um movimento Romântico, ou seja, como vimos no capítulo 1, um movimento que protesta contra aspectos importantes da sociedade capitalista/industrial moderna em nome de valores pré-modernos – nesse caso, religião e comunidade.

Alguns autores brasileiros se referem à natureza Romântica da "Igreja dos Pobres" e à sua utopia comunitária como evidência de sua natureza retrógrada[54]. No entanto, existe também um Romantismo revolucionário e/ou utópico, cujo objetivo não é uma volta ao passado, uma impossível restauração de comunidades pré-modernas, e sim um desvio que, saindo do passado, vai direto ao futuro, a projeção de valores passados em uma nova utopia. A essa tradição, que funde nostalgias góticas (ou pré-históricas) com o Iluminismo, que se estende de Rousseau a William Morris e de Ernst Bloch a José Carlos Mariátegui, também pertence a Teologia da Libertação.

---

54. Veja Roberto Romano, Brasil: *Igreja contra estado: crítica ao populismo católico*. São Paulo: Kairos, 1979, p. 173, 230-231. Romano é um dos poucos autores que notou alguns dos comentários de Weber sobre a tensão entre o catolicismo e o capitalismo, os quais tentou aplicar ao caso brasileiro.

A Teologia da Libertação
e o marxismo

Durante meio século, o marxismo foi denunciado – sob o epíteto caricatural de "comunismo ateísta" – como o inimigo mais terrível e traiçoeiro da fé cristã. A excomunhão decretada pelo Papa Pio XII depois da Segunda Guerra Mundial foi apenas a sanção canônica de uma luta implacável e obsessiva que construiu um muro de hostilidade na América Latina e pelo mundo afora entre os fiéis da Igreja e os movimentos políticos orientados para o marxismo. As fendas abertas nesse muro pela convergência surpreendente do cristianismo e do marxismo na América Latina durante os últimos quarenta e cinco anos – especialmente através da Teologia da Libertação – foi um dos mais importantes de transformação social na história moderna do hemisfério.

Esses acontecimentos foram motivo de preocupação para os consultores Republicanos do Presidente dos Estados Unidos que se reuniram em Santa Fé, Califórnia, em 1980 e 1989. Diante desse fenômeno inesperado, os consultores de Ronald Reagan perceberam corretamente o perigo que isso representava para o capitalismo, mas não foram capazes de oferecer uma explicação significativa no documento que produziram em Santa Fé, em maio de 1980:

A política externa norte-americana deve começar a enfrentar a Teologia da Libertação (e não simplesmente reagir a ela após o fato)... Na América Latina, o papel da Igreja é vital para o conceito de liberdade política. Infelizmente, forças marxista-leninistas usaram a Igreja como uma arma política contra a propriedade privada e o sistema capitalista de produção, infiltrando a comunidade religiosa com ideias que são mais comunistas que cristãs. [55]

Não precisamos alongar-nos muito na impropriedade flagrante de uma pseudo-análise como essa, que fala de "infiltração": ela é totalmente incapaz de explicar a dinâmica interna dos setores da Igreja, cuja oposição ao capitalismo resultou, como vimos, de uma tradição católica especifica, e deveu muito pouco a "forças marxista-leninistas" (isto é, às várias espécies de partidos e movimentos comunistas).

A mesma equipe de especialistas (ou outra semelhante), trabalhando para o presidente Bush, produziu um segundo relatório (Santa Fé II) em 1988, com basicamente o mesmo tom do primeiro, embora em termos ligeiramente mais sofisticados. No segundo documento, a discussão voltou-se para as táticas gramscianas usadas pelos marxistas, que descobriram que o meio mais eficaz de chegar ao poder é "dominando a cultura do país, o que significa garantir-se uma posição de grande influência sobre a religião, as escolas, a mídia de massa e as universidades": "É nesse contexto que a Teologia da Libertação deve ser examinada, como uma doutrina política disfarçada em crença religiosa, que é antipapal e contra a livre empresa e destinada a enfraquecer a independência da sociedade em face do controle do Estado"[56]. O relacionamento complexo e peculiar entre os componentes religiosos e políticos que ocorre na Teologia da Libertação é assim reduzido a um mero "disfarce", como resultado da estratégia maquiavélica dos marxistas (ou gramscistas).

---

55. Cf. "A New Interamerican Policy for the Eighties".
56. Cf. "Santa Fé II. Una estratégia para A. Latina en los noventa".

Um método semelhante pode ser encontrado no documento sobre a Teologia da Libertação apresentado na Conferência Interamericana das Forças Armadas em dezembro de 1987 (La Plata, Argentina). Apesar de um nível de "especialização" muito maior – é provável que o documento tenha sido preparado por um teólogo conservador atuando como consultor para os militares – esse texto também interpreta fenômeno como parte de uma "estratégia do Movimento Comunista Internacional na América Latina, implementada através de vários *modi operandi*"[57]. Ora, um mínimo de senso comum e de análise sócio-histórica seria suficiente para qualquer observador honesto reconhecer que a Teologia da Libertação e a convergência do cristianismo e do marxismo em certos setores da Igreja – não foi resultado de nenhuma conspiração, estratégia, tática, infiltração ou manobra por parte de comunistas, marxistas, gramscistas ou leninistas, e sim uma evolução interna da própria Igreja e originando-se de sua própria cultura e tradição. O que precisa ser explicado é *por que* isso aconteceu: por que razão, em um determinado momento histórico – o início da década de 1960 – e em uma parte determinada do mundo – a América Latina – um setor do clero e da laicidade sentiu a necessidade de adotar o método marxista de interpretação e transformação da realidade.

Nessa luz, a análise do maior oponente da Teologia da Libertação em Roma, o Cardeal Ratzinger, e muito mais interessante e inovadora. Segundo o eminente prefeito do Santo Oficio para a Doutrina da Fé, na década de 1960 ficou claro que havia surgido um vazio de significado no mundo ocidental. Nessa situação, as várias formas de neomarxismo se tornaram uma força moral e uma promessa1 de significado que parecia praticamente irresistível aos estudantes e à juventude. Além disso:

> O desafio moral da pobreza e da opressão se apresentava de uma maneira inevitável, ao mesmo tempo em que a Europa e a América do Norte tinham atin-

---

[57]. "Conferencia Interamericana de los Ejércitos, Punta del Este, dec. 1987, capítulo Estrategia del Movimento Comunista Internacional en Latino-américa, através de distintos modos de acción".

gido uma afluência até então desconhecida. Esse desafio evidentemente exigia respostas novas que não podiam ser encontradas na tradição existente. Essa nova situação teológica e filosófica foi um convite formal para que se buscasse uma resposta em um cristianismo que se permitia ser guiado pelos modelos de esperança, baseados na ciência, propostos pelas filosofias marxistas.

O resultado foi a emergência dos teólogos da libertação que "abraçaram totalmente a abordagem marxista básica". Se a gravidade do perigo que essa nova doutrina representava foi subestimada, foi "porque ela não se enquadrava em nenhuma das categorias de heresia aceitas; sua preocupação fundamental não pode ser detectada através da escala existente de questões-padrão". Não se pode negar, o Cardeal concede que essa teologia, que combina a exegese bíblica com a análise marxista, é "atraente" e tem "uma lógica quase que perfeita"; parece responder às exigências da ciência e ao desafio moral de nossa época'". Isso, no entanto, não a faz menos ameaçadora: "Na verdade, um erro é tanto mais perigoso quanto maior for grão de verdade que ele contém"[58].

A dúvida permanece: por que é que os "modelos de esperança" de orientação marxista foram capazes de conquistar um setor pequeno, mas significativo da Igreja Católica Apostólica Romana (bem como alguns grupos protestantes) na América Latina? Para sermos capazes de responder a essa pergunta, precisamos investigar quais os aspectos ou elementos da própria doutrina da Igreja e do marxismo podem ter favorecido, facilitado ou estimulado sua convergência.

Um conceito que pode demonstrar ser esclarecedor nesse tipo de análise é aquele, já mencionado, utilizado por Max Weber para estudar o relacionamento recíproco entre formas religiosas e *ethos* econômico: a afinidade eletiva [*Wahlverwandtschaft*]. Com base em certas analogias, certas afinidades, certas correspondências, duas estruturas culturais podem – em determinadas circunstâncias históricas – entrar em um relacio-

---

58. Cardeal Ratzinger, "Les Conséquences fondamentales d"une option marxiste", in: *Théologies de la libérátion*, p. 122-130.

namento de atração, de escolha, de seleção mútua. Esse não é um processo unilateral de influência e sim uma interação dialética e dinâmica que, em alguns casos, pode levar à simbiose ou mesmo à fusão. Os seguintes são alguns exemplos de possíveis áreas de afinidade ou correspondência estrutural entre o cristianismo e o socialismo:

1. Como indicou Lucien Goldmann (veja capítulo 1) ambos rejeitam a afirmação de que o indivíduo é a base da ética e criticam as visões individualistas do mundo (liberal/racionalista, empiricista ou hedonista). A religião (Pascal) e o socialismo (Marx) compartilham a fé em *valores transindividuais*.

2. Ambos acham que os pobres são vítimas de injustiça. É óbvio que existe uma distância considerável entre os pobres da doutrina católica e o proletariado da teoria marxista, mas não podemos negar um certo "parentesco" socioético entre eles. Como vimos, um dos primeiros autores alemães a falar sobre o proletariado, dez anos antes de Marx, foi o filósofo católico Romântico Johannes von Baader.

3. Ambos compartilham o *universalismo* – o internacionalismo ou "catolicismo" (em seu sentido etimológico) – ou seja, uma doutrina e instituições que veem a humanidade como uma totalidade, cuja unidade substantiva está acima de raças, grupos étnicos ou países.

4. Ambos dão grande valor à *comunidade*, à vida comunitária, à partilha comunitária de bens, e criticam a atomização, a anonimidade, a impersonalidade, a alienação e a competição egoísta da vida social moderna.

5. Ambos criticam o capitalismo e as doutrinas do liberalismo econômico, em nome de algum bem comum considerado mais importante que os interesses individuais de proprietários privados.

6. Ambos têm a esperança de um reino futuro de *justiça e liberdade, paz e fraternidade entre toda a humanidade*.

Reconhecer essa afinidade entre a utopia religiosa e a socialista não significa necessariamente que aceitemos a tese apresentada por Nikolai

Berdiaev, Karl Löjiwith e muitos outros, segundo a qual o marxismo é apenas uma manifestação secularizada do messianismo judaico-cristão. É óbvio que esses elementos têm sentidos e funções completamente diferentes nos dois sistemas culturais e que analogias estruturais como as de acima, em si mesmas e por si mesmas, não constituem uma causa suficiente para a convergência. Por exemplo, não há nada mais distante da visão que a doutrina social tradicional da Igreja tem dos pobres – como objeto de caridade e de um paternalismo protetor do que o papel do proletariado no pensamento marxista, como agente da ação revolucionária. A correspondência esboçada aqui não impede a Igreja de considerar o socialismo, o comunismo e o marxismo como inimigos "intrinsecamente perversos" da fé cristã – embora, como já vimos, existem indivíduos, grupos e correntes de pensamento, tanto no catolicismo quanto nos vários ramos do protestantismo que foram atraídos pelas teorias revolucionárias modernas.

O que transformou essas "homologias estruturais" (para usar o termo de Goldman) em um relacionamento dinâmico de afinidade eletiva foi uma conjuntura histórica determinada, caracterizada pela polarização social e pelo conflito político, que começou na América Latina com o triunfo da Revolução Cubana e continuou com a sucessão de golpes militares durante os anos 1960 e 1970: Brasil (1964), Argentina (1966) Uruguai (1971), Chile (1973), Argentina outra vez (1976) e assim por diante.

A combinação desses eventos assinalou um novo capítulo na história latino-americana, um período de lutas sociais, movimentos comunitários e insurreições que continuaram, em formas diferentes, até os dias de hoje. Essa nova fase foi também caracterizada por uma renovação e um aumento na influência do pensamento marxista, sobretudo (mas não exclusivamente) entre estudantes e intelectuais. Foi nesse contexto que um relacionamento de afinidade eletiva entre o cristianismo e o marxismo desenvolveu-se entre certos setores da Igreja e, com base nas analogias existentes, levou a uma convergência ou articulação entre essas duas culturas tradicionalmente opostas, resultando, em alguns casos, até mesmo em sua fusão em uma corrente de pensamento marxista-cristã. Na verdade, o conceito de afinidade eletiva, que, para Weber, descreve apenas a seleção mútua e o reforço recíproco de fenômenos socioculturais distintos, teve origem na doutrina alquímica que buscava explicar a fusão de corpos em termos da afinidade dos elementos em sua composição química"[59].

Como é que a Teologia da Libertação se enquadra nesse cenário? A crítica principal proposta pela Instrução sobre alguns aspectos da "Teologia da Libertação", do Vaticano (1984), contra os novos teólogos latino-americano, foi seu uso, "de uma maneira insuficientemente crítica", de conceitos "extraídos de várias correntes de pensamento marxista". Como resultado desses conceitos – especialmente o de luta de classes – a "Igreja dos Pobres" da tradição cristã tornou-se, na Teologia da Libertação, uma Igreja baseada em classes, que se conscientizou das necessidades da luta revolucionária como uma fase no caminho da libertação, e que celebra essa libertação em sua liturgia, algo que necessariamente leva a um questionamento da estrutura sacramental e hierárquica da Igreja[60].

Essas formulações são claramente polêmicas; no entanto, não há dúvida de que os teólogos da libertação extraíram análises, conceitos e perspectivas do arsenal teórico marxista e que esses instrumentos desempenham um papel importante em sua compreensão da realidade social na América Latina. Graças a umas poucas referências positivas a certos aspectos do marxismo – independentemente do conteúdo dessas referências – a Teologia da Libertação causou uma confusão imensa no campo político-cultural; rompeu um tabu e estimulou um grande número de cristãos a examinarem de uma maneira nova, não apenas a teoria, mas também a prática dos marxistas. Mesmo quando sua abordagem era crítica, ela não tinha nada que ver com os anátemas tradicionais contra "o

---
59. Para um histórico e explicação do conceito, veja Michael Löwy, *Redemption and Utopia: Libertarian Judaism in central Europe*. Stanford, CA: Stanford University Press, 1993. Em um trabalho recente (extremamente perspicaz) um teólogo brasileiro usou esse conceito (como tentei defini-lo) para examinar a "afinidade eletiva" entre o marxismo e a Teologia da Libertação: Ênio Ronald Mueller, *Teologia da Libertação e Marxismo: uma relação em busca de explicação* (*affection quaerens intellectum*). Escola Superior de Teologia: São Leopoldo, 1994.
60. Instruction sur quelques aspects de la "théologie de la libération", 1984.

marxismo ateísta, inimigo diabólico da civilização cristã" – frases comuns nos discursos dos ditadores militares desde Videla até Pinochet.

Mencionei anteriormente as condições históricas que permitiram essa abertura da cultura católica às ideias marxistas. Devo apenas acrescentar aqui que o marxismo também evoluiu nesse período. Houve uma ruptura do monolitismo estalinista como consequência do 20º Congresso do Partido Comunista da União Soviética e também a cisão sino-soviética. Na América Latina a Revolução Cubana representou, sobretudo no decorrer da década de 1960, uma versão indígena e mais atraente do marxismo que a soviética. Sua influência generalizada teve como resultado um importante questionamento da hegemonia dos Partidos Comunistas. O marxismo deixou de ser um sistema fechado e rígido sujeito à autoridade ideológica de Moscou e se tornou uma vez mais uma cultura pluralista, uma forma dinâmica de pensamento, aberta a várias opiniões e, portanto, acessível a uma nova interpretação cristã[61].

É difícil apresentar uma visão geral das atitudes da Teologia da Libertação para com o marxismo porque, por um lado, existe uma ampla variedade de opiniões – que vão desde o uso cauteloso de alguns elementos até tentativas de uma síntese total – e, por outro, como consequência das críticas de Roma e também dos acontecimentos no Leste Europeu desde 1989, houve uma certa mudança entre as posições expressas no período mais radical de 1968 a 1980 e a postura atual, mais reservada. Apesar disso, com base nos escritos dos teólogos da libertação mais representativos (como Gutiérrez, Boff e alguns outros) e de certos documentos episcopais, podemos identificar certos pontos de referência e debates principais que são comuns às duas épocas.

Certos teólogos latino-americanos (influenciados por Althusser) referem-se ao Marxismo simplesmente como uma (ou a) ciência social,

---

61. Veja o excelente estudo de Guy Petitdemange, "Theologie(s) de La libération et marxisme(s)", in: "Pourquoi la theologie de la libération", suplemento n. 307 de *Cahiers de l'actualité religieuse et sociale*, 1985. Para uma visão histórica do processo, veja também o interessante ensaio de Enrique Dussel, "Encuentro de cristianos y marxistas en América Latina", Cristianismo y sociedad (Santo Domingo), n. 74, 1982.

a ser usada como uma ferramenta de uma maneira estritamente instrumental, a fim de aumentar o conhecimento que temos da realidade latino-americana. Uma definição que é, ao mesmo tempo, demasiado ampla e demasiado estreita. Demasiado ampla porque o marxismo não é a única ciência social; demasiado estreita porque o marxismo não é somente uma ciência e tem como base uma escolha prática. Seu objetivo não é apenas conhecer o mundo, e sim mudá-lo.

Na verdade, o interesse – que muitos autores chamam de "fascinação" – que muitos teólogos da libertação têm pelo marxismo é maior e bem mais profundo do que o simples empréstimo de uns poucos conceitos para objetivos científicos poderia sugerir[62]. Ele envolve também valores do marxismo, suas escolhas éticas/políticas e sua visão de um futuro utópico. Como geralmente acontece, é Gustavo Gutiérrez que tem as ideias mais perspicazes, dando ênfase ao fato de que o marxismo fornece não só uma análise científica, mas também uma aspiração utópica de mudança social. Ele critica a visão cientificista de Althusser, que "impede-nos de ver a profunda unidade da obra de Marx e, em consequência, de entender facilmente sua capacidade de inspirar uma práxis revolucionária radical e permanente"[63].

Que tipo de marxismo inspira os teólogos da libertação? Certamente não o dos manuais do "diamat" (materialismo dialético) soviéticos, nem o dos partidos comunistas latino-americanos. Ao contrário, eles são atraídos pelo "marxismo ocidental" ocasionalmente apelidado de "neomarxismo" em seus documentos. Em *Teologia da Libertação – Perspectiva*, a obra seminal de Gustavo Gutiérrez (1971), o escritor marxista mais citado é Ernst Bloch. Existem também referências a Althusser,

---
62. Criticando esse conceito puramente "instrumental", o teólogo leigo alemão Bruno Kern tenta demonstrar que, na verdade, o relacionamento com o marxismo tem um significado muito mais amplo para a Teologia da Libertação: *Theologie im Horizont des Marxisnus. Zur Geschichte der Marxisniusrezeption in der luteinwnerikanischen Theolocie Befrejung*, Mainz: Mathias-Grünewald Verlag, 1992, p. 14-26.
63. *Théologie de la libération*, p. 244. É verdade que desde 1984, após as críticas do Vaticano, Gutiérrez parece haver recuado para uma posição menos exposta, reduzindo a relação com o marxismo a um encontro entre a teologia e as ciências sociais. Veja Gustavo Gutiérrez, "Théologic et sciences sociales", 1985. in: *Théologies la libération*, p. 189-19.

Marcuse, Lukács, Gramsci, Henri Lefebvre. Lucien Goldmann e Ernest Mandel (contraposto a Althusser por seu melhor entendimento do conceito de alienação de Marx)[64].

Mas essas referências europeias são menos importantes que as latino-americanas: o peruano José Carlos Mariátegui, como fonte de um marxismo original, "indo-americano", adaptado às realidades do continente; a Revolução Cubana, como um marco na história da América Latina; e, finalmente, a teoria da dependência, a crítica ao capitalismo dependente proposta por Fernando Henrique Cardoso, André Gunder Frank, Theotônio dos Santos e Anibal Quijano (todos mencionados várias vezes no livro de Gutiérrez). Não é preciso dizer que Gutiérrez e os que pensam como ele dão ênfase a certos temas marxistas (humanismo, alienação, *práxis*, utopia) e rejeitam outros ("ideologia materialista", ateísmo).[65]

Essa descoberta do marxismo pelos cristãos progressistas, e pela Teologia da Libertação não foi um processo meramente intelectual ou acadêmico. Seu ponto de partida foi um fato inevitável, uma realidade brutal e geral na América Latina: a pobreza. Para muitos fiéis preocupados com o social, o marxismo foi escolhido porque parecia ser a explicação mais sistemática, coerente e global das causas para essa pobreza, e uma proposta suficientemente radical para aboli-la.

A preocupação com os pobres foi uma tradição da Igreja por quase dois milênios, que remonta às origens evangélicas do cristianismo. Os teólogos latino-americanos se colocam continuadores dessa tradição que lhes dá tanto referência quanto inspiração. No entanto, como já enfatizei várias, eles rompem radicalmente com o passado em um ponto fundamental: para eles, os pobres já não são basicamente objetos de caridade, e sim agentes de sua própria libertação. A ajuda ou assistência paternalista

---

64. Em seu livro extraordinário sobre o cristianismo revolucionário na América Latina, Samuel Silva Gotay menciona os seguintes autores marxistas como referências significativas para a Teologia da Libertação: Goldmann, Garaudy, Schaff Kolakowski, Lukács, Gramsci, Lombardo-Radicc, Luporini, Sanchez Vazquez, Mandel, Fanon e a revista *Monthly Review*. Samuel Silva Gotay *O pensamento cristão revolucionário na América Latina e no Caribe*, 1969-73. São. Paulo: Edições Paulinas, 1985, p. 232.

65. No uso da teoria da dependência por teólogos da libertação, Veja Luigi Bordini, *O marxismo e a Teologia da Libertação*. Rio de Janeiro: Editora Dois Pontos, 1987, cap. 6; e Samuel Silva Gotay; *O pensamento cristão revolucionário*, p. 192-197.

é substituída pela solidariedade com a luta dos pobres por auto-emancipação. Aqui é que se estabelece a conexão com o princípio político marxista fundamental: a emancipação dos trabalhadores será obra dos próprios trabalhadores. Essa mudança talvez seja a nova contribuição política mais importante por parte dos teólogos da libertação. E a que tem maiores consequências na área da práxis social.

O Vaticano acusa os teólogos da libertação de terem substituído os pobres da tradição cristã pelo proletariado marxista. Essa crítica é inexata. Para os teólogos da libertação, "os pobres" é um conceito que tem conotações morais, bíblicas e religiosas. O próprio Deus é definido por eles como o "Deus dos Pobres" e Cristo se reencarna nos pobres crucificados dos dias atuais. É também um conceito mais amplo que o das classes trabalhadoras: inclui, segundo Gutiérrez, não só as classes exploradas mas também as raças menosprezadas e as culturas marginalizadas – em seus escritos mais recentes, ele acrescenta as mulheres, uma categoria social que é duplamente explorada.

Não há dúvida de que alguns marxistas irão criticar essa substituição do conceito "materialista" do proletariado por uma categoria assim tão vaga, emocional e imprecisa como é a categoria "pobres". Na verdade, o termo corresponde à situação latino-americana, onde encontramos, tanto nas cidades como no campo, uma enorme massa de pessoas pobres, inclusive trabalhadores, mas também desempregados, semi-empregados, boias frias, camelôs, marginais, prostitutas etc. que são excluídos do sistema produtivo "formal". Os sindicalistas cristão/marxistas de El Salvador inventaram um termo que cobre todos esses componentes da população oprimida e explorada: *o pobretariado*.

A opção preferencial pelos pobres, adotada pela Conferência de Puebla dos Bispos Latino-Americanos (1979), foi, na prática, uma fórmula conciliatória, interpretada em um sentido tradicional (assistência social) pelas correntes mais moderadas e conservadoras da Igreja e, por parte dos teólogos da libertação, como um comprometimento com a organização e a luta das populações pobres por sua própria libertação. Em outras palavras, a luta de classes marxistas, não só como "instrumento de análise" mas como diretriz para a ação, tornou-se um elemento essencial da cultura política/religiosa dos setores mais radicais do Cristianismo da Libertação. Como declarou Gustavo Gutiérrez em 1971:

> Negar a realidade da luta de classes significa, na prática, tomar uma posição a favor dos setores sociais dominantes. Nessa questão, a neutralidade é impossível. [O que é preciso é] eliminar a apropriação por uns poucos da mais valia produzida pelo trabalho da grande maioria e não apelos líricos a favor da harmonia social. Precisamos construir uma sociedade socialista que seja mais justa, mais livre e mais humana e não uma sociedade de conciliações falsas e igualdade aparente.

Isso o levou à seguinte conclusão prática: "Construir uma sociedade justa hoje em dia significa necessariamente estar consciente e ativamente envolvido na luta de classes que tem lugar diante de nossos olhos"[66].

Como é que isso se enquadra com a obrigação cristã de amor universal? A resposta de Gutiérrez se distingue por seu grande rigor político e generosidade moral: nós não odiamos nossos opressores, nós queremos libertá-los também, libertando-os de sua própria alienação, de sua ambição, de seu egoísmo – em uma palavra, de sua desumanidade. No entanto, para fazer isso, precisamos determinadamente escolher o lado dos oprimidos e lutar concreta e eficazmente contra a classe opressora.

Para lutar eficientemente contra a pobreza precisamos entender suas causas. É aqui que a Teologia da Libertação converge, uma vez mais, com o marxismo. Como o conhecido cardeal brasileiro, Dom Helder Câmara, disse uma vez: "Quando eu pedia às pessoas que ajudassem os pobres, era chamado de santo. Mas quando fazia a pergunta: por que

---

66. *Théologie de la libération*, p. 276-277.

existe tanta pobreza? era chamado de comunista". A pobreza da grande maioria e a incrível riqueza de uns poucos privilegiados são sustentadas pela mesma base econômica – o capitalismo dependente, o controle da economia pelas corporações multinacionais.

Nos anos 1960 a tradição ética anticapitalista da Igreja começou a ser articulada com a análise marxista do capitalismo que também inclui uma condenação moral da injustiça – especificamente na forma da teoria da dependência. O grande mérito dos teóricos da dependência, principalmente André Gunder Frank e Anibal Quijano, foi romper com as ilusões "desenvolvimentistas" – que prevaleciam entre os marxistas latino-americanos na década de 1950, ao demonstrar que a causa da miséria, o subdesenvolvimento, a crescente desigualdade e as ditaduras militares não eram "feudalismo" ou modernização insuficiente, e sim a própria estrutura do capitalismo dependente. Em consequência disso, argumentavam que só algum tipo de transformação socialista poderia arrancar os países latino-americanos da dependência e da pobreza. Certos aspectos dessa análise seriam incorporados não só pelos teólogos da libertação como também por alguns bispos e conferências episcopais, principalmente no Brasil[67].

Isso significa que a Igreja foi infiltrada por ideias comunistas, como escreveram, em 1980, os especialistas republicanos norte-americanos? Se, por "ideias comunistas", queremos dizer as dos Partidos Comunistas, então essa declaração está totalmente enganada. O Cristianismo da Libertação, inspirado, em primeiro lugar, por considerações religiosas e éticas, demonstra um anticapitalismo muito mais radical, intransigente e categórico – já que inclui a dimensão da repulsa moral – que o dos Partidos Comunistas latino-americanos que ainda acreditam nas virtudes progressistas da burguesia industrial e no papel histórico "antifeudal" do

---

[67]. Cristãos da libertação tais como o jesuíta chileno Gonzalo Arroyo rejeitaram o conceito dominante que vê o desenvolvimento como uma transição da sociedade "tradicional" para a sociedade "moderna", onde modernidade é "implicitamente associada ao tipo moderno de capitalismo industrial". Gonzalo Arroyo, "Consideraciones sobre el sub-desarrollo em América Latina". Santiago: Cuadernos del CEREN, n. 5, p. 61.

desenvolvimento industrial (capitalista). Um exemplo é suficiente para ilustrar esse paradoxo. O Partido Comunista Brasileiro explicou, nas resoluções de seu Sexto Congresso (1967): "A socialização dos meios de produção não corresponde ao nível atual da contradição entre as forças produtivas e as relações de produção"[68]. Em outras palavras, primeiro é preciso que o capitalismo industrial desenvolva a economia e modernize o país antes que possamos começar a falar de socialismo. No entanto, em 1973, os bispos e superiores das ordens religiosas do centro-oeste brasileiro publicaram um documento intitulado *O grito das Igrejas*, com a seguinte conclusão:

> Precisamos vencer o capitalismo: ele é o mal maior, um pecado acumulado, as raízes podres, a árvore que produz todos os frutos que conhecemos tão bem: a pobreza, a fome, a doença e a morte... Para fazê-lo é preciso ir além da propriedade privada dos meios de produção (fábricas, terra, comércio e bancos).[69]

Outro documento episcopal é ainda mais explícito. *A Declaração dos Bispos do Nordeste do Brasil* (1973) declara:

> A injustiça produzida por essa sociedade é fruto das relações capitalistas de produção que necessariamente criam uma sociedade de classes caracterizada pela discriminação e pela injustiça... Para sua libertação, a classe oprimida não tem outra alternativa se não seguir a longa e difícil estrada (a viagem já começou) que leva à propriedade social dos meios de produção. Essa é a base principal do projeto histórico gigantesco da transformação global da sociedade atual em uma nova sociedade na qual se torne possível criar as condições objetivas que permitam aos oprimidos recuperar a humanidade da qual foram destituídos... O Evangelho exorta a todos os cristãos e a todos os homens de bem a se unirem a essa corrente profética.[70]

---

68. Documentos do Partido Comunista Brasileiro, Lisboa: Editora Avante, 1976, p. 71
69. *Los Obispos Latinoamericanos entre Medellín y Puebla*. San Salvador: UCA (Universidade Centroamericana), 1978, p. 71.
70. J'ai entendu les cris de mon peuple (Exode, 3.7). Documents d'évêques et supérieurs du nord-est brésilien, Bruxelas: Entraide et Fraternité, 1973. p. 42-41.

O documento foi assinado por treze bispos (inclusive Dom Helder Câmara), pelos superiores regionais dos franciscanos, jesuítas e redencionistas, e pelo abade do mosteiro beneditino na Bahia.

Como podemos ver por esses documentos episcopais – e muitos outros semelhantes que surgiram da corrente cristã da libertação – a solidariedade com os pobres leva à condenação do capitalismo e, algumas vezes, até à aspiração pelo socialismo. Que espécie de socialismo? Esse não é um tema muito discutido pelos teólogos da libertação, que preferem lidar com ética em geral e valores sociais em vez de com questões estratégicas e táticas, que deixam aos cuidados dos movimentos políticos. Havia, no entanto, uma crítica mais ou menos explícita dos chamados "realmente existentes" modelos do socialismo – bem antes de 1989 – entre os cristãos da libertação. Por exemplo, Gutiérrez insistiu que os povos oprimidos da América Latina devem abandonar os caminhos adotados anteriormente e, de forma criativa, buscar sua própria estrada para o socialismo. Sua abordagem é inspirada por José Carlos Mariátegui, para quem (escrevendo nos anos 1920) o socialismo na América Latina não pode ser uma "pura imitação" ou "cópia" de outras experiências, e, sim, precisa ser uma "criação heroica": "Devemos dar à luz, através de nossa própria realidade, nossa própria linguagem, a um socialismo indo-americano." [71] Não é preciso dizer que para os teólogos da libertação, o socialismo, ou qualquer outra forma de emancipação humana, e somente a preparação para a salvação total da chegada do Reino de Deus na terra, ou sua antecipação.

Não devemos deduzir com isso que os teólogos da libertação "aderem" ao marxismo. Como enfatizam Leonardo e Clodovis Boff em sua resposta ao Cardeal Ratzinger, o marxismo é utilizado como uma mediação para a renovação da teologia:

---

[71]. Por exemplo, *Théologie de la libération*, p. 120, 320. A citação de José Carlos Mariátegui foi extraída de uma coleção de ensaios, *Ideologia e política*, Lima: Editorial Amauta, 1971, p. 249.

Ele ajudou a esclarecer e a enriquecer certas noções teológicas importantes: o povo, os pobres, a história e mesmo a práxis e a política. Isso não significa que temos que reduzir o conteúdo teológico dessas noções aos limites da forma marxista. Ao contrário, usamos o conteúdo teórico válido (que está de acordo com a verdade) das noções marxistas no horizonte teológico.[72]

Entre os aspectos do marxismo que eles rejeitam estão, como poderíamos esperar, a filosofia materialista e a ideologia ateísta; mas isso não parece lhes preocupar grandemente, pois a seu ver não é o ateísmo e sim a idolatria que é o principal adversário do cristianismo na América Latina. Ainda mais importante é sua rejeição da tendência economista no marxismo, sobretudo do tipo "desenvolvimentista", com sua cultura que só quer o "progresso econômico", "modernização" e o "desenvolvimento das forças produtivas" a qualquer custo.

Os marxistas partidários da modernização normalmente chamam os cristãos da libertação de "populistas" devido à simpatia que esses têm por formas pré-capitalistas de vida comunitária e ajuda mútua, mantidas vivas na cultura popular (sobretudo entre os camponeses) e também de sua tendência de substituir o proletariado como único sujeito da emancipação por conceitos mais amplos: "os pobres", "o povo", incluindo o campesinato e as comunidades indígenas. Por exemplo, o conhecido antropólogo marxista brasileiro Otávio Guilherme Velho criticou a Igreja brasileira por "considerar o processo de desenvolvimento capitalista como um mal absoluto", e por insistir sobre "a oposição total entre sua concepção da terra e a concepção 'capitalista'". Ao reproduzir uma ideologia camponesa espontânea baseada em um passado pré-capitalista, a Igreja é incapaz de enfrentar questões básicas como a necessidade de uma revolução burguesa. A posição da Igreja sobre a questão agrária tem muito em comum com a tradição populista russa,

---

72. Leonardo e Clodovis Boff, "Le Cri de la pauvreté", in: *Théologies de la liberation*, p. 139.

em oposição ao marxismo ortodoxo segundo o qual "o desenvolvimento capitalista não é considerado um mal absoluto, e sim uma precondição para as transformações futuras".

É claro, nem todos os marxistas latino-americanos compartilham essa perspectiva tão "clássica", mas esse ensaio é representativo de uma corrente importante entre os modernizadores de esquerda. É um antigo debate no marxismo latino-americano: devido à exortação por um "socialismo indo-americano", baseado na tradição das comunidades indígenas (que ele chamou de "comunismo Inca"), José Carlos Mariátegui já tinha sido acusado pelos marxistas soviéticos e seus seguidores latino-americanos de "romântico" e "populista"[73].

Não há dúvida de que os teólogos da libertação não podem aceitar a caracterização marxista da religião como "ópio do povo". No entanto, eles não rejeitam totalmente a crítica marxista da Igreja e das práticas religiosas "realmente existentes". Gustavo Gutiérrez, por exemplo, admitiu que a Igreja latino-americana tinha contribuído para dar um caráter sacro à ordem estabelecida: "A proteção que ela (a Igreja) recebe da classe social que se beneficia com a sociedade capitalista que prevalece na América Latina, e a defende, fez da Igreja institucionalizada uma parte do sistema e da mensagem cristã, um componente da ideologia dominante"[74]. Esse julgamento severo é compartilhado por um setor dos bispos latino-americanos. Os bispos peruanos, por exemplo, em uma declaração adotada por sua Trigésima Sexta Assembleia Episcopal (1969) declararam: "Acima de tudo, nós cristãos devemos reconhecer que, por falta de fé, contribuímos, com nossas palavras e nossas ações, com nosso silêncio e omissões, para a atual situação de injustiça".

Um dos documentos mais interessantes sobre esse assunto é a resolução adotada pelo Departamento de Educação do CELAM quase no final da década de 1960 (antes da instituição ficar sob a hegemonia conservadora):

---

73. Otávio Guilherme Velho, *Sociedade e agricultura*. Rio de Janeiro: Zahar Editora, 1982, p. 125-136.
74. Théologie de la libération, p. 266.

A religião cristã foi e ainda é usada como uma ideologia para justificar o governo dos poderosos. O cristianismo na América Latina foi uma religião funcional para o sistema. Seus ritos, suas igrejas e suas obras contribuíram para canalizar a insatisfação do povo na direção do Além, desconectando-a totalmente do mundo atual. Assim, o cristianismo refreou o protesto do povo contra um sistema injusto e opressivo.[75]

É claro, essa crítica é feita em nome de um cristianismo autêntico, solidário com os pobres e oprimidos e não tem qualquer coisa em comum com um questionamento da religião propriamente dita.

Como indicam esses trechos extraídos dos escritos de teólogos e de pronunciamentos de bispos, um setor significativo, embora minoritário, da Igreja latino-americana incorporou, tacitamente, certos princípios básicos do marxismo em uma nova interpretação do cristianismo. Alguns sindicalistas cristãos ou membros de organizações esquerdistas, bem como movimentos radicais tais coimo o dos Cristãos pelo Socialismo, deram um passo mais à frente ao tentar uma síntese ou fusão do cristianismo com o marxismo. Falamos aqui de uma corrente cristã incorporada ao movimento revolucionário. Realmente, como veremos nos próximos capítulos, entre muitos países (como o Brasil ou a América Central) essa corrente é um dos componentes principais do movimento revolucionário.

O problema de uma aliança tática com as chamadas forças da Esquerda Cristã fez parte das preocupações do movimento trabalhista e de grupos marxistas na América Latina (e em outras regiões) durante muitos anos. Em sua viagem ao Chile em 1971, Fidel Castro mencionou a possibilidade de que se passasse de uma aliança tática para uma aliança estratégica entre marxistas e cristãos. Hoje, no entanto, depois das experiências no Brasil, na Nicarágua e em El Salvador, não devemos mais

---
75. Citado em *ibid.*, p. 117-118. Em uma nota de rodapé, Guitiérrez menciona vários outros documentos episcopais latino-americanos com a mesma ideia.

falar em termos de uma aliança e sim de uma unidade orgânica. Pois os cristãos já são um dos componentes essenciais do movimento trabalhista e revolucionário em muitos países da América Latina.

Marxistas reagiram de várias maneiras a esse acontecimento novo e inesperado. Enquanto alguns preferiam considerá-lo um truque do clero ou um novo tipo de "ópio para o povo", outros estavam dispostos a adotar uma atitude mais aberta e a aceitar os cristãos revolucionários como membros legítimos do movimento. Um bom exemplo é o Comandante Luis Carrión, um membro da liderança nacional do FSLN, (Frente Sandinista de Libertação Nacional) que resumiu a questão com muita clareza em uma entrevista que deu em agosto de 1985:

> Não vejo qualquer obstáculo que possa impedir que cristãos, sem renunciar a sua fé, adotem para seu uso todos os instrumentos conceituais marxistas que sejam necessários para um entendimento científico dos processos sociais e uma orientação revolucionária na prática política. Em outras palavras, um cristão pode ser ao mesmo tempo um cristão e um marxista perfeitamente coerente. (...) Nesse sentido, nossa experiência pode ensinar muito. Muitos cristãos estiveram, ou ainda estão, ativamente envolvidos na Frente Sandinista e alguns deles são até padres. E não estou me referindo unicamente a militantes de categorias menos importantes: alguns deles são membros da Assembleia Sandinista e tem grande responsabilidade política... Acho que certas vanguardas marxistas tiveram unia tendência a considerar setores cristãos progressistas e revolucionários como uma força oposta, competindo por uma fração dos seguidores políticos desses partidos. Acho que isso é um erro. Ter evitado esse erro é uma das grandes conquistas da FSLN. Nos unimos às estruturas de base da Igreja, não para tirar as pessoas delas, mas sim para incorporá-las à Frente Sandinista em um estágio de seu desenvolvimento político, sem que isso signifique, de nenhuma maneira, que somos contrários à sua participação em instituições cristãs. Ao contrário, deixamos as pessoas nessas estruturas para que seu envolvimento mais intenso se transforme em ação política nesse am-

biente. Nunca lhes dissemos que ao entrar para a FSLN eles têm que enfrentar o dilema da escolha entre a fé cristã e sua atividade na Frente. Se tivéssemos colocado as coisas dessa forma, teríamos continuado a ser um grupo muito pequeno de ativistas.[76]

Devemos deixar bem claro, no entanto, que fora do Brasil e da América Central, a maioria dos membros da "Igreja dos Pobres" hesitam em envolver-se em uma relação significativa com o marxismo; e isso não acontece unicamente devido à campanha do Vaticano, mas também devido a uma desconfiança mais generalizada de teoria e de envolvimento político explícito. Além disso, alguns dos teólogos que, em um determinado momento, usavam categorias marxistas com frequência, hoje estão muito mais cautelosos, sobretudo desde os eventos de 1989 na Europa (o fim inglório do bloco soviético). Podemos dizer que hoje existe uma tendência geral a que não se dê muita ênfase ao relacionamento entre o Cristianismo da Libertação e o marxismo.

---

76. Luis Carrion, "Les chrétiens dans la révolution sandiniste", Inprecor, n. 246, julho 1987, p. 16.

CAPÍTULO 3

POLÍTICA E RELIGIÃO DA AMÉRICA LATINA: TRÊS EXEMPLOS

A Igreja brasileira e a política

A Igreja brasileira é um caso único na América Latina, na medida em que é a única Igreja no continente sobre a qual a Teologia da Libertação e seus seguidores das pastorais conseguiram exercer uma influência decisiva. A importância desse fato é evidente, se considerarmos que a Igreja brasileira é a maior Igreja católica do mundo. Além disso, os novos movimentos populares brasileiros – a radical confederação de sindicatos (CUT), o Movimento de Trabalhadores Sem Terra (MST), as associações de moradores das áreas pobres – e sua expressão política, o Partido dos Trabalhadores (PT), são até certo ponto produto da atividade comunitária de cristãos dedicados, agentes leigos das pastorais e comunidades também cristãs.

Dois exemplos ilustram como foi radical a mudança histórica na posição social e política da Igreja.

Gregório Bezerra, conhecido líder comunista brasileiro, conta em suas memórias que, durante uma reunião em uma pequena cidade do Nordeste por volta de 1964 (quando o Partido Comunista vivia uma situação de semilegalidade), ele foi ameaçado por uma multidão de fanáticos, conduzida pelo padre local que gritavam: "Morte ao comunismo! Viva o Cristo Rei!". O líder comunista foi obrigado a correr para se salvar e finalmente se refugiou na delegacia local, para fugir dessa horda obscurantista. Trinta e cinco anos mais tarde, tivemos um cenário exatamente oposto: durante uma greve dos metalúrgicos em 1980, a polícia avançou contra uma manifestação de sindicalistas de São Bernardo (o subúrbio industrial de São Paulo) e esses tiveram que buscar asilo na igreja, que foi aberta pelo bispo local para recebê-los.

Como essa mudança aconteceu? Já no final da década de 1950, era possível perceber a emergência de uma série de correntes diferentes entre os bispos e o clero. Dessas, as três mais importantes eram os tradicionalistas, os modernizadores conservadores e os reformistas: todos compartilhavam a mesma aversão pelo "comunismo ateísta". A personalidade mais progressista era Dom Helder Câmara, arcebispo de Olinda, que representava o melhor da "teologia do desenvolvimento" e questionava a trágica pobreza do povo nordestino.

No começo da década de 1960, no entanto, surgiu uma tendência totalmente nova, que logo ficou conhecida como "Esquerda Católica". Sob a influência da teologia francesa recente, da economia humanista do padre Lebret e do socialismo personalista de Emmanuel Mounier, bem como da Revolução Cubana, o movimento estudantil católico (a JUC) radicalizou-se e muito rapidamente aproximou-se das ideias esquerdistas e socialistas. Em um documento pioneiro apresentado em 1960, *Algumas diretrizes para um ideal histórico para o povo brasileiro*, vários líderes da JUC denunciaram os males do capitalismo.

> Precisamos dizer, sem ambiguidade ou hesitação, que o capitalismo, realizado historicamente, só merece a condenação tranquila da consciência cristã. É preciso justificar isso? Basta lembrar-nos de algumas das alienações da natureza humana características da concreta situação capitalista: redução do trabalho humano à condição de uma mercadoria; ditadura da propriedade privada, não subordinada às exigências do bem comum; abusos do poder econômico; competição desenfreada por um lado e, por outro, práticas monopolistas de todos os tipos; a busca de lucros como

motivação principal. Não é possível que a humanidade do trabalhador continue, na sociedade brasileira, submissa à tirania do dinheiro e da competição cruel, em suma, aos mecanismos do capitalismo.

Os estudantes católicos reivindicavam a "substituição da economia anárquica baseada no lucro, por uma economia organizada de acordo com princípios humanos" – um objetivo que, na prática, exigiria a "nacionalização dos setores produtivos básicos". O documento contém citações de Tomás de Aquino, do Papa Leão XIII e de Emmanuel Mounier, bem como referências às tradicionais doutrinas católicas (o bem comum, a lei natural), mas usa também conceitos marxistas e aponta para a necessidade de uma transformação socialista na sociedade brasileira. Tentando formular "uma ideologia essencialmente anticapitalista e anti-imperialista" e em busca de "uma estrutura social mais justa e mais humana", eles pedem um "verdadeiro compromisso com as classes exploradas, em uma verdadeira negação da estrutura capitalista"[1].

Podemos definir o espírito desse documento pioneiro e seminal – talvez o primeiro exemplo do pensamento do Cristianismo da Libertação na América Latina – como uma combinação *sui generis* do católico tradicional, do personalista (Mounier) e da crítica marxista ao capitalismo no contexto de um país "subdesenvolvido". A antipatia – ou afinidade negativa – ao capitalismo considerado uma "estrutura monstruosa, baseada em todos os tipos de abusos, exploração e crimes contra a dignidade humana", tem um forte sabor ético/religioso, que claramente distingue essa Esquerda Cristã das tendências hegemônicas da esquerda secular brasileira daquela época.

Usando vários componentes da cultura católica progressista francesa, a Esquerda Cristã Brasileira – isto é, os vários ramos da Ação Católica (JUC, JOC) os dominicanos, alguns jesuítas e alguns intelectuais

---

1. Regional Centro-Oeste, "Algumas diretrizes de um ideal histórico cristão para o povo, brasileiro", in: Luiz Gonzaga de Souza Lima, *Evolução política dos católicos e da Igreja*. Petrópolis: Vozes, 1979, p. 87-92.

católicos – a partir dos primeiros anos da década de 1960 começam a criar uma forma de pensamento e prática religiosos radicalmente novos. Em seu interessante livro sobre a Igreja Católica e a política no Brasil, Scott Mainwaring escreve o seguinte sobre essa questão:

> Teólogos europeus progressistas (como Maritain, Lebret, Contar, Mounier) tiveram alguma influência no começo desse processo, mas a Esquerda Católica fez muito mais que introduzir o pensamento social europeu na Igreja brasileira. O que fez foi aplicar as ideias europeias às condições brasileiras e desenvolver uma nova concepção da missão da Igreja

A meu ver, essa análise parece ser insuficiente: o que os brasileiros fizeram não foi "aplicar" um corpo de ideias francesas e sim usá-las como um ponto de partida para criar novas ideias, para inventar uma cultura político-religiosa – não podemos ainda falar de uma teologia no sentido estrito da palavra – de inspiração especificamente brasileira. Essas ideias e práticas dos anos 1960-62 podem ser consideradas o nascimento de um pensamento/ação cristãos genuinamente latino-americanos ("veja, julgue, aja" segundo a conhecida fórmula da Ação Católica)[2].

A lógica interna dessa reinterpretação e dessa mudança com relação à referência francesa pode ser resumida em uma palavra: *radicalização*. Essa radicalização compreendeu uma seleção das posições mais avançadas nos textos franceses (muitas vezes retirados de seu contexto original), uma incorporação cada vez maior de elementos marxistas, e uma mudança radical de perspectiva, substituindo o ângulo europeu por uma perspectiva da oprimida periferia do sistema capitalista mundial. Essa radicalização estava intimamente ligada às novas práticas sociais, culturais e políticas dos ativistas católicos: participação no movimento

---

2. Scott Mainwaring, *The Catholic Church and Politics in Brazil 1916-1985*, Stanford CA: Stanford University Press, 1986, p. 72. No entanto, em outro trecho do livro, Mainwaring parece admitir o seguinte fato: "A Esquerda Cristã começou a desenvolver uma das primeiras teologias especificamente latino-americanas" (p. 72). Para uma discussão mais sistematizada dessa "conexão franco/brasileira" veja Michael Ruiz, *Les sources françaises du christianisme de la libération au Brésil*.

estudantil, muitas vezes em aliança com a esquerda secular, apoio às lutas sociais e compromisso com a educação popular.

Esse último aspecto foi certamente um dos mais importantes: nos primeiros anos da década de 1960, militantes católicos, com o apoio da Igreja, formaram o Movimento pela Educação Básica (MEB), a primeira tentativa católica de criar uma prática pastoral radical entre as classes populares. Tendo como base a pedagogia de Paulo Freire, o MEB tinha como objetivo não só alfabetizar os pobres, mas também conscientizá-los e ajudá-los a se tornarem agentes de sua própria história. Em 1962, os militantes da JUC e do MEB criaram a Ação Popular (AP), movimento político não-confessional dedicado à luta pelo socialismo e ao uso do método marxista.

A Esquerda Católica Brasileira da década de 1960 foi a verdadeira precursora do Cristianismo da Libertação. No entanto, ao contrário da Igreja dos Pobres da década de 1970, ela tinha um número limitado de seguidores e foi rapidamente atacada e ilegitimizada pela hierarquia, que acusou a tendência esquerdista da JUC de ser contrária à sã doutrina social da Igreja. Depois de 1964, a AP não só se distanciou da Igreja, como também do próprio cristianismo (embora ainda desfrutasse do apoio de muitos cristãos, tanto leigos quanto clericais) e a maioria de seus membros entrou para o Partido Comunista do Brasil, de tendência maoísta (PCdoB). Outros vão se organizar de forma independente e participarão, muitos anos mais tarde (inícios do século XXI) na fundação de um novo partido da esquerda radical, o Partido do Socialismo e da Liberdade (PSOL). Um dos principais dirigentes do PSOL, e candidato nas eleições presidenciais de 2010, foi o intelectual cristão socialista Plínio de Arruda Sampaio, falecido em 2014.

Em abril de 1964, os militares tornaram o poder, a fim de "salvar a civilização ocidental cristã" do "comunismo ateísta", isto é, para defender a oligarquia dominante, ameaçada pelo surgimento de movimentos sociais sob o presidente eleito, João Goulart. Em junho de 1964, depois de dois meses de reflexão, a Conferência Nacional dos Bispos Brasileiros (CNBB) publicou uma declaração apoiando o golpe:

> Em resposta às expectativas gerais e ansiosas do povo brasileiro, que viu a marcha acelerada do comunismo na direção do poder, as forças armadas intervieram a tempo, e impediram o estabelecimento de um regime bolchevique em nosso país... Ao mesmo tempo em que agradecemos a Deus, que respondeu às preces de milhões de brasileiros e nos libertou do perigo comunista, estamos gratos, também, aos militares que, com sério risco de vida, se ergueram em nome dos interesses supremos da nação.

Através desse argumento – legitimação eclesiástica dos golpes militares na América Latina – a Igreja deu sua bênção ao estabelecimento de um regime militar que suspenderia as liberdades democráticas no Brasil pelos vinte anos seguintes[3].

Apesar da nova abertura defendida por João XXIII e pelos primeiros debates do Concílio Vaticano II, bem como o apoio de muitos bispos brasileiros às reformas sociais, em uma conjuntura crítica, a Igreja escolheu o campo das forças antidemocratas, autoritárias e conservadoras, em nome de desgastados argumentos da Guerra Fria: um "perigo bolchevique" no Brasil, puramente imaginário.

Embora parecesse que essa posição tinha o apoio de todo o corpo episcopal – incluindo seu componente mais progressista, representado por Dom Helder Câmara – ela estava longe de ser aceita pelos militantes cristãos da JEC, da JUC e da MC e da Ação Católica em geral (bem como padres e religiosos que trabalhavam com eles), muitos dos quais foram as primeiras vítimas da caça às bruxas lançada pelas novas autoridades.

Originalmente, a Esquerda Cristã foi esfacelada pela repressão e marginalizada. No entanto, nos anos que se seguiram, com o surgimento de uma oposição à ditadura na sociedade civil, um número cada

---

3. Citado em F. Prandini, V. Petrucei e Frei Romeu Dale, OP, *As relações Igreja-Estado no Brasil*, vol. 1 (1964-67). São Paulo: Loyola, 1986, p. 36-37.

vez maior de católicos (bem como de protestantes, é claro) incluindo padres, religiosos, freiras e até uns poucos bispos, começaram a passar para o lado da oposição. Radicalizando-se, alguns deles, em 1967-68, um grupo grande de dominicanos, decidiram apoiar a resistência armada e ajudar os movimentos clandestinos tais como a ALN (Ação para Libertação Nacional) – grupo guerrilheiro fundado por um antigo líder do Partido Comunista, Carlos Marighela – escondendo seus membros ou ajudando vários deles a fugir do país. Pouco tempo depois, vários deles foram presos e torturados pelos militares e o movimento guerrilheiro destruído.

Como em uma espiral ascendente, a participação de militantes cristãos nas ações consideradas subversivas foi acompanhada por uma repressão que se tornou cada vez mais brutal – prisões, estupros, torturas, assassinatos – contra pessoas relacionadas com a Igreja, e até contra membros do clero (especialmente das ordens religiosas), sobretudo após o Ato Institucional nº 5 (AI-5), em 13 de dezembro de 1968, que aboliu as liberdades civis e garantias jurídicas ainda existentes.

A hierarquia da Igreja foi, a princípio, bastante cuidadosa, simultaneamente disposta a cooperar com o governo militar mas favorável a um retorno gradual à ordem constitucional. Mesmo após o assassinato de um padre, Henrique Pereira Neto, conselheiro dos estudantes católicos em Recife, em maio de 1969, e as notícias terríveis sobre torturas infligidas a religiosos (principalmente dominicanos) e a freiras presos, os bispos relutavam em tomar uma posição contra o regime. Dom Agnelo Rossi, arcebispo de São Paulo – a maior diocese do Brasil –, visitou o presidente militar, general Garrastazú Médici, em novembro de 1969, para expressar seus votos sinceros pelo "sucesso de seu governo" e o desejo da Igreja de "manter relações cordiais com o governo, para unir forças em benefício do país"[4].

Segundo Scott Mainwaring:

---

4. *Ibid.*, vol. 3, p. 18.

todo seu mandato como arcebispo de São Paulo (1964-70) foi caracterizado por uma relutância a criticar o regime, por esforços para negar a existência de um conflito Igreja-Estado e por uma tentativa permanente de negociar com o regime. Foi um dos poucos arcebispos importantes que continuou a rezar missa para comemorar o golpe, e que, em várias viagens ao exterior, argumentou que as notícias sobre tortura eram exageradas.5

Outros, como o bispo auxiliar de São Paulo, Lucas Moreira Neves, quando requisitado pelo Provincial da Ordem Dominicana a testemunhar no caso da tortura sofrida pelo religioso Frei Tito de Alencar, recusou-se a falar com a justificativa de que isso "prejudicaria as atividades de sua pastoral"6.

Enquanto isso, o escândalo da tortura nas prisões brasileiras, e o fato de que inúmeros católicos (militantes leigos ou do clero) estavam entre as vítimas, começou a comover a opinião católica internacional e até mesmo a Cúria Romana: foram feitas declarações pela Comissão de Paz e Justiça do Vaticano e até – de forma mais discreta – pelo próprio Papa Paulo VI (sem mencionar o Brasil explicitamente). Em maio de 1970, em uma visita a Paris, Dom Helder Câmara denunciou, pela primeira vez, o uso de tortura no Brasil, abertamente, e tornou-se imediatamente objeto de uma campanha violenta por parte das autoridades brasileiras e da imprensa conformista, que o acusava de "caluniar nossa terra entre os estrangeiros". O então governador de São Paulo, Abreu Sodré, chegou ao ponto de chamá-lo de "um Fidel Castro de batina" que "pertence à máquina de propaganda do Partido Comunista".

No final de maio de 1970, houve uma reunião da CNBB em Brasília e essa elaborou um documento pastoral que tomou uma posição no debate, mas de maneira profundamente cautelosa: embora condenando, a princípio, qualquer uso de tortura, o documento declarava que a

---
5. Mainwaring, *The Catholic Church and Politics in Brazil – 1916-1985*, p. 104.
6. Veja Frei Betto, *Batismo de sangue. Os dominicanos e a morte de Carlos Marighela*. Rio de Janeiro: Bertrand, 1987, p. 237.

verificação jurídica da denúncia a esse respeito ia "além de nossa competência". Chegou mesmo a proclamar sua convicção de que "se tais fatos forem comprovados, é pouco provável que correspondam a uma política oficial do governo". A imprensa a favor dos militares não deixou de comemorar esse documento como uma vitória para o regime[7].

No entanto, à medida que o ultraje da opinião católica internacional e brasileira foi aumentando, uma posição como essa já não era viável. Uns meses mais tarde, tudo começou a mudar: em outubro de 1970 (pouco depois do discurso de Paulo VI contra a tortura), Dom Agnelo Rossi foi "promovido" para uma alta posição em Roma e substituído por um novo bispo. Dom Paulo Evaristo Arns, conhecido por seu envolvimento em defesa dos direitos humanos e sua solidariedade com os religiosos presos. Pouco tempo depois, a CNBB elegeu um novo presidente, Dom Aloísio Lorscheider, que levou a Igreja a uma oposição cada vez mais aberta à ditadura militar.

A mudança foi tão profunda que, durante a década de 1970, depois de a Esquerda clandestina haver sido eliminada, a Igreja surgiu, aos olhos da sociedade civil e dos próprios militares, como o adversário principal do estado autoritário – um inimigo muito mais poderoso (e radical) que a oposição parlamentar tolerada (e domesticada), o MDB, Movimento Democrático Brasileiro. Vários movimentos sociais, em defesa dos direitos humanos ou de sindicatos de trabalhadores ou camponeses, encontraram abrigo sob o guarda-sol protetor da Igreja. Através da voz dos bispos, a Igreja criticava, de uma maneira cada vez mais direta e explícita, as violações de direitos humanos e a ausência de democracia. Mas não era só isso: denunciava também o método de desenvolvimento imposto pelos militares, seu programa de "modernização" em sua totalidade, considerando-o desumano, injusto e baseado na opressão social e econômica dos pobres.

Em 1973, por exemplo, os bispos e líderes das várias ordens religiosas no Nordeste e no Centro-Oeste do Brasil publicaram duas de-

---

7. *As relações Igreja-estado no Brasil*, vol. 3, p. 33-34.

clarações que não só denunciavam a ditadura mas também aquilo que chamavam de "a raiz do mal": o capitalismo. Esses documentos, conforme já vimos no capítulo anterior, foram, na verdade, as declarações mais radicais jamais publicadas por um grupo de bispos em qualquer parte do mundo. O modelo de desenvolvimento econômico imposto pelo regime e pelas classes dominantes – e, em particular, o capitalismo selvagem expandindo-se nas áreas rurais e expulsando os lavradores de suas terras – foi submetido a um tiroteio crítico cada vez mais forte por parte da CNBB. A Igreja foi acusada, pelo alto escalão do Exército, de ser subversiva e inspirada pelo marxismo – bem como utópica, feudal e atrasada, devido a sua oposição à "modernização" e ao "progresso" (capitalista).

Também no mesmo período começaram a crescer as comunidades eclesiais de base (CEB), impulsionadas por um grande número de padres e religiosos e com o apoio dos bispos radicais. As ordens religiosas femininas não só eram as mais numerosas – existem 37 mil freiras no Brasil – mas também o fator mais eficaz na promoção de CEBs nas comunidades pobres urbanas. Como resultado, no fim da década, já havia dezenas de milhares de tais comunidades de base, com centenas de milhares (talvez alguns milhões) de participantes[8].

O sofrimento em comum (a pobreza) e a esperança de salvação eram os componentes principais da cultura política/religiosa das comunidades de base brasileiras, muito semelhante à descrição de Max Weber quando formulou o tipo ideal da *Gemeindereligiosität*:

> O princípio constitutivo das relações comunitárias, sobretudo entre as profecias da salvação, era o sofrimento comum a todos os fiéis... Quanto maior o número de obrigações resultantes da ética de reciprocidade entre vizinhos, mais racional se tornava o conceito de salvação, e tanto mais esse era sublimado em uma ética de fins absolutos. Externamente, esses co-

---

8. Não é nada fácil avaliar de forma exata o número de CEBs no Brasil. As estimativas variam absurdamente. Scott Mainwaring fala de oitenta mil comunidades, com dois milhões de membros, uma avaliação compartilhada pela maioria dos autores.

mandos chegavam a ser um comunismo de amor fraternal [*brunderlichen Liebeskommunismus*] internamente, eles chegavam a ser uma atitude de *caritas*, amor pelo sofredor *per se*, pelo próximo, pelo homem, e finalmente, pelo inimigo. ⁹

Durante esses anos, podemos observar a emergência de uma nova força cultural e religiosa: a Teologia da Libertação brasileira. Seu primeiro representante foi, como mencionamos acima, Hugo Assmann, que começou a ligar temas cristãos à filosofia marxista da práxis. Inspirado pela experiência de seu trabalho com a população urbana pobre, e por seu conhecimento profundo do Marxismo – tanto europeu (a escola de Frankfurt!) como latino-americano (teoria da dependência) os textos de Assmann de 1970-71 estão entre os mais radicais e também mais coerentes produzidos a respeito da Teologia da Libertação. Assmann foi obrigado a exilar-se, mas logo depois surgiram outros teólogos: os mais conhecidos são os dois irmãos Leonardo e Clodovis Boff, que pertenciam, respectivamente, à ordem franciscana e à redentorista. Através de seus textos e da progressista editora católica, Vozes, em Petrópolis, os dois irmãos forneceram orientação espiritual e política às pessoas da Igreja, e educaram toda uma geração de agentes pastorais, líderes de comunidades de base, seminaristas e intelectuais católicos. Mentes altamente criativas e originais, utilizando abertamente categorias marxistas, Leonardo e Clodovis tinham o apoio de vários bispos brasileiros que simpatizavam com suas ideias. Em 1992, diante de restrições e censura cada vez maior por parte de Roma, Leonardo Boff decidiu abandonar a ordem franciscana e tornar-se um teólogo leigo.

As comunidades de base e as atividades pastorais da Igreja relativas às pastorais dos trabalhadores, da terra, das favelas, da juventude – forneceram uma grande parte dos membros dos novos movimentos

---

9. Max Weber, "Religious rejections of the world ante their directions", in: *From Max Weber*, (org.) H. H., Gerth e C.W, Mins Londres: Routledge, 1967, p. 330. Veja "Zwischenbtrachtung", p. 486.

sociais e políticos que surgiram durante a redemocratização gradual do país na década de 1980: a) o novo Partido dos Trabalhadores, fundado em 1980, cujo candidato, o líder do sindicato dos metalúrgicos Luiz Inácio da Silva (Lula), quase ganhou as eleições presidenciais em 1989 (recebeu 47% dos votos); b) Central Única de Trabalhadores (CUT), a nova federação de sindicatos envolvidos na luta de classe, fundada em 1983, rapidamente tornou-se hegemônica no movimento trabalhista, organizando cerca de dez milhões de trabalhadores urbanos e rurais; c) o Movimento dos Sem-Terra (MST) que promoveu vastas ocupações de terra em várias regiões do país; d) a Coordenação Nacional dos Movimentos Sociais e Populares, uma federação semi-aberta de associações moradores e outros movimentos locais.

Como mencionei anteriormente, é verdade que entre muitos dos membros das CEBs e agentes pastorais, existe normalmente uma forte tendência basista, que leva ao localismo a um ritmo lento de organização, à desconfiança de "estranhos" e de intelectuais e a um baixo nível de politização. Isso foi objeto de críticas por parte dos teólogos da libertação (como Clodovis Boff e Frei Betto) e militantes marxistas. Mas é preciso deixar claro que as comunidades de base ajudaram a criar uma nova cultura política no Brasil, "a democracia das bases", em oposição não só ao autoritarismo militar, como também às três tradições políticas principais do país: o clientelismo – praticado tradicionalmente nas áreas rurais pelos proprietários da terra e nos centros urbanos por políticos profissionais que distribuem favores (empregos, dinheiro); populismo que, sob Vargas e seus seguidores, permitiu que o governo criasse "de cima" o movimento sindical e popular; e o verticalismo, muitas vezes utilizado pelas forças principais da "velha" Esquerda, seguindo o exemplo soviético ou chinês. Graças a essa nova cultura, os militantes das CEBs, com apoio de teólogos e bispos radicais, contribuíram para construir o movimento trabalhista de massas maior e mais radical de toda a história do Brasil.

Por que será que de 1970 até 1995, a Igreja brasileira se tornou a mais avançada de todo o continente, a primeira na qual surgiram ideias esquerdistas (desde 1960) e a única em que a Teologia da Libertação gozava de uma influência tão ampla?

É difícil dar uma resposta precisa a essa pergunta. Vários fatores precisam ser levados em consideração cuja combinação produziu as características peculiares do catolicismo brasileiro:

1. A insuficiência cada vez maior do clero, demasiado pequeno para controlar a vasta população do país, que se expandia rapidamente, isso teve como resultado uma influência e importância crescentes por parte dos membros leigos, em particular a Ação Católica – que foi precisamente o fator dinâmico na radicalização da década de 1960.

2. A forte influência da Igreja Católica e da cultura francesas no Brasil – em contraste com o resto do continente, onde a tradição espanhola (e italiana) era predominante. Como vimos acima, é na França que encontramos a cultura católica mais progressista, crítica e avançada (inclusive uma corrente esquerdista significativa). Dadas as ligações diretas entre as ordens religiosas francesas e brasileiras (sobretudo as dominicanas), o grande número de missionários franceses no Brasil e a influência tradicional de intelectuais franceses católicos sobre seus congêneres brasileiros, existia, na Igreja brasileira, um ambiente cultural mudo mais propicio às novas ideias radicais que em outros países da América Latina.

3. A ditadura militar estabelecida em 1964. Ao fechar progressivamente todos os canais institucionais para a expressão do protesto popular (particularmente depois de 1968), o regime militar acabou por transformar a Igreja no último reduto da oposição. Os movimentos populares se envolveram em vastos números com a Igreja e ajudaram a "convertê-la" à causa da libertação dos pobres. Ao mesmo tempo, a repressão brutal dos setores radicais da Igreja por parte dos militares, forçou a instituição

como um todo a reagir, criando uma dinâmica de conflito permanente entre o Estado e a Igreja.

É importante enfatizar, no entanto, que, por si só, o regime militar não é explicação suficiente, pois em outros países (Argentina, por exemplo) a ditadura desfrutava do apoio irrestrito da Igreja. Embora os bispos brasileiros tivessem dado seu apoio ao golpe militar em 1964, a presença de uma corrente radical importante gerou as condições para a mudança em 1970.

A melhor forma de descrever a história da corrente radical Igreja brasileira é, talvez, relatar a história de uma figura que desempenhou um papel fundamental no desenvolvimento da consciência política das comunidades de bases: Frei Betto, um religioso dominicano que ficou conhecido mundialmente depois da publicação de uma série de conversas com Fidel Castro sobre religião, que foram traduzidas em quatorze idiomas e tiveram múltiplas edições esgotadas na América Latina.

Nascido em 1944, na cidade de Belo Horizonte (Mina Gerais), Betto, cujo nome verdadeiro é Carlos Alberto Libânio Christo, tornou-se líder da Juventude Estudantil Católica no início da década de 1960. Logo a seguir, entrou para a Ordem Dominicana como noviço; nessa época, a Ordem era um dos poucos lugares onde começava-se a elaborar a interpretação do cristianismo do ponto de vista da libertação. Chocado com a pobreza da população e com a ditadura militar estabelecida pelo golpe de 1964, Frei Betto uniu-se a uma rede de dominicanos que simpatizavam ativamente com o movimento guerrilheiro. Quando a repressão tornou-se mais intensa, em 1969, Betto ajudou muitos militantes revolucionários a se esconderem ou a atravessarem a fronteira sigilosamente, entrando no Uruguai e na Argentina. Essa atividade levou-o a ser condenado à prisão pelo regime militar, onde ficou de 1969 a 1973.

Em seu livro *Batismo de Sangue - Os dominicanos e a morte de Carlos Marighela*, Frei Betto examina esse período detalhadamente, esboçando o retrato do líder da ALN assassinado pela polícia em 1969, e de seus amigos dominicanos presos nas garras da máquina repressiva, presos e torturados[10].

O último capítulo é dedicado à trágica figura de Frei Tito de Alencar, que foi tão brutalmente torturado pela polícia brasileira que, mesmo depois de haver sido libertado, não pode mais recuperar seu equilíbrio psíquico. Exilado na França, ele ainda se acreditava perseguido por seus algozes e acabou se suicidando em agosto de 1974.

Tão logo foi libertado da prisão em 1973, Frei Betto se dedicou a organizar as comunidades de base; nos anos que se seguiram, publicou vários panfletos explicando, em uma linguagem simples e acessível, o significado da Teologia da Libertação e o papel das CEBs. Logo tornou-se um dos líderes principais das assembleias nacionais eclesiais nas quais as comunidades de base de todo o Brasil intercambiavam suas experiências sociais, políticas e religiosas. Em 1980, organizou o Quarto Congresso Internacional de Teólogos do Terceiro Mundo.

Desde 1979 Frei Betto ficou encarregado da pastoral dos trabalhadores de São Bernardo do Campo, subúrbio industrial de São Paulo e berço do novo sindicalismo brasileiro. Embora não se tenha filiado oficialmente a nenhuma organização política, ele não esconde sua simpatia pelo Partido dos Trabalhadores, nem sua amizade com seu presidente, Luiz Inácio da Silva (Lula), antigo líder do sindicato de metalúrgicos de São Bernardo.

Frei Betto, como a grande maioria da população brasileira, e os militantes e simpatizantes do PT em particular, recebeu com grande entusiasmo a vitória de Lula nas eleições de 2002. Neste contexto é que ele vai aceitar de organizar, com um outro amigo de Lula, Oded Grajew, a mobilização social no quadro da grande iniciativa do novo governo, o Programa Fome Zero. Dois anos mais tarde, desencantado, ele se demite:

---

10. Frei Betto, *Batismo de sangue. Os dominicanos e a morte de Carlos Marighela*. Uma das cenas mais interessantes é uma na qual Betto descreve uma espécie de um estranho "confronto teológico" com um policial: – Como é que um cristão pode colaborar com um comunista? Para mim, os homens não são divididos em crentes e ateístas, mas sim entre opressores e oprimidos, entre os que querem manter esta sociedade injusta e os que querem lutar por justiça. – Você se esqueceu que Marx achava que a religião era o ópio do povo? – É a burguesia que transformou a religião no ópio do povo, ao pregar um Deus que é senhor só dos céus, enquanto ela se apropria da terra para si mesma.

quando me dei conta, escreve, de que o barco não ia na direção prevista, mas em sentido contrario, não tive outra escolha senão deixar ali minhas bagagens e mergulhar no rio...Em ultima análise, comenta em seu livro *A Mosca Azul – Reflexões sobre o poder* (2006) "a política amesquinha-se quando perde o horizonte utópico".

Embora, em sua carta aos bispos brasileiros, em 1986, João Paulo II tivesse dado a impressão de que apoiava a Igreja brasileira, a política do Vaticano durante seu pontificado foi uma tentativa sistemática de "normalizar" essa Igreja (no sentido da palavra como foi utilizada para descrever as relações entre a União Soviética e a Checoslováquia depois de 1969); como escreveu o jesuíta francês Charles Antoine em um artigo recente, o objetivo dessa política é "desmantelar" a Igreja Brasileira através da nomeação de bispos conservadores que muitas vezes destroem ou enfraquecem as estruturas pastorais estabelecidas por seus predecessores. O exemplo mais conhecido é o da nomeação do monsenhor José Cardoso, um conservador que se especializa em lei canônica e que viveu em Roma de 1957 a 1979, para o posto antes ocupado por Dom Helder Câmara. Logo que foi nomeado, monsenhor Cardoso demitiu a maior parte dos líderes das pastorais rurais e populares de sua diocese[11].

Apesar das pressões do Vaticano, as CEBs e as pastorais populares – sobretudo a pastoral da terra (CPT) e a pastoral indígena (CIMI) – ainda desfrutaram do apoio de muitos bispos, e continuam a ter um grande número de seguidores. Além disso, mesmo quando os bispos lhe são hostis, como no caso de Recife, os militantes progressistas foram capazes de estabelecer organizações relativamente autônomas, tais como o Centro Dom Helder Câmara (CENDHEC).

As duas gerações que se radicalizaram durante os últimos trinta e cinco anos não desistiram de seu envolvimento social. Com a eleição do Papa Francisco em 2013 se abre uma nova conjuntura, mais favorável ao Cristianismo da Libertação.

---

11. Charles Antoine, "Le Démantèlement Église", *Actualités du monde*, 15 de novembro de 1988.

O CRISTIANISMO E AS ORIGENS DA INSURREIÇÃO NA AMÉRICA CENTRAL

O Cristianismo da Libertação chegou na América Central muito mais tarde do que no Brasil. No entanto, devido à explosiva situação social e política em vários países da região, ele contribuiu – até certo ponto involuntariamente – para o surgimento da revolta popular, em suas várias formas, na Nicarágua e em El Salvador (bem como, em menor grau, na Guatemala). Nos dois casos, o conflito político provocou um conflito interno na Igreja, entre a hierarquia e as comunidades de base (Nicarágua) ou entre os próprios bispos (El Salvador). Em ambos os países, as ordens religiosas – sobretudo os jesuítas e os maryknolls – foram forças importantes no processo de "conscientização" popular que preparou o terreno para a rebelião. Nas páginas que seguem vamos nos referir unicamente ao período dos anos 1960 até 1980.

CRISTIANISMO E SANDINISMO NA NICARÁGUA (1968-79)

A Revolução Nicaraguense foi a primeira nos tempos modernos (desde 1789) em que cristãos – leigos e clero – desempenharam um papel essencial, tanto nas bases, quanto em termos da liderança do movimento. Isso não pode ser explicado se não levarmos em consideração o surgimento anterior do Cristianismo da Libertação, que mudou substancialmente a cultura religiosa de setores significativos da Igreja. A experiência nicaraguense é um exemplo interessante, embora extremo, da interação entre política e religião – que leva a uma forte simbiose cultural, à influência mútua e à convergência prática na cultura religiosa de muitos dos fiéis – e entre ética cristã e esperanças revolucionárias. Pelas razões que mencionei anteriormente, as ordens religiosas e os padres estrangeiros foram elementos pioneiros nesse desenvolvimento histórico.

Antes da Conferência de Medellín (1968), a Igreja nicaraguense era uma instituição bastante tradicional e socialmente conservadora, que apoiava abertamente a dinastia Somoza. Em 1950, seus bispos publicaram uma declaração, proclamando que toda autoridade deriva de Deus e que, portanto, os cristãos devem obedecer o governo estabelecido. Quando Anastásio Somoza foi assassinado em 1956 pelo poeta Rigoberto López, os bispos prestaram homenagem ao falecido nomeando-o "Príncipe da Igreja". Poderíamos dar múltiplos exemplos semelhantes. Os primeiros sinais de mudança surgiram com um jovem missionário espanhol, padre José de la Jara, que tinha sido influenciado pela iniciativa pioneira de uma nova comunidade pastoral no país vizinho Panamá. Essa experiência tinha sido implementada na paróquia da San Miguelito por um padre americano, padre Leo Mahon, de Chicago, um homem que acreditava que os missionários na América Latina deviam ser "revolucionários", e não "modernizadores"[12].

Com a ajuda da irmã da ordem Maryknoll, Maura Clark – que mais tarde foi morta em El Salvador em 1980 – e outras irmãs de várias ordens religiosas – assuncionistas, teresianas e do Sagrado Coração de Jesus – José de la Jara começou, em 1966, as primeiras "comunidades de base" na paróquia de San Pablo, na periferia de Manágua. Seguindo o exemplo de San Miguelito, queria mostrar que uma paróquia não era, principalmente, um prédio de igreja, ou um território, e sim uma comunidade de irmãos e irmãs, uma "Família de Deus", o povo, os leigos, deviam participar ati-

---

12. De uma declaração feita por três padres americanos (Mahon, Greely e McGlinn) desde San Miguelito, Panamá, em janeiro de 1964. Veja "A missão da Igreja na América Latina", *Revista Civilização Brasileira*, Rio de Janeiro, n° 3, julho de 1965, p. 315.

vamente da vida da Igreja, lendo e discutindo a Bíblia em uma espécie de "diálogo socrático" com o padre ou o celebrante leigo. Havia muito pouco conteúdo político no curso de iniciação, mas a comunidade dava a seus membros – sobretudo às mulheres – um sentimento de dignidade pessoal e iniciativa coletiva. O primeiro resultado dessa atividade foi a *Misa Popular Nicaraguense*, escrita e cantada pelas comunidades.

Em 1968, algumas outras paróquias pediram a San Pablo que lhes ajudasse a formar comunidades semelhantes. Entre elas a comunidade de Solentiname, fundada por padre Ernesto Cardenal. Padre José de la Jara visitou essas comunidades e sugeriu que elas lessem e discutissem o Evangelho, como em Manágua. Após a Conferência de Medellín, houve uma expansão bem maior das CEBs, que se espalharam por várias favelas em Manágua e pelo campo, radicalizando-se cada vez mais. As ordens religiosas, sobretudo as femininas, estavam muito envolvidas nesse processo, e recebiam ajuda de irmãos e irmãs estrangeiros, dos quais os mais envolvidos eram os maryknolls, os capuchinos (que desenvolveram comunidades nas regiões leste a norte do país), os jesuítas e os assuncionistas.

Em 1969, a comunidade de San Pablo, em Manágua, decidiu criar um Movimento da Juventude Cristã, que veio a se radicalizar muito rapidamente: nos primeiros anos da década, de 1970, muitos de seus membros se tornaram ativistas ou simpatizantes da Frente Sandinista de Libertação Nacional (FSLN). O movimento guerrilheiro marxista fundado no início da década de 1960 por Carlos Fonseca e Tomás Borge recebeu de boa vontade esses jovens radicais cristãos, sem tentar lhes impor qualquer condição ideológica.

Enquanto isso, na Universidad Centro-Americana (UCA, a Universidade Católica de Nicarágua) dois professores – franciscano Uriel Molina e o jesuíta Fernando Cardenal (Vice-reitor da UCA) – começaram um diálogo com os estudantes marxistas ligados à FSLN. Alguns estudantes cristãos da UCA decidiram, em 1971, viver na paróquia do padre Uriel Molina, na comunidade de "El Riguero" em Manágua, e compartilhar a vida comunitária dos pobres. Formaram, então, o Movimento Universitário Cristão, que logo estabeleceu elos com a FSLN, embora continuasse independente. Finalmente, em 1973, padres (inclusive Fernando Cardenal) e estudantes da UCA e dos vários bairros de Manágua Leste formaram o Movimento Revolucionário Cristão, do qual várias centenas de membros logo se aliaram aos Sandinistas. A primeira célula cristã da FSLN foi formada com a participação de Luis Carrión, Joaquin Cuadra, Álvaro Baltodano e Roberto Gutiérrez, todos eles futuros líderes importantes da Frente.

No campo, capuchinhos e jesuítas ajudavam a criar uma liderança leiga, os Delegados da Palavra, para que celebrassem certos sacramentos nas áreas rurais que não eram servidas regularmente por um padre. Essas pessoas eram treinadas não só para fornecerem serviços religiosos como também para ministrarem cursos de alfabetização e darem informações sobre saúde e agricultura; organizavam reuniões comunitárias em que se debatiam os problemas da comunidade tendo como base textos da Bíblia. A fim de dar instrução formal aos Delegados da Palavra, os jesuítas criaram, em 1969, a Comissão Evangélica de Promoção Agrária (Comité Evangélico de Promoción Agraria – CEPA) que estava ativa nas áreas de Carazo, Masaya, León e Estelí – futuras bases da rebelião. Essas atividades de padres, religiosos e leigos católicos nas comunidades florescia fora do controle direto dos bispos.

A radicalização teológica e política dos Delegados da Palavra e sua vitimização frequente pela Guarda Nacional de Somoza, levou muitos deles às fileiras do movimento Sandinista. Em 1977, vários desses líderes camponeses formaram um sindicato rural, a Associação de Trabalhadores do Campo (Asociación de Trabajadores del Campo, ATC), que cooperava com os Sandinistas. Já em 1978, a CEPA tinha cortado seus laços formais com a Igreja e se tornado uma organização cristã independente, também simpática à FSLN.

Atividades semelhantes, embora menos radicais, ocorreram entre os protestantes. Depois do terremoto de 1972, líderes protestantes criaram um Comitê Evangélico para Ajuda e Desenvolvimento (CEPAD) que se envolveu em atividades em defesa dos direitos humanos e tornou-se cada vez mais hostil ao regime de Somoza. Houve também vários pastores protestantes que apoiavam os Sandinistas.

Em 1977, vários jovens da comunidade Solentiname de Ernesto Cardenal, participaram de um ataque que a FSLN fez ao quartel da Guarda Nacional. Em retaliação, o Exército de Somoza destruiu a comunidade queimando-a totalmente. No mesmo ano, um padre de nacionalidade espanhola, padre Garcia Laviana, um Missionário do Sagrado Coração que tinha chegado à Nicarágua em 1970, entrou para a FSLN. Em uma carta datada de dezembro de 1977, ele justificou sua decisão referindo-se à resolução de Medellín que dizia: "A Insurreição revolucionária pode ser legítima no caso de uma tirania clara e persistente que gravemente ponha em perigo os direitos humanos fundamentais e prejudique seriamente o bem comum da nação, seja no caso em que essa tirania se ori-gine em um indivíduo ou em estruturas obviamente injustas". Em uma segunda carta, em 1978, padre Laviana tentou explicar a conexão entre os motivos religiosos e os sociopolíticos em sua ação:

> Minha fé e o fato de pertencer à Igreja Católica me obrigam a participar ativamente do processo revolucionário com a FSLN. Porque a libertação dos oprimidos é parte integral da redenção total de Cristo. Minha ativa contribuição nesse processo é um símbolo da solidariedade cristã com os oprimidos e com aqueles que lutam para libertá-los.[13]

Em 11 de dezembro de 1978, padre Laviana foi morto em um encontro com a Guarda Nacional.

---
13. Comandante padre Gaspar Garcia Laviana, *Folletos populares Gaspar Garcia Laviana*, n. 8, Instituto Histórico Centro-Americano, Manágua, s.d.

À medida que a crise do regime foi se aprofundando, a hierarquia da Igreja tornou-se cada vez mais crítica de Somoza. Dia 6 de janeiro de 1978, a Conferência dos Bispos da Nicarágua publicou uma "Mensagem ao Povo de Deus":

> Não podemos permanecer calados quando a maior parte da população está submetida a condições de vida desumanas como resultado de uma distribuição da riqueza que é injusta segundo quaisquer padrões... quando a morte e o desaparecimento de muitos cidadãos na cidade e no campo continua a ser um mistério... quando o direito dos cidadãos de escolher suas autoridades é falsificado no jogo dos partidos políticos. [14]

Poucos dias mais tarde, Pedro Joaquín Chamorro, editor de La Prensa, e um dos líderes principais da oposição liberal, foi assassinado: isso veio a ser o começo do fim para Somoza. Embora contrários ao regime, os bispos se recusaram a dar qualquer tipo de apoio à FSLN. Monsenhor Obando y Bravo, arcebispo de Manágua, declarou, em sua mensagem de agosto de 1978:

> A violência não só ameaça de tornar ainda mais remota a possibilidade de construir o Reino de Deus com base na fraternidade e na justiça, mas também volta-se contra as próprias pessoas que a usam... Pensar que podemos resolver nossos antagonismos de uma vez por todas através da escalagem da violência, seja ela na forma da repressão governamental ou da insurreição revolucionária, só mergulharia nossa sociedade em um abismo de sangue e destruição com consequências incalculáveis para nossa vida social e espiritual. [15]

Nessa declaração não se faz qualquer distinção entre a repressão governamental e a insurreição revolucionária – ambas são rejeitadas em nome da não-violência.

---

14. Citado em Philip Berryman, *The Religious Roots of Rebellion: Christians in Central American Revolutions*. Nova Iorque (Maryknoll): Orbis, 1984, p. 77.
15. Citado em Michael A. Gismondi, "Tranformations of the Holy: Religious Resistance Hegemonie Struggles in the Nicaraguan Revolution", *Latin American Perspectives*, vol. 13, n. 3, verão 1986, p. 28.

Apesar disso, um grande número de cristãos, sobretudo pessoas jovens e pobres, ignoraram o conselho do arcebispo, e participaram ativamente da insurreição – ou melhor, da série de insurreições locais que ocorreram em 1978-79 e que levaram à rebelião final em Manágua, à fuga de Somoza e à vitória dos Sandinistas dia 19 de julho de 1979. As áreas onde a luta foi mais intensa e a ação melhor organizada e mais eficaz foram justamente aquelas onde as CEBs, os Delegados da Palavra e os cristãos radicais tinham estado ativos nos anos anteriores: Monimbo, Masaya, Chinandega, León, Matagalpa, Estelí, os subúrbios ao leste de Manágua e Open Tres, uma favela na periferia da capital. Além disso padres, religiosos (sobretudo capuchinhos e jesuítas) e freiras ajudaram diretamente os Sandinistas, fornecendo-lhes comida, abrigo, remédios e munição.

A novidade histórica dessa espécie de participação maciça de cristãos (tanto leigos quanto membros do clero) na revolução, como um fator decisivo no processo, não foi esquecida pela Frente Sandinista, que, em sua Declaração sobre a Religião de 7 de outubro de 1980 reconheceu o fato:

> Os cristãos foram uma parte integral de nossa história revolucionária em um nível sem precedentes em qualquer outro movimento revolucionário da América Latina e possivelmente do mundo... Nossa experiência demonstrou que é possível ser um fiel e um revolucionário militante ao mesmo tempo, e que não existe nenhuma contradição irreconciliável entre os dois.

É claro que nem todos os cristãos apoiavam a revolução. A Igreja ficou dividida (depois de um curto "período de graça") entre aqueles que estavam, como se dizia em Nicarágua, con el proceso (com o processo revolucionário que se desenvolveu a partir de julho de 1979) e aqueles que se opunham a ele. Embora muitos bispos passaram a ser cada vez mais hostis ao Sandinismo, a grande maioria das ordens religiosas (particularmente os jesuítas e maryknolls) ficaram do lado da FSLN. O clero diocesano ficou dividido entre as duas opções, com um número maior apoiando os bispos.

As figuras mais visíveis da minoria cristã pró-Sandinista foram, é claro, os três padres que se tomaram ministros do novo governo:

■ Ernesto Cardenal: nascido em 1925, foi consagrado padre em 1965. Como discípulo do famoso teólogo católico norte-americano Thomas Merton, viveu dois anos (1957-58) em seu convento trapista de Gethsemany em Kentucky. Após seu retorno à Nicarágua, fundou a comunidade de Solentiname em 1966. Um conhecido poeta, Cardenal visitou Cuba no início da década de 1970 e tornou-se cada vez mais radical. Depois da destruição de Solentiname exilou-se na Costa Rica e entrou para a FSLN (1977). Em 1979, tornou-se Ministro da Cultura.

■ Fernando Cardenal, seu irmão: padre jesuíta desde 1968, Fernando viveu durante um ano entre os pobres, em Medellín, Colômbia (em 1969). Em 1970, foi nomeado vice-reitor da UCA em Manágua pela Ordem Jesuíta. Fundador do Movimento Revolucionário Cristão em 1973, tornou-se um simpatizante dos Sandinistas. Em 1979, foi nomeado chefe da Cruzada da Alfabetização e, em 1984, Ministro da Educação.

■ Miguel d'Escoto: nasceu em Hollywood, Califórnia, em 1933, e foi educado nos Estados Unidos, onde entrou para a Ordem Maryknoll. Como missionário em Santiago, Chile, trabalhou com os pobres de 1963 até 1969. De 1970 a 1979 viveu nos Estados Unidos como Diretor de Comunicações Sociais da Sociedade Maryknoll. De 1979 a 1990 foi Ministro das Relações Exteriores do governo nicaraguense.

Um outro padre, o franciscano Edgar Parrales, foi, durante algum tempo, Ministro do Bem-Estar Social. Muitos outros ministros e funcionários de alto escalão do governo revolucionário eram conhecidas figuras católicas leigas: Roberto Argüello, Carlos Tünnerman, Reinaldo Téfel, Emílio Baltodano, Maria del Socorro Gutiérrez, Vidaluz Meneses, Francisco Lacayo etc.

Os cristãos que estavam con el proceso, se organizaram em várias estruturas:

■ Centro Ecumênico Antonio Valdivieso (que inclui católicos e protestantes) fundado em agosto de 1979 pelo padre franciscano Uriel Molina e pelo ministro batista José Miguel Torres. A instituição organiza reuniões, conferências, publicações e projetos de pesquisa.

■ A Universidad Centro-Americana (UCA), dirigida por jesuítas.

■ o Instituto Histórico para Centro-América (IHCA), dirigido pelo jesuíta Álvaro Argüello. Em 1980, o Instituto publicou uma série de panfletos extremamente radicais, apresentando uma perspectiva revolucionária cristã, os Folletos Populares Gaspar Garcia Laviana. Também produz um boletim mensal de informação extremamente respeitado, o Envio.

■ Embora não-confessional, o jornal Pensamiento Proprio, editado pelo jesuíta Xavier Gorrostiaga (de origem basca) também está ligado à tendência cristã pró-Sandinista. Devido às análises competentes e independentes dos acontecimentos na Nicarágua e na América Central, esse jornal desempenha um papel importante. A Associação do Clero Nicaragüense (ACLEN), também dirigida por Alvaro Argüello, foi dissolvida, pelos bispos em 1983.

■ E, mais importante de todos: várias centenas de comunidades de base, nas províncias e em Manágua. Algumas delas são coordenadas em redes locais, tais Como o Bloco Intercomunitário para o Bem-Estar Cristão (BIBCS) na região nordeste (León-Chinandega). Na Costa Atlântica (onde estão presentes bispos capuchinhos americanos) e em Estell (que tem um bispo moderadamente progressista) não há tensão entre a hierarquia e as CEBs. Em Manágua, no entanto, as comunidades de base, que militavam nas comunidades pobres e eram muito politizadas, estavam em conflito aberto com o Cardeal Miguel Obando y Bravo.

Essa ativa participação cristã, que também inclui muitos protestantes – em 1980, cerca de quinhentos ministros assinaram uma declaração manifestando sua disposição de cooperar com o processo revolucionário – influenciou o próprio Sandinismo, como ideologia constituída pelo nacionalismo agrário radical de Sandino, o cristianismo revolucionário, e o estilo guevarista do marxismo latino-americano. A linguagem, os símbolos, as imagens e a cultura do Sandinismo eram muitas vezes extraídas do Evangelho. Essa influência pode ser observada tanto nas bases do movimento quanto nos discursos de alguns dos líderes principais da FSLN, tais como Luis Carrión e Tomás Borge. A prática da Frente também sofreu a influência da ética cristã: a Revolução nicaraguense aboliu a pena de morte e se tornou o primeiro movimento revolucionário moderno, desde 1789, a consolidar sua vitória sem execuções, guilhotinas ou pelotões de fuzilamento.

A princípio, os bispos pareciam aceitar a revolução. Sua declaração de 17 de novembro de 1979 foi surpreendentemente progressista, estando a favor de um socialismo que conduzisse à "verdadeira transferência do poder para as classes populares", e cujo objetivo fosse satisfazer as necessidades da maioria de nicaraguenses através de uma economia planejada, em nível nacional. Embora rejeitando "o ódio de classe", a declaração aceitava a luta de classes como "o fator dinâmico... que leva à justa transformação das estruturas". Reivindicava uma mudança social radical, que fosse mais além da "defesa de interesses individuais, sejam esses grandes ou pequenos". E, finalmente, proclamava que "nossa fé em Jesus e no Deus da vida... deverá iluminar o envolvimento de cristãos no atual processo revolucionário[16].

No entanto, depois que alguns membros liberais do governo de coalizão (Alfonso Robelo e Violeta Chamorro) romperam com a FSLN em abril de 1980, os bispos foram ficando cada vez mais contra o processo. Em maio de 1980, encorajaram os três padres a deixarem o governo e, no decorrer dos anos seguintes, se envolveram em um confronto direto com os Sandinistas e com católicos radicais. Durante sua visita em 1983, o Papa, naturalmente, apoiou os bispos, denunciando "a Igreja do Povo"

---

16. Citado em Berryman, p. 396.

e ordenando que os irmãos Cardenal e Miguel d'Escoto abrissem mão de suas responsabilidades governamentais. Quando esses se recusaram a obedecer, foram suspensos ou expulsos de suas ordens religiosas (1984). Em 1985, monsenhor Obando, que acabara de ser nomeado Cardeal por Roma, viajou para Miami e expressou sua solidariedade aos líderes contra. Pouco tempo depois, vários padres foram acusados de atividade contrarrevolucionária pelo governo e expulsos do país.

Militantes cristãos, que apoiavam o processo revolucionário, combinavam esse apoio com alguma crítica da liderança Sandinista, na tentativa de preservar sua identidade própria especifica. Em uma declaração publicada em junho de 1985 (Igreja e Revolução na Nicarágua) o Centro Ecumênico Antonio Valdivieso enfatizou:

> Reconhecemos a FSLN como a vanguarda do povo. No entanto, eles podem cometer erros e, nesses difíceis anos de transição, as vezes o fizeram, até mesmo em questões importantes como o problema Miskito, a reforma agrária, a censura da imprensa etc. Também cometeram alguns erros, em nossa opinião, com relação à Igreja, por exemplo, a expulsão de dez padres... [Mas] vemos também a honestidade com que os líderes da FSLN reconheceram e corrigiram alguns desses erros. [17]

Seria ir além do alcance do presente capítulo se discutíssemos os vários aspectos do relacionamento entre religião e política nos doze anos da experiência Sandinista. O apoio de cristãos progressistas certamente ajudou os Sandinistas a ganharem as eleições em 1984, mas não foi capaz de impedir sua derrota seis anos mais tarde, sob circunstâncias econômicas e políticas mais difíceis. Não é fácil avaliar a importância dos fatores religiosos na vitória da coalizão anti-FSLN. É bem provável que outros aspectos tenham sido mais importantes (a situação econômica, a rejeição

---

17. Centro Ecumênico Antonio Valdivieso, "Iglesia y revolución en Nicaragua", in: G. B. Forcano e LM. Vigil (orgs.), Nicaragua trinchera teológica. Manágua: CEAV, 1987.

popular ao serviço militar), mas é óbvio que o apoio dado pela Igreja (sobretudo monsenhor Obando) e pelos novos movimentos evangélicos à Violeta Chamorro, ajudou-a a ganhar as eleições em 1990.

Os acontecimentos dos anos posteriores – cisão do FSLN, volta ao poder de Daniel Ortega – ficam fora do foco deste capítulo.

EL SALVADOR: DA "CONSCIENTIZAÇÃO" JESUÍTA À REBELIÃO SOCIAL

Como na Nicarágua, só após a Conferência de Medellín é que as coisas começaram a mudar na Igreja salvadorenha. Sob a influência da nova orientação adotada, em 1968, pelos bispos latino-americanos, e dos primeiros textos da Teologia da Libertação – como, por exemplo, os de Jon Sobrino, um jesuíta basco que vivia em El Salvador em 1972-73, um grupo de padres começou a realizar um trabalho missionário entre os camponeses pobres da diocese de Aguilares. A figura central desse grupo era o padre Rutilio Grande, um jesuíta salvadorenho que dava aulas em um seminário de San Salvador, e que tinha decidido abandonar a cidade para compartilhar a vida dos pobres das áreas rurais. A equipe missionária desses padres (muitos deles jesuítas) viveu entre os camponeses e formou comunidades de base, que concebiam como "uma comunidade de irmãos e irmãs dedicados a construir um novo mundo, sem opressores ou oprimidos, de acordo com o plano de Deus". Esses missionários liam a Bíblia para os camponeses, comparando suas vidas com as dos hebreus que, escravos sob o Faraó do Egito, tinham se libertado graças à ação coletiva. Uma média de setecentas pessoas participava das reuniões semanais das comunidades de base e seu círculo de influência alcançava de duas a cinco mil pessoas.

Pouco a pouco, as estruturas religiosas tradicionais das aldeias, as chamadas sociedades dos "Adoradores do Sagrado Sacramento", cuja atividade principal era rezar o terço, foram substituídas pelos Delegados da Palavra (como na Nicarágua, também sob a iniciativa dos jesuítas), que liam a Bíblia com a comunidade. Os missionários tentavam romper aquilo que consideravam a passividade da religião camponesa tradicional, dizendo aos fiéis que, em vez de "adorar" Jesus, era mais importante seguir seu exemplo e lutar contra o mal no mundo, isso é, contra o pecado social, associado (por eles) com a exploração e o capitalismo. Estimulavam também a autoconfiança entre os camponeses, estimulando, assim, o desenvolvimento de uma nova liderança, eleita pela própria comunidade[18].

Um exemplo da qualidade explosiva do *Brüderlichkeitsethik* (para usar o termo de Weber) político/religioso pregado por padre Rutilio, pode ser observado no seguinte trecho de seu último sermão, em 1977: "Nosso ideal é como a Eucaristia, uma mesa grande e comum, com lugar para todos. Neste país, pregar o Evangelho é subversivo. Se Jesus viesse a nós uma vez mais, eles o chamariam de rebelde, de subversivo, de judeu estrangeiro, de propagandista de ideias exóticas e estrangeiras. Eles o crucificariam".[19]

Um mês mais tarde padre Rutilio foi assassinado pelo Exército.

A mudança religiosa trouxe conversões políticas (carregadas de sentimentos religiosos). O "despertar através das Escrituras" levava à militância e a "conscientização" levava à organização. Na medida em que a religião tradicional tornou-se religião revolucionária, ela levou à política revolucionária. Alguns cristãos radicais começaram a ser atraídos pelos movimentos guerrilheiros revolucionários, sobretudo um grupo dissidente do Partido Comunista, as Forças Populares de Libertação Farabundo Marti (FPLFM).

Em 1974, Apolinário Serrrano (Polin), um dos Delegados da Palavra educado por padre Rutilio, tornou-se presidente de um sindicato rural cristão (A Federação Cristã de Camponeses de El Salvador, FECCAS). Pouco tempo depois, a FECCAS uniu-se a outro sindicato rural (a União dos Trabalhadores do Campo, UTC), ao sindicato dos professores (a Associação Nacional de Educadores de El Salvador, ANDES) e a mo-

---

18. Veja o excelente livro de Carlos Rafael Gabarras *Génesis de una revolución. Origen y desarrollo de la organización campesina en El Salvador*. Cidade do México: Ediciones de la Casa Chata, 1982; Philip Berryman, *The Religious Roots of Rebellion*.
19. Veja Universidad Centro-Americana (UCA), *Rutilio grande, mártir de la evangelizacion rural*, San Salvador, 1978: El Salvador, un pueblo perseguido. Testimonio de cristianos, Lima: CEP, 1981, p. 55.

vimentos estudantis de vários tipos para fundar uma organização comum a todos, o Bloco Popular Revolucionário (BPR), que era simpático ao movimento guerrilheiro. O líder principal do BPR era Juan Chacon, um jovem militante cristão, organizador de comunidades de base.

Dividia-se, assim, a hierarquia da Igreja: ao mesmo tempo que o arcebispo, monsenhor Romero, e o bispo assistente, monsenhor Rivera y Damas, denunciavam a repressão militar dos movimentos populares e a matança de padres e militantes leigos, os outros três bispos apoiavam o Exército, sendo que um deles, monsenhor Álvarez, chegou a receber o título de Coronel das Forças Armadas. Em setembro de 1979, quando o Exército assassinou Apolinário Serrano e três outros líderes da FECCAS, houve uma revolta popular tão intensa que um mês mais tarde, a ditadura do General Romero foi extinta pelas próprias Forças Armadas. Formou-se então um governo de coalizão, que incluía esquerdistas moderados, como o social-democrata Guillermo Ungo. Apesar disso, os militares ainda continuavam a manter o verdadeiro poder em suas próprias mãos e bloqueavam qualquer reforma, prosseguindo, inclusive, com as execuções sumárias. Dois meses mais tarde, em dezembro de 1979, os ministros progressistas se desligaram do governo de coalizão e foram substituídos, uns poucos meses mais tarde, pelos democratas cristãos de Napoleon Duarte. Pouco tempo depois, em março de 1980, monsenhor Romero foi assassinado por um esquadrão da morte (sob as ordens do Major d'Aubuisson) quando celebrava a missa. Durante seu enterro, o Exército, uma vez mais, atirou no povo presente, matando trinta e cinco pessoas.

Em novembro de 1980, todos os líderes da oposição legal, a Frente Democrática Revolucionária inclusive Juan Chacon (presidente do BPR), foram executados pelo Exército. E em dezembro do mesmo ano, quatro missionárias norte-americanas – três freiras, Maura Clarke, Ita Ford (ambas da Ordem Maryknoll) e Dorothy Kazel, e uma missionária leiga Jean Donovan foram estupradas e mortas pelos militares.

A resposta a todos esses assassinatos começou em janeiro de 1981, quando a recém-formada coalizão guerrilheira de cinco grupos armados, a Frente Farabundo Martí de Libertação Nacional (FMLN), lançou uma ofensiva geral contra O Exército. Esse foi o começo da guerra civil que assolou o pais por doze anos. A FMLN era herdeira de duas tradições diferentes que convergiram na década de 1970: a dos cristãos rebeldes e a dos marxistas dissidentes. A base popular para a insurreição nas áreas rurais vinha principalmente da FECCAS, o sindicato rural cristão e, nas cidades, em grande parte, das CEBs. Ao contrário da Nicarágua, no entanto, o resultado não foi uma fusão, ou uma relação simbiótica, entre religião e política, e sim a absorção da primeira pela segunda embora o componente cristão ainda permanecesse ativo, principalmente nas bases.

Uma das características peculiares dos eventos em El Salvador foi o importante papel desempenhado por monsenhor Oscar Romero um bispo carismático que, a princípio conservador, tornou-se, segundo Jean Donovan (a missionária leiga assassinada em 1980), "líder da Teologia da Libertação na prática". Sua evolução, entre 1977 e 1980, é quase um exemplo ideal-típico da transformação da religiosidade institucional em uma ética de fraternidade soteriológica.

Nascido em 1917, de uma família humilde (seu pai era operador de telégrafos), Oscar Romero tornou-se padre em 1942 e estudou teologia em Roma (1943). Em 1966, tornou-se secretário da Conferência de Bispos Salvadorenha.

Em 1970, foi nomeado Bispo Auxiliar de San Salvador e, em 1977, arcebispo da Capital. Como ele próprio diria mais tarde a seus amigos, foi escolhido por ser a pessoa mais capaz de neutralizar os "padres marxistas" e as CEBs e de melhorar as relações entre a Igreja e o governo militar que tinham deteriorado sob o bispo anterior (monsenhor Chavez).

Na verdade, monsenhor Romero inicialmente parecia ser um bispo bastante conservador, não só devido a seu passado (tinha simpatizado com o Opus Dei em sua juventude) como porque era mais adepto da oração e da conversão pessoal do que de mudanças sociais. Chegou mesmo a criticar as comunidades de base, acusando-as de serem demasiado politizadas e de perderem sua identidade cristã. Acreditando que a glória de Deus estava associada à glória da Igreja, monsenhor Romero era um eclesiástico, preso aos cânones e à disciplina da instituição. Era considerado pelos padres radicais como uma figura "puramente espiritual" e um tradicionalista. Sua "conversão" a uma nova perspectiva ética e sócio-religiosa começou com o assassinato do padre Rutilio Grande, em março de 1977. Profundamente abalado com a morte do missionário jesuíta, monsenhor Romero rompeu com o governo do Coronel Mofina e recusou-se a tomar parte em qualquer celebração oficial enquanto o assassinato não tivesse sido investigado. Quando um segundo padre foi assassinado (Annso Navarro, maio de 1977) e a casa da paróquia de Aguilares destruída pelos militares (com a prisão de quatro jesuítas e 300 membros da paróquia), Romero tornou-se cada vez mais veemente em seu protesto contra as violações de direitos humanos pelos militares.

A partir de 1978, monsenhor Romero foi profundamente influenciado pelo teólogo da libertação Jon Sobrino, que o aconselhava quando escrevia suas cartas pastorais. Envolveu-se, então, em um conflito cada vez maior, com os bispos conservadores, o Núncio papal, os militares, a oligarquia, e finalmente o próprio Papa (durante uma visita à Roma). Reunia-se regularmente com padres radicais e comunidades de base e, mais tarde, com sindicalistas e militantes do BPR.

Seus sermões dominicais eram ouvidos por milhares de pessoas na Catedral e acompanhados pelo rádio, na estação radiofônica da Igreja, por centenas de milhares. Neles, monsenhor Romero estabelecia uma conexão entre a Bíblia e a vida da Igreja e os eventos sociais e políticos, do ponto de vista dos pobres. Um de seus *leitmotivs* era a auto-emancipação dos pobres – o *topos* principal da Teologia da Libertação, como indica sua homilia de 2 de fevereiro de 1980.

> A esperança que nossa Igreja encoraja não é ingênua, nem passiva; ao contrário, é um apelo à grande maioria da população, os pobres, para que eles assumam a responsabilidade por si mesmos, que se conscientizem, que, em um país onde é legalmente ou praticamente proibido, que eles comecem a

se organizar... A libertação só chegará quando os pobres forem os donos e os protagonistas de sua própria luta e libertação[20].

Poucos dias mais tarde, monsenhor Romero publicou sua carta ao presidente Carter, pedindo-lhe que não enviasse ajuda militar ao regime salvadorenho e não interferisse na determinação do destino do povo salvadorenho – um documento que teve um impacto internacional imediato. Perfeitamente ciente de que sua vida estava em perigo, ele afirmou, em uma entrevista a um jornal mexicano, o *Excelsior*:

> Eu já fui ameaçado de morte várias vezes... Se me matarem, ressuscitarei no povo salvadorenho.. o martírio é uma graça de Deus que não creio merecer Mas, se Deus aceitar o sacrifício de minha vida, deixe que meu sangue seja uma semente de liberdade e um sinal de que a esperança em breve se tornará realidade. Um bispo pode morrer, mas a Igreja de Deus, que é o povo, nunca perecerá. [21]

Finalmente, em seu sermão na Catedral Metropolitana dia 23 de março, monsenhor Romero ousou tomar uma iniciativa sem precedentes: exortou os soldados a não obedecerem seus superiores:

> Eu gostaria de fazer um apelo especial aos membros do Exército. Irmãos, cada um de vocês é um de nós. Somos o mesmo povo. Os camponeses que vocês matam são seus próprios irmãos e irmãs. Quando vocês ouvirem a voz de um homem ordenando-lhes que matem, lembrem, em vez disso, da voz de Deus: "Não matarás!" A lei de Deus deve prevalecer. Nenhum soldado é obrigado a obedecer uma ordem contrária à lei de Deus. Ainda há tempo para que vocês obedeçam sua própria consciência, mesmo diante de uma ordem pecaminosa para matar... Em nome de Deus, em nome de nosso povo atormentado cujos gritos se erguem ao céu, eu lhes suplico, eu lhes imploro, eu lhes ordeno: parem com a repressão!

---

20. Ana Carrigan Salvador Witness: *The Life and Calling of Jean Donovan*. Nova Iorque: Ballantine Books: 1984, p. 109.
21. Citado em Placido Erdozain e Maurice Barth, Salvador, *Oscar Romero et son peuple*. Paes: Karthala, 1982, p. 146-147. Veja também *La voz de los sin voz. La palabra viva de Monseilor Romero*. El Salvador: UCA, 1987; James R. Brockman, The Word Remains: *A life of Oscar Romero*. Nova Iorque (Maryknoll): Orbis, 1982.

No dia seguinte, monsenhor foi assassinado pelos esquadrões da morte paramilitares[22]. O sacrifício de monsenhor Romero fez dele um símbolo carismático para todos os cristãos ativistas na América Latina e fora dela – um pouco como Camilo Torres, na década de 1960, só que, dessa feita, um profeta não violento. De forma dramática, seus últimos anos ilustram tanto a Possibilidade de mudanças radicais na cultura religiosa (conversão) de membros da hierarquia episcopal – motivada menos por considerações teológicas abstratas e mais devido à colisão dos interesses pastorais com a violência institucional – quanto os limites de uma explicação puramente "funcional" ou "institucional" para seu comportamento.

Após a morte de monsenhor Romero, o Arcebispado de San Salvador passou às mãos de monsenhor Rivera y Damas que, embora sendo muito mais cuidadoso e moderado que seu predecessor, também defendeu os direitos humanos contra a violência militar. No entanto, após sua aposentadoria em 1995, Roma nomeou em seu lugar um antigo bispo do Exército, monsenhor Fernando S. Lacalle, uma figura conservadora que pertencia ao Opus Dei.

Não caberia a essa seção (dedicada às raízes religiosas da rebelião) examinar os vários acontecimentos durante os doze anos de guerra civil em El Salvador. Como bem sabemos, um acordo negociado entre a FMLN e o governo pôs fim ao conflito em 1993. Mas antes disso, em dezembro de 1990, Ignacio Ellacuría jesuíta de origem espanhola e reitor da UCA, um dos principais teólogos da libertação e um veemente defensor de uma solução negociada para a guerra – bem como seis outros jesuítas professores da Universidade Católica (e duas mulheres que trabalhavam para eles) foram mortos pelo Exército salvadorenho. A revolta internacional que esse assassinato coletivo provocou foi um dos fatores que obrigaram os militares a concordar em participar das negociações[23].

---

22. Citado em Ana Carrigan, p. 152.
23. Veja in: *Memoriam: The Jesuit Martyrs of El Salvador*. Nova Iorque (Maryknoll): Orbis, 1990, com um prefácio de Jon Sobrino SJ.

Protestantismo da libertação e protestantismo conservador

O Cristianismo da Libertação não é só católico: como já foi mencionado, ele tem também um ramo protestante significativo que se desenvolveu paralelamente, nas décadas de 1960 e 1970, e que é muitas vezes associado, em suas várias formas, a seu congênere católico. Suas raízes podem ser encontradas na cultura religiosa das chamadas denominações protestantes "históricas", tais como luteranos, presbiterianos, metodistas, uniaristas – e não na das igrejas evangélicas mais recentes, do tipo pentecostal. Tem, também um espírito claramente ecumênico, que não só se esquece da briga tradicional dos protestantes com a Igreja Romana, mas também compartilha iniciativas teológicas e pastorais com católicos progressistas.

Segundo um dos representantes mais importantes da Teologia da Libertação protestante, José Míguez Bonino, um ministro metodista argentino, e professor do Instituto Evangélico de Buenos Aires, a formação de teólogos progressistas das duas denominações cristãs tem muitas semelhanças, e também algumas diferenças. Entre as últimas, ele menciona "a participação como membros de uma comunidade religiosa minoritária, com uma tradição de evitar a política explícita, porém mantendo laços de facto com o sistema do capitalismo liberal e a estrutura 'neocolonial', e uma tradição teológica que se estende, no passado, até à Reforma". Embora insista que a situação e o projeto em comum vem em primeiro lugar, com diferenças relativas de origem, Miguez Bonino acredita que os teólogos protestantes têm certas responsabilidades próprias. Considerando a "distinção de planos" protestante, utilizada como justificativa ideológica para isentar a estrutura liberal, capitalista e burguesa de toda a crítica profética, a Teologia da Libertação exige "uma crítica radical e justificada da tradição clássica protestante": "não é simplesmente uma questão de adaptar ou reformular. Precisam reconsiderar, radicalmente, toda a perspectiva teológica na qual foram criados"[24].

Por outro lado, existem alguns aspectos da Teologia da Libertação que, embora presentes também entre os católicos, têm uma origem obviamente protestante: as referências frequentes aos *loci* do Antigo Testamento, a importância central da leitura comunitária da Bíblia, a ênfase na comunidade local em oposição à hierarquia eclesiástica. Não é de surpreender, portanto, que teólogos protestantes estivessem entre os defensores mais ardentes de uma nova interpretação das fontes bíblicas.

Duas figuras desempenharam um papel pioneiro no desenvolvimento do Cristianismo da Libertação protestante: Richard Shaull e Rubem Alves. Como missionário presbiteriano norte-americano vivendo no Brasil (1952-64), Richard Shaull dava aulas no Seminário Teológico de Campinas (Estado de São Paulo) e trabalhava com a UCEB, a União (Protestante) Cristã de Estudantes Brasileiros, que, no final da década de 1950, passou por um processo de radicalização semelhante ao de sua rival católica, a JUC. Em seu livro cristianismo e revolução social (1960), Shaull estimulou os estudantes a se envolverem na luta por uma sociedade mais justa e igualitária ("como alternativa tanto para o capitalismo como para o comunismo") e, em 1962, ajudou a organizar, em Recife, uma conferência de protestantes progressistas (o Departamento para a Responsabilidade Social da Confederação Evangélica Brasileira) sobre "Cristo e o processo revolucionário brasileiro"[25].

---

24. José Miguez Bonino "Historical Praxis and Christian Identity", in: R. Gibellini (org.), *Frontiers of Theology in Latin America*. Nova Iorque (Maryknoll): Orbis, 1983, p. 261-264.
25. Veja *De dentro do furacão. Riehard Shaull e os primórdios da Teologia da Libertação*. São Paulo, CEDI (Centro Ecumênico de Documentação e Informação), CLAI – Conselho Latino-americano de Igrejas, 1985. Esse volume contém tanto lembranças a respeito de Shaull quanto trechos de seus escritos.

Como consequência de sua disposição de trabalhar em uma aliança fraternal com marxistas e com católicos progressistas (os dominicanos de São Paulo), Shaull incompatibilizou-se cada vez mais com a Igreja Presbiteriana e, eventualmente, foi obrigado a deixar o país em 1964. No entanto, ele já tinha semeado as novas ideias entre os estudantes e seminaristas protestantes que, futuramente, iriam se tornar figuras importantes no Cristianismo da Libertação no Brasil e na América Latina.

Entre os estudantes de Shaull no Seminário de Campinas, estava Rubem Alves, um teólogo leigo que completou seus estudos na Universidade de Princeton, onde apresentou uma tese doutoral em 1968, com o profético título: *Em busca de uma Teologia da libertação*. A expressão – usada aqui pela primeira vez – pareceu tão estranha aos editores de Alves que esses rejeitaram o livro. Este apareceu na versão inglesa como *A Theology of human hope* (Uma Teologia de esperança humana) e na espanhola como *Cristianismo: ópio ou libertação?*

De uma certa forma, talvez seja possível afirmar que esse livro, embora trate de questões gerais e mal mencione a América Latina, é a primeira obra sobre Teologia da Libertação na região. Inspirado principalmente pela teologia protestante progressiva na Europa (Bultmann, Moltmann, Bonhoeffer), Alves reivindica um humanismo político, uma consciência cristã dedicada à libertação histórica dos seres humanos e uma teologia que fala o idioma da liberdade, como uma linguagem histórica e radicalmente profética. Denuncia, também, a condição dos países do Terceiro Mundo, que foram destituídos da liberdade de planejar seu próprio futuro[26].

Ao contrário de seus congêneres católicos (Hugo Assmann, Gustavo Gutiérrez), Rubem Alves não fala como um teólogo brasileiro ou latino-americano, nem usa conceitos marxistas tais como dependência,

---

26. Rubem Alves, *A Theology of Human Hope*, Washington, DC: Corpus Books, 1969: *Cristianismo: opio o liberación?*. Salamanca: Sigueme, 1973, p. 177-178, 240-247. Alves foi apresentado a Gustavo Gutiérrez pela primeira vez em Genebra em 1969, em uma conferência ecumênica da SODEPAX e ambos concordaram a respeito da necessidade de substituir a "teologia do desenvolvimento" por uma nova teologia, baseada no conceito de libertação.

capitalismo ou luta de classes. No entanto, sua obra pioneira foi um ponto de partida para a Teologia da Libertação e teve uma influência significativa, sobretudo entre a juventude protestante. Talvez a iniciativa mais importante na criação do movimento da libertação entre os protestantes latino-americanos tenha sido a formação, em 1961, da ISAL, Iglesia y Sociedade en América Latina (Igreja e sociedade na América Latina), em uma assembleia em Huampani, perto de Lima, Peru. Sob a liderança de figuras laicas tais como Luis E. Odell e Hiber Conteris, a ISAL mobilizou fiéis progressistas de várias denominações protestantes, em um diálogo permanente com esquerdistas católicos e marxistas. Através de suas atividades e de sua revista, Cristianismo y Sociedade, a organização incentivava o envolvimento cristão com os movimentos populares e propunha uma nova interpretação das Escrituras. É claro que, para a maioria das Igrejas protestantes na América Latina, essa posição tão radical era inaceitável. Portanto, apesar da tentativa da ISAL de manter um diálogo com essas igrejas, pouco a pouco elas foram cortando seus laços com a instituição.

Em 1967, uma das decisões da ISAL em uma conferência realizada perto de Montevidéu, Uruguai, foi que a instituição iria concentrar seus esforços em programas de educação popular, utilizando a nova pedagogia de Paulo Freire. Essa prática de conscientização popular levou, quase que naturalmente, a uma mobilização da população: na Bolívia, por exemplo, a ISAL tornou-se uma das forças mais importantes na luta contra a ditadura militar e em defesa da organização popular. No início da década de 1970, líderes e militantes da ISAL foram duramente reprimidos pelos vários regimes militares que tomaram o poder na América Latina: alguns deles foram mortos, outros presos e muitos forçados a exilar-se. A ISAL deixou de funcionar em 1975.[27]

Apesar disso, a corrente da libertação continuou a exercer uma influência significativa entre as Igrejas protestantes – sobretudo através

---

27. Veja a tese de Julio de Santa Ana "Du libéralisme à la praxis de libération. Genèse de la contribution protestante à la théologie latino-américaine de la libération". *Archives de sciences sociales de la religion*, n° 71, jul.-set. 1990.

do CLAI (Conselho de Igrejas Latino-Americanas), uma ampla instituição coordenadora criada na Conferência Evangélica de Oaxtepec (México) de 1978 por 110 Igrejas protestantes e 10 organizações ecumênicas representando 19 países latino-americano Em seu discurso de abertura, Carmelo Alvarez, presidente do Seminário Bíblico Latino-Americano de San José, Costa Rica, argumentou insistentemente que "uma situação de dominação, exploração e dependência caracterizou todos os níveis da vida em nosso continente". Nessa situação, nossa "história é testemunha de uma igreja entregue às classes dominantes e mostra também o rosto de uma igreja que prefere viver com as 'vítimas da história'".

Alguns trabalhos bastante radicais foram apresentados nessa conferência, e, entre eles, um realizado por um grupo de estudo que examinara as estruturas de poder e que, entre outras coisas, afirmava que: "A doutrina de Segurança Nacional fornece a justificativa para o poder exercido pelos capitalistas do Primeiro Mundo e pelas classes sociais dominantes em cada país. Essas estruturas de poder são, basicamente, as causas para a desnutrição, a mortalidade infantil, o desemprego, a curta expectativa de vida, serviços de saúde precários, falta de escolas e de segurança social". As Igrejas protestantes, segundo esse documento, devem rejeitar a acusação de Paulo em sua Carta aos Romanos sobre obediência a nosso governo. As Igrejas que cooperarem com regimes despóticos "representam uma aliança com o Faraó, apoiando-o contra Moisés e o povo de Deus que buscava sua libertação".[28]

É evidente que, se essas opiniões teológicas radicais já estavam longe de ser compartilhadas por todos os membros do CLAI, para os evangélicos conservadores, elas eram intoleráveis. Esses últimos, liderados, em 1982, pelo pregador Luis Palau, decidiram romper quaisquer laços com o CIAI e com todos os protestantes ecumênicos relacionados com o (esquerdista) Conselho Mundial das Igrejas, e criar

---

28. T. S. Montgomery, "Latin American Evangelicals: Oaxtepec and Beyond" in: Daniel Letvine (org.), *Churches and Politics in Latin America*. Beverly Hills, CA: Sage, 1980, p. 87-107.

uma organização rival, a CONELA (Confederação Evangélica Latino-
-Americana).

Entre as figuras mais importantes da Teologia da Libertação protestante estão alguns biblicistas conhecidos, tais Como Milton Schwantes, Elsa Tamez e Jorge Pixley. Esses frequentemente trabalham em cooperação com católicos em instituições ecumênicas tais como o Departamento Ecumênico de Informação (DEI) em Costa Rica, o Centro Ecumênico para a Evangelização e Educação Popular (CESEP), em São Paulo, ou o Centro Ecumênico para Documentação e Informação (CEDI) no Rio de Janeiro.

É provável que o biblista protestante mais talentoso da América Latina seja Jorge Pixley, um teólogo e pastor batista que vive no México, e que com o teólogo católico Clodovis Boff, escreveu um dos volumes da importante coleção "Teologia e Libertação". O livro, intitulado *A opção pelos pobres* (1986), contém uma seção bastante extensa sobre o significado dessa escolha no Antigo e Novo Testamentos. Em outro livro, *Êxodo: Uma leitura evangélica e popular* (1983), Pixley explica a natureza específica da abordagem protestante da libertação:

> Essa leitura do livro do Êxodo deseja ser evangélica no sentido atual que nós, das Igrejas Evangélicas, ou não Católicas Romanas, damos à palavra. Essas Igrejas, que derivam, de várias maneiras, da Reforma Protestante na Europa do século XVI, acreditam que encontrarão na Bíblia a autoridade máxima para sua fé e rejeitam a necessidade de mediação de qualquer autoridade eclesiástica ou científica. Isso não significa que devamos rejeitar também as estruturas eclesiásticas ou as investigações científicas. Unicamente que essas mediações, embora úteis em alguns casos, nem sempre são consideradas necessárias.

Imediatamente depois, ele insiste sobre a natureza ecumênica e popular de seu trabalho:

> No entanto, em seu sentido mais importante, esse comentário quer ser evangélico porque crê que, mais além de nossas várias tradições denomina-

cionais, Deus tem boas notícias para o povo... Nesse sentido, nossa leitura evangélica vai além dos limites das Igrejas não católicas e quer servir todos os povos latino-americanos... O Êxodo pertence ao povo de Deus e não às hierarquias das Igrejas ou aos especialistas do mundo acadêmico.[29]

Como demonstra a cisão entre o CLAI e a CONELA, os protestantes estão profundamente divididos na América Latina. Essa divisão coincide, até certo ponto (embora não totalmente), com a diferença entre as antigas denominações protestantes e as novas igrejas pentecostais, que estão se expandindo rapidamente. O crescimento extraordinário das igrejas evangélicas pentecostais na América Latina – um evento muitas vezes descrito por observadores católicos como "a invasão das seitas protestantes" – é um dos fenômenos religiosos mais importantes nos últimos anos, no continente. Suas implicações políticas são bastante evidentes: enquanto que as confissões protestantes tradicionais, ligadas ao Conselho Mundial de Igrejas têm, muitas vezes, preocupações sociais e setores significativos simpáticos à Teologia da Libertação (como vimos acima), muitas das chamadas "seitas" – isto é, as Igrejas Evangélicas ou pentecostais – representam uma cultura religiosa fundamentalista e conservadora, que é ou "apolítica" (seja lá o que isso possa significar) ou totalmente contrarrevolucionária.

A amplitude do fenômeno é inegável: um bispo brasileiro, monsenhor Boaventura Kloppenburg, na Conferência dos Bispos Latino-Americanos realizada em Bogotá, em 1984, precaveu os participantes que a América Latina está se tornando protestante com maior rapidez que a Europa Central no século XVI. Estimativas são extremamente difíceis, devido à falta de dados confiáveis, mas parece que, no momento, os cristãos não católicos perfazem 10% da população latino-americana; além disso, dizem-se protestantes cerca de 18% da população do Brasil e uns 25% no Chile e na Guatemala. Nesse último país, a proporção

---

29. Jorge V. Pixley, Êxodo. São Paulo: Edições Paulinas, 1987, p. 6 (com Clodovis Boff), A opção pelos pobres. Petrópolis: Vozes, 1986.

protestante da população parece haver crescido quase sete vezes. A vasta maioria desses fiéis protestantes (talvez uns três quartos deles) são evangélicos e/ou pentecostais. É claro que todos esses dados são questionáveis, tanto pela tendência das instituições missionárias evangélicas de inflarem seus números, como pela qualidade de "porta giratória" de muitas congregações, cujos membros passam facilmente de uma Igreja (confissão) para outra[30].

Igrejas evangélicas ou pentecostais – tais como as Assembleias de Deus, a Igreja de Deus, a Igreja da Palavra etc. – se distinguem das protestantes tradicionais por seu fundamentalismo (uma leitura da Bíblia dita "literal"), por sua insistência quase que exclusiva na salvação pessoal (o indivíduo que "renasce"), por práticas mágicas tais como "curas pela fé" e pelo uso intensivo dos meios de comunicação mais avançados ("tele-evangelismo").

Os evangélicos não são politicamente homogêneos; desse ponto de vista eles podem ser representados (segundo uma imagem bastante útil sugerida por David Stoll) como uma série de círculos concêntricos: no centro, igrejas ou agências missionárias que pertencem à Direita religiosa, normalmente associadas a alguma instituição norte-americana (ex.: a Rede Radiofônica Cristã de Pat Robertson) e com frequência a favor da política norte-americana para a América Latina (por exemplo, a guerra dos contras na Nicarágua). Os outros círculos concêntricos também são conservadores, mas, à medida que vão se afastando do centro, vão ficando cada vez menos explicitamente políticos; só no último círculo poderemos encontrar grupos que provavelmente se oporão à Direita religiosa, como, por exemplo, os Menonitas[31].

A cultura política/religiosa conservadora predominante na maioria das Igrejas evangélicas normalmente as transforma em defensoras pas-

---
30. Veja David Stoll, *Is Latin American Turning Protestant? The Politics of. Evangelical Growth*. Berkeley: University of California Press, 1990, p. xiv, 6, 8, 9, 101, 125. Essa pesquisa valiosa – um exemplo de jornalismo investigativo de primeira categoria – uma das fontes principais desta seção.
31. Stoll, p. 156-157. Os "cinco círculos concêntricos" de Stoll se referem ao movimento missionário mas creio que são úteis também para entender o espectro político de todo o movimento evangélico.

sivas ou ardentes do status quo, e muitas vezes até de ditaduras militares sinistras, tais como as do Brasil, do Chile e da Guatemala. No nordeste brasileiro, em 1974, líderes da Assembleia de Deus encorajavam seus membros a votar pelos candidatos do regime militar; e, no Chile, um ano após o sangrento golpe militar do general Pinochet contra o governo democraticamente eleito de Salvador Allende (1973), os líderes de trinta e duas Igrejas, em sua maioria pentecostais, declararam que esse ato tinha sido "a resposta divina às orações de todos os fiéis que reconheciam que o marxismo era a expressão de um poder satânico de escuridão... Nós, os evangélicos, reconhecemos como autoridade máxima de nosso país a junta militar, que, em resposta a nossas orações, nos livrou do marxismo"[32].

Muitos latino-americanos, sobretudo os católicos esquerdistas e progressistas, consideram a "invasão das seitas protestantes" como uma conspiração organizada pelos Estados Unidos contra a Teologia da Libertação e, mais geralmente, contra todos os movimentos sociais pela emancipação dos pobres. Na verdade, existem bastantes missões evangélicas norte-americanas cujo comportamento corresponde em grande parte a essa (evidentemente unilateral) descrição, na medida em que, de uma maneira geral, identificam sua intervenção religiosa na América Latina com os interesses da política externa dos Estados Unidos. Considerando os Estados Unidos um baluarte de santidade e uma nação missionária, alguns evangélicos estavam dispostos a se colocarem a serviço dos objetivos geopolíticos do governo de Reagan na América Central. O exemplo mais óbvio foi a participação notória de evangélicos nos esforços do coronel Oliver North para organizar apoio político e militar para os contras na guerra civil da Nicarágua.

Após a decisão do Congresso norte-americano de suspender a ajuda aos contras – dado seu recorde insatisfatório em termos de direitos

---

32. Veja Stephen Glazier (org.), *Perspectives on Pentecostalism: Case Studies from the Caribbeun and Latin America*. Washington, DC: University Press of America; Christian Lalive d'Epinay, "Political Regimes and Millenarianism in a Dependent Society: Reflections on Pentecostalism" in: *Concilium*, nº 161, Nova Iorque, 1983, p. 42-54; e Stoll, p. 111-112.

humanos (destruição de clínicas e escolas, assassinato de civis, estupro de mulheres etc.), o coronel North começou a recrutar evangélicos "anticomunistas" (com a benção da Casa Branca) para uma "rede de apoio privado" às forças contrarrevolucionarias nicaraguenses. Entre os participantes entusiásticos dessa campanha, que forneceu recursos e apoio político/religioso aos contras, podemos encontrar a Rede Radiofônica Cristã de Pat Robertson, que organizou uma "Operação-Benção" gastando cerca de dois milhões de dólares por ano (o conhecido televangelista foi pessoalmente a Honduras para passar as tropas *contras* em revista); Os Amigos das Américas, que receberam uma distinção humanitária do presidente Reagan em 1985; a Cruzada Evangélica, a Equipe de Ajuda Emergencial Cristã, as Missões *Trans World*, e outros grupos da Direita religiosa, a maioria dos quais convidados, coordenados e instruídos pelo coronel North.[33]

Não se pode afastar a possibilidade de que homens como Oliver North estejam orquestrando o evangelismo em outras regiões: alguns grupos na América Central parecem ter relações oficiais com as embaixadas dos Estados Unidos, através de mecanismos tais como recursos da USAID para associações voluntarias privadas[34]. Mas esse padrão tem mais relevância no caso da América Central do que dos países do Cone Sul, Como o Brasil ou o Equador.

De qualquer forma, essa "teoria da conspiração" é, em grande parte, insuficiente; mais que tudo, ela não explica por que o protestantismo

---

33. Tom Barry, Deb Preusch e Beth Sims, *The New Right Humanitarians*. Albuquerque: The Resource Center, p. 14-30. Segundo Deborah Huntington e Enrique Dominguez, esses grupos evangélicos tentaram dissuadir centro-americanos de participarem de movimentos por mudança social, dando-lhes esperança de uma alternativa espiritual para a ação política. Também garantiram aos norte-americanos que apoiavam os movimentos que a versão do governo de Reagan sobre os eventos estava correta e atacavam seus críticos dizendo que eram simpatizantes comunistas ("The Salvation Brokers: Conservative Evangelicals in Central America", NACLA Report on the Americas 18 (1) 1984). David Stoll comenta: "Eram, na verdade, fãs da intervenção militar norte-americana. Para apoiar os contras nicaraguenses, trabalhavam muito próximos a organizações repletas de antigos oficiais das forças armadas e da intelligentsia. Ao entrar para a guerra dos contra, pareciam estar determinados a confirmar Os temores de que as missões norte-americanas eram frentes da CIA" (p. 139).
34. Stoll. p. 326-327. O comentário de Stoll é muito esclarecedor: "Para os que desconfiaram do crescimento evangélico e o temem, Oliver North e seus amigos confirmaram a impressão de que ele é resultado de um planejamento estratégico norte-americano. Que o evangelismo é um conto de vigário espiritual, para atrair latino-americanos com dólares, que trabalha em íntima associação com a estrutura de poder local e segue as ordens de Washington. Essa é a teoria da conspiração que explica o crescimento evangélico na América Latina... Não era esse o quadro que eu queria pintar quando comecei esse livro; É a mitologia popular que eu queria negar, não afirmar. No entanto, Oliver North e seus evangelistas fizeram esse grande desserviço para seus irmãos: mostraram que é verdade".

evangélico tem tido tanto sucesso em conquistar um número tão extenso de seguidores na população de vários países latino-americanos. Poderíamos, é claro, argumentar que dólares norte-americanos, investidos maciçamente pelas agências missionarias evangélicas, foram os meios que garantiram resultados tão extraordinários. Esse argumento está longe de ser irrelevante: muitas instituições evangélicas norte-americanas ricas praticam o chamado "cristianismo do prato de arroz" e tentam comprar a lealdade dos pobres fornecendo recursos imensos para caridade, projetos de desenvolvimento, construção de igrejas, ajuda em desastres etc. Graças a seu poder financeiro superior, agencias evangélicas tais como a *World Vision* são capazes de prejudicar o paciente trabalho de organização comunitária relacionado com as comunidades de base católicas. Tentando explicar o incrível impacto da *World Vision* entre as comunidades indígenas quíchua, no Equador, Ana Maria Guacho, líder do Movimento Índio Chimborazo (fundado com o apoio de monsenhor Proano, o "Bispo dos índios", conhecido por seu compromisso progressista) argumentou: "Não é fácil organizar as pessoas quando a *World Vision* oferece dinheiro e nos só oferecemos conscientização"[35].

    No entanto, esse tipo de explicação é demasiado parcial e unilateral para fornecer um quadro genuíno do crescimento evangélico na América Latina, um fenômeno demasiado amplo e complexo para ser entendido unicamente em termos de uma "invasão" missionária financiada pelos Estados Unidos (embora essa claramente exista). Na verdade, desde a década de 1980, as Igrejas evangélicas latino-americanas e mesmo as da América Central se tornaram cada vez mais autônomas em relação ao protestantismo norte-americano. Recrutando fieis entre as classes medias e as elites, os evangélicos conseguiram construir sua própria base financeira. E, em muitos casos, sobretudo no Cone Sul, surgiram novas Igrejas evangélicas locais, com seus próprios "profetas" e gurus, e sem quaisquer laços com as denominações americanas principais.

---

35. Stoll, p. 293.

Não existe nenhuma explicação única ou simples para esse fenômeno: vários aspectos, sociais, políticos, culturais e (claramente) religiosos devem ser levados em consideração (além dos já mencionados acima) para que seja possível explicar a incrível expansão das Igrejas evangélicas e pentecostais em muitos dos principais países ao sul do Rio Grande.

Um fator importante, que certamente desempenhou um papel no ritmo surpreendente das conversões em países tais como a Guatemala e El Salvador, é o fato de que as Igrejas evangélicas se tomaram um refúgio onde proteger-se da violência governamental. O envolvimento inequívoco de muitas comunidades de base, irmãs, ordens religiosas e até mesmo bispos católicos, com as lutas dos pobres nesses dois países provocou retaliações brutais e maciças por parte do Exercito e das forcas paramilitares (esquadrões da morte) contra a Igreja Católica e seus membros: ser católico, em algumas áreas da América Central, é quase tão perigoso quanto ser considerado um simpatizante das guerrilhas revolucionárias. E nesse contexto que muitos indivíduos e mesmo comunidades inteiras entraram para as Igrejas evangélicas, sabidamente "apolíticas" e/ou partidárias dos militares e de suas políticas e contra-insurreições (que, e claro, não são consideradas pelas autoridades como sendo "políticas"). Nesse caso, o protestantismo evangélico tornou-se uma estrategia de sobrevivência para pessoas ameaçadas que tentam se proteger da violência do Estado.

Embora em alguns casos isso fosse apenas um gesto "utilitário", em outros correspondeu a um sentimento de fracasso – principalmente na Guatemala, onde o movimento revolucionário sofreu várias derrotas durante os anos 1980 – e a mudanças na consciência popular. Mais geralmente, poderíamos dizer que os evangélicos conservadores atraem uma certa cultura popular tradicional de resignação, fatalismo e aceitação da ordem dada das coisas, uma tradição contra a qual a Teologia da Libertação tentou lutar em suas atividades comunitárias de "conscientização". Depois de uma séria derrota, e face ao terror militar, o antigo sentimento de que "as coisas não mudam nunca" pode uma vez mais predominar em setores significativos da população, alguns dos quais se afastam da Igreja Católica e são atraídos para a proposta evangélica de melhoria pessoal, "entregando-se a Cristo" – e à segurança de Igrejas consideradas respeitáveis e sagradas pelas autoridades no poder[36].

O apelo do crescimento pessoal é, por si só, um motivo importante nos conversões ao evangelismo. Não há dúvida de que um certo tipo de ética puritana pode ter consequências praticas na vida cotidiana das famílias pobres: ao proibir bebida, drogas, o jogo e sexo com prostitutas, indivíduos do sexo masculino que "renasceram" podem melhorar sua condição econômica, sua saúde e o relacionamento com sua esposa e filhos de forma significativa. Não é de surpreender, portanto, que muitas mulheres pobres promovam ativamente as conversões evangélicas, que levam consigo a promessa de uma mudança no comportamento boêmio de seus companheiros.

Ao mesmo tempo, ao aconselhar latino-americanos que se concentrem em melhorar a si próprios através de uma nova conduta moral, e não através de mudanças estruturais, as Igrejas evangélicas estão também desencorajando a ação coletiva e promovendo estratégias individuais de mobilidade ascendente. Esse tipo de "ética protestante", sem dúvida, tem uma forte afinidade com o "espírito capitalista" de competição individual e acumulação privada. Segundo o pregador argentino Luis Palau, uma das figural mais importantes no evangelismo Latino-americano, "se pudéssemos eliminar a infidelidade e a imoralidade na América Latina, poderíamos diminuir a pobreza pela metade em uma geração… A enorme classe média que hoje surge no protestantismo latino-americano foi convertida quando ainda era pobre e ascendeu através do trabalho, da honestidade e da justiça até o estilo de vida

---

36. Um evangélico que vive em El Salvador escreveu o seguinte comentário a David Stoll: a maioria dos evangélicos salvadorenhos são camponeses e cidadãos urbanos pobres e a maioria deles provavelmente se descreveria como apolítico… o motivo político principal que faz que os pobres procurem o evangelicalismo não é o anticomunismo e sim a segurança". O evangelismo também é uma atração para as classes mais altas nesses países entre as elites econômicas e as famílias militares, que são atraídas por uma espiritualidade que não crítica a estrutura social da qual se beneficiam e os absolve da responsabilidade por essa estrutura. Veja Stoll, p. 167-170.

razoável a que comumente chamamos de classe média. Acho que essa é a resposta bíblica".[37]

Até que ponto a tese weberiana é relevante para o protestantismo Latino-americano? Na pratica, o evangelismo pode favorecer a adoção de um *ethos* capitalista de autopromoção individual – e, com isso, encorajar o apoio à forças políticas que tenham um compromisso com esse *ethos*. O sociólogo chileno Claudio Veliz sugere em seu novo livro *The New World of the Gothic Fox* que as conversões têm algumas semelhanças com os "cultos de carga"[38]: ao aderir ao protestantismo evangélico, as pessoas passam a fazer parte de uma religião que parece estar intimamente ligada a cultura do capitalismo industrial, uma cultura capaz de trazer uma vida boa e próspera, "e também produzir bens de consumo e artefatos culturais atraentes"[39]. No entanto, esperar que esse tipo de religião, por si só, vá estimular o desenvolvimento capitalista na América Latina é uma grande ilusão baseada em uma leitura equivocada do próprio Weber, que nunca argumentou que o calvinismo tivesse sido "a causa" para a ascensão do capitalismo, e apenas apontou para a "afinidade eletiva" entre os dois.[40] A vasta maioria dos pobres que se convertem as denominações pentecostalistas tem poucas possibilidades de mobilidade ascendente e ainda menos chances de se tornarem capitalistas nas economias latino--americanas, recessivas e cheias de dívidas, onde a riqueza é cuidadosamente monopolizada por uma pequena elite. De qualquer forma, até hoje, ninguém foi capaz de encontrar qualquer manifestação especifica de progresso capitalista nas áreas de maior influência evangélica[41].

Vários observadores descobriram que as populações desarraigadas, expulsas de seu ambiente tradicional, seja por fatores econômicos (agroin-

---

37. Stoll, p. 2-3.
38. Cargo cults: originalmente nas Ilhas do Pacifico, seitas que acreditam na vinda futura de benfeitores supranaturais que possivelmente trariam carregamentos de bens, daí seu nome. (N.T.).
39. Citado em Richard Gott, "The Latin Conversion", *The Guardian Weekly*, 10 jun.1995, p. 27.
40. Veja J Michael Lowy, "Weber against Marx?", in: *On Changing the World: Essays in political Philosophy from Karl Marx to Walter Benjamin*. Atlantic Highlands, NJ: Humanities Press, 1993.
41. Para uma crítica desse "falso otimismo weberiano" de uma perspectiva neoliberal, veja Timothy Goldmann, "Latin America's Reformation", T*he American Enterprise*, jul.-ago. 1991.

dustrializacdo) ou por contra-rebeliões são particularmente receptivas ao proselitismo evangélico. A rede de segurança das pequenas comunidades eclesiásticas, baseadas em fortes laços emocionais, é certamente uma das razões para a atração exercida pelo pentecostalismo principalmente se não houver comunidades de base católicas disponíveis na área.

A maior parte das razões para a ascensão extraordinária do evangelismo na América Latina que mencionamos até agora, são mais ou menos "racionais", se não utilitárias. Existe, no entanto, um núcleo não--racional irredutível em muitas das conversões, relacionado com rituais mágicos tais como curas de fé, milagres e exorcismos, todos praticados em abundância pela maioria das seitas pentecostalistas. Nesse sentido, o protestantismo evangélico, ao contrário do protestantismo histórico, não é uma forma de modernização e sim um deslocamento da religião popular latino-americana. Segundo o sociólogo Luis Samandu:

> As crenças pentecostais possibilitam a livre expressão do mundo popular religioso habitado por demônios, espíritos, revelações e curas divinas... de tal maneira que os fiéis reconhecem, no pentecostalismo, 'sua' religião, com raízes profundas na cultura popular, há muito desacreditada como superstição pelas classes sofisticadas e de melhor nível educacional. [42]

Não há dúvida de que a impossibilidade de acesso por parte da população pobre aos serviços médicos modernos, faz surgir as tentativas desesperadas de buscar consolo em curas milagrosas. Em termos mais gerais, as catástrofes da modernidade nos centros urbanos latino-americanos são um ambiente favorável para o florescimento de crenças mágicas:

E por isso que a ruptura social causada pelo desenvolvimento capitalista quase que certamente irá multiplicar os maus espíritos, e que a

---

42. Veja Jean-Pierre Bastian, "The Metamorphosis of Latin American Protestant Group: A Socio-Historical Perspective", *LARR*, vol. 28, no 2993, p. 35; e Luis E. Samandu, "El Pentecostalismo en Nicaragua y sus raices religiosas populares", *Pasos* (San Jose, Costa Rica) n° 17, mai.-jun. 1988, p. 8.

marcha do "progresso" nos últimos séculos conseguiu, se é que conseguiu alguma coisa, aumentar a demanda por exorcismos.[43]

Como vimos, a maior parte das denominações evangélicas é ou "apolítica" – um termo que na verdade descreve uma posição que apoia o *status quo* – ou extremamente conservadora. Os países onde tiveram o crescimento mais extraordinário foi também naquele onde, durante algum tempo, os neopentecostalistas partilhavam diretamente do exercício do poder político: a Guatemala. O estudo desse caso é uma ilustração interessante embora extrema – da "política evangélica".

O crescimento do pentecostalismo na Guatemala, durante os anos 1970, foi paralelo ao aumento da repressão contra a esquerda e contra o catolicismo por parte dos militares, que consideravam todas as freiras, padres, ordens religiosas, membros das comunidades de base e organizadores leigos como "subversivos" e partidários da guerrilha. Os assassinatos de católicos pelas forças militares e paramilitares aumentaram tanto que, já em 1980, o bispo de El Quiche (uma das áreas de conflito principais) tomou a decisão inédita de retirar-se da diocese com todos seus padres e irmãs. A Anistia Internacional publicou um documento em janeiro de 1981 sob o título: "Um Programa Governamental de Assassinato"[44].

Depois do terremoto de 1976, as Igrejas evangélicas norte-americanas começaram a desempenhar um papel proeminente no país:

> O método de ajuda desenvolvido durante a época da catástrofe natural permitiu que alguns grupos protestantes controlassem vastas quantidades de dinheiro e de recursos materiais... e que mobilizassem a religião popular protestante para os interesses dominantes dos militares e dos grupos que se beneficiavam com a ordem e a estabilidade'[45].

---

43. Stoll, p. 112.
44. Uma apresentação detalhada desses eventos pode ser encontrada em Philip Berryman, *The Religious Roots of Rebellion: Christians in Central American Revolutions*. Nova Iorque (Maryknoll): Orbis, 1984, cap. 6, "The Color of Blood Is Never Forgotten", bem como no depoimento emocionante de Rigoberta Menchù, I, Rigoberta Menchù: *An Indian Woman in Guatemala*. Londres: Verso, 1984.
45. Edward L. Cleary, "Evangelicals and Competition in Guatemala", in: Edward Cleary .e Hannah Stewart-Gambino (orgs.), *Conflict and Competition: The Latin American Church in a Changing Environment*. Boulder, CO: Lynne Rienner Publishers, 1992, p. 188.

Elos muito fortes começaram, então, a se desenvolver entre o Exército e os pentecostais, que compartilhavam sentimentos anticomunistas e anticatólicos: por exemplo, somente eles (e suas ONGs) tinham permissão para entrar nas "aldeias estratégicas" onde os militares reagrupavam comunidades índias saídas das zonas de conflito. Expulsas à força de suas terras, desligadas de seu contexto histórico e cultural, aterrorizadas pelos militares, essas populações se tornaram vulneráveis as campanhas agressivas de proselitismo dos evangélicos[46]. Clifford Kraus, correspondente para o *Wall Street Journal*, resumiu a situação com grande propriedade: "O cristianismo evangélico tornou-se um elemento essencial da contra-rebelião – e o Exército ajudou a construir igrejas para os sobreviventes"[47].

Um grau ainda major de fraternidade entre o Exército guatemalteco e os evangélicos foi alcançado quando o general Ríos Montt, um membro "renascido" da Igreja da Palavra, subiu ao poder, graças ao golpe militar de março de 1982. A Igreja da Palavra era a filial guatemalteca de um ministério da Califórnia, a Gospel Outreach, e tinha entrado no país como consequência do terremoto de 1976. Os primeiros recrutas vieram das classes altas, onde muitos estavam extremamente insatisfeitos com as escolhas sociais e políticas da Igreja Católica e buscavam alguma nova denominação.

Ríos Montt explicou à população que ele chegou presidência "não graças as balas, botas ou votos" e sim graças ao próprio Senhor; em seus sermões e pregações bíblicas frequentes, ele comemorava o fato de a Guatemala haver-se tornado "a Nova Jerusalém das Américas": "Obrigado, irmãos, por dizerem ao mundo: A Guatemala está a favor de Cristo; obrigado, irmãos, por dizerem ao mundo que aqui é o Senhor dos Senhores que comanda". Em eco perfeito, os pastores da Igreja da Palavra

---

46. Veja os excelentes ensaios por Jesus Garcia Ruiz, "L'etat, le religieux et le controle de la population indigene au Guatemala", *Revue françoise de science politique*, vol. 38, n. 5, outubro 1988; e "Un essai de controle des consciences dans un contexte de guerre civile: militaires et population indienne an Guatemala", in: Francois Hazel (org.), *Action collective et mouvements sociaux*. Paris: Presses Universitaires de France, 1993.
47. Clifford Kraus, *Inside Central America: Its People, Politics and History*. Nova Torque: Summit Rooks, 1991, p. 41.

explicavam a seus rebanhos: "Hoje existem no mundo só dois governos cristãos: o dos Estados Unidos e o da Guatemala. Não é papel dos fieis intervirem com as coisas de justiça ou mudarem a ordem estabelecida. Tudo isso é tarefa do governo; e graças a Deus, o governo está nas mãos de Deus"[48].

Na prática, sob Ríos Montt (março 1982-agosto 1983), as atrocidades militares tornaram-se ainda piores que nos anos anteriores: aldeias inteiras foram devastadas e milhares de homens, mulheres e crianças foram mortos em massacres horríveis. Segundo um relatório da Comissão Guatemalteca de Direitos Humanos (CDHG), 14.934 pessoas foram mortas em execuções extrajudiciais coletivas entre 1981 e 1985, das quais 78% em 1982. Os sobreviventes foram internados em fundações de caridade evangélicas diretamente relacionadas com os militares e com Ríos Montt, sob a coordenação de figuras como Harris Whitbeck, um missionário norte-americano que prestava consultorias à Igreja da Palavra e que, ao mesmo tempo, era engenheiro especializado em construções militares e técnicas contrarrevolucionarias e atuando como representante pessoal de Ríos Montt. As contribuições vindas dos Estados Unidos eram encorajadas por Pat Robertson, Bill Bright do *campus* Cruzada por Cristo e Jerry Falwell da *Moral Majority*, e organizadas pela *Gospel Outreach* sob o sugestivo nome de "International Love Lift" (elevador/elevação do amor internacional)[49].

Os presbíteros da Igreja da Palavra atuavam como consultores de Ríos Montt e ajudavam a dar legitimidade moral e religiosa a suas políticas. Quando confrontados com provas de assassinatos de comunidades indígenas inteiras, eles ou as rejeitavam como sendo "campanhas difamatórias" ou as justificavam com a necessidade de eliminar a "subver-

---

48. Sermão da Igreja da Palavra, Cidade de Guatemala, abril de 1983. Citado em Jesus Garcia Ruiz, "Le religieux comme lieu de pnetration politique et ideologique au Guatemala", *Révue française d'etudes americaines*, nº 24-25, mai. 1985, p. 268-269.
49. Comisión de derechos humanos de Guatemala, *Ejecuciones masivas extrajudiciales 1981-1985*. México, 1988, mimeo. Veja também Jesus Garcia Ruiz, "Un essai de controle des consciences...", p. 138-139; e Stoll, p. 191-192.

são". Por exemplo, segundo o presbítero da Igreja da Palavra, Francisco Bianchi, que era secretário de imprensa de Ríos Montt:

> As guerrilhas conseguiram muitos colaboradores entre os índios. Portanto, os índios eram subversivos. E como é que combatemos a subversão? Obviamente, é preciso matar índios porque estão colaborando com a subversão. E então iriam dizer que estamos matando pessoas inocentes. Mas eles não eram inocentes. Eles se tinham vendido à subversão.[50]

A revolta internacional contra as maciças violações de direitos humanos e as inclinações teocráticas do ditador "renascido" fizeram de Ríos Montt um fardo para a elite dominante da Guatemala: em agosto de 1983 ele foi finalmente expulso da presidência pelos próprios militares. Embora reconhecendo que esse é um caso excepcional, sem dúvida ele revela o tipo de política que alguns evangélicos estavam dispostos a implementar, se lhes fosse dada a oportunidade.

Por outro lado, e preciso deixar bem claro que também havia entre os evangélicos, uma minoria progressista que deve ser levada em consideração. Existiram esforços, por exemplo, para desenvolver uma orientação teológica e pastoral relativamente progressista uma espécie de "terceira via", diferente tanto do fundamentalismo conservador como da Teologia da Libertação – entre algumas instituições evangélicas, tais como a Fraternidade Teológica Latino-Americana (Orlando Costas de Porto Rico e Rene Padilla do Equador). Ao contrário dos fundamentalistas, eles desejavam a "contextualização", ou seja, uma abordagem da Bíblia que fosse além do literalismo dos evangelistas norte-americanos, que tentasse interpretar as Escrituras dentro de um contexto latino-americano. Outra tentativa, talvez mais radical, ocorreu no Seminário Bíblico Latino-Americano em San Jose, Costa Rica, que se tornou, segundo os

---
50. Citado em Stoll, p. 204.

conservadores, um antro da Teologia da Libertação durante os últimos anos da década de 1970. Quando o seminário se recusou a implementar um expurgo, a Missão – evangélica – latino-Americana retirou sua aprovação, e vinte e cinco pastores ligados à instituição proscrita foram expulsos da Associação de Igrejas Bíblicas de Costa Rica.[51]

Existiram também alguns exemplos interessantes de envolvimento evangélico com os movimentos sociais progressistas. Um dos mais conhecidos é o do Comitê Evangélico Nicaraguense para Ajuda e Desenvolvimento (CEPAD), que ajudou a FSLN durante a insurreição de 1978-79. Em outubro de 1979, após a vitória dos Sandinistas, o CEPAD financiou uma reunião de quinhentos pastores que declararam seu apoio ao processo revolucionário.

No entanto, o caso mais importante é o Brasil, que hoje tem a segunda major comunidade evangélica do mundo (depois dos Estados Unidos). No começo da década de 1960 alguns pentecostais brasileiros já estavam participando ativamente embora sem o apoio de suas Igrejas – do desenvolvimento das Ligas Camponesas, dirigidas pelo advogado socialista Francisco Julião, e os Sindicatos Camponeses, dirigidos pelo antigo pastor pentecostal Manuel da Conceição. Em um comentário retrospectivo, Francisco Julião observou que os evangélicos, sempre citando o profeta Isaias, estavam entre os militantes mais radicais das Ligas[52]. E, mais recentemente, vários pentecostalistas entraram para o Partido dos Trabalhadores (PT), inclusive figuras bem conhecidas como Benedita da Silva, uma mulher negra que, tendo nascido em uma favela, em 1993 foi a candidata do partido ao governo do Rio de Janeiro e quase ganhou as eleições.

Embora a maioria dos evangélicos brasileiros tivessem votado pelo candidato conservador/populista Collor de Melo nas eleições presi-

---

51. Veja ibid., p. 131-132, 170-178.
52. Sobre os pentecostais nas Ligas Camponesas brasileiras, veja Francisco Cartaxo Rolim, *Pentecostais no Brasil. Uma interpretacao socio-religiosa*. Petropolis: Vozes, 1985; Regina Reyes Novaes, *Os escolhidos de Deus. Pentecostais, trabalhadores e cidadania*. Rio de Janeiro: Marco Zero/ISER, 1985.

denciais de 1989, um movimento evangélico de apoio a Lula, o candidato do PT, chegou a ser formado sob a liderança de Robinson Cavalcanti. Um ano mais tarde, Cavalcanti ajudou a fundar um Movimento Evangélico Progressista, descrito por um de seus líderes, Paul Freston, nos seguintes termos: "O chamamos de Movimento porque é uma associação informal e suprapartidária. Evangélico porque é conservador e ortodoxo em sua teologia, reafirmando a autoridade da Bíblia e a importância da evangelização, da conversão e da oração. E progressista porque tem um compromisso com a mudança social"[53].

Os evangélicos progressistas brasileiros se recusam a ser identificados com a Teologia da Libertação e com o catolicismo de esquerda: desinteressados do ecumenismo, eles desenvolvem sua própria teologia evangélica, o "cristianismo integral" baseado em uma visão estritamente bíblica do mundo e dos seres humanos. Sua influência é difícil de avaliar, mas parecem ter um público crescente, o que pode ter alguma relação com as crises provocadas pelos vários escândalos de corrupção envolvendo parlamentares importantes que são também evangélicos conservadores. Em 1994, uma vez mais, eles estimularam os evangélicos a votarem em Lula, pedindo também ao candidato dos trabalhadores que levasse em conta as posições pentecostais (um tanto conservadoras) contra o homossexualismo e o aborto, e a favor da educação religiosa nas escolas públicas[54].

Qual será o futuro provável do evangelismo latino-americano? Como sugeriu Cartaxo Rolim com relação ao pentecostalismo brasileiro, será possível que, através de certas formas de pratica social, surja uma compreensão das contradições sociais entre os crentes? Ou que a constituição social dos evangélicos principalmente as camadas mais

---

53. Paul Freston, "A transformação política da comunidade evangélica ou (quase) tudo o que evangélicos e partidos progressistas precisam saber sobre o movimento evangélico progressista", *Vespera*, 21 nov.1993.
54. Paul Freston, "Os trabalhadores e os evangélicos", Teoria e Debate n° 25, ago. 1994, p. 23-26. Veja também Boletim do MEP n° 1, dez. 1993. A teologia evangélica progressista foi elaborada em livros por Robinson Cavalcanti, *A utopia possível: em busca de um cristianismo integral*. Sao Paulo: Editora Ultimato, 1993; Paul Freston, *Fé bíblica e crise brasileira*. São Paulo: ABU, 1993.

pobres da população – irá, mais cedo ou mais tarde, forçá-los a confrontar-se com a mudança social? Embora considere o futuro do protestantismo evangélico na América Latina uma proposta em aberto, David Stoll conclui seu estudo com uma avaliação bastante sóbria: o cenário mais provável é que "não conseguirão ser uma força importante em defesa da mudança social".[55]

---

[55]. Cartaxo Rolim, p. 259; Stoll, p. 331. Em um estudo antropológico recente sobre o Brasil, John Burdick nos oferece uma análise interessante da atração que os pentecostalistas exercem sobre as camadas mais pobres da população. Mas sua hipótese é demasiado otimista de que o pentecostalismo, "a longo prazo, tem o mesmo potencial que o catolicismo da libertação para se transformar em uma religião ou em uma revolução" (*Looking for God in Brasil. The Progressive Catholic Church in Urban Brazil's Religious*. Arena, Berkeley: University of Califomia Press, 1993 , p. 226) não é compartilhada pela maioria dos analistas recentes desse movimento religioso que, ao contrário, enfatizam seu caráter conservador, autoritário e manipulador. Veja, por exemplo, Andre Corten, *Le Pentecotisme au Bresil. Emotion du paulvre et romantisme theologique*. Paris: Karthala, 1995, e Jean-Pierre Bastian, *Le Protestantisme en Amerique Latine. Une approche socio-historique*. Genebra: Labor et Fides, 1994.

Conclusão: terá acabado a Teologia da Libertação?

Frente à contraofensiva conservadora do Vaticano no pontificado de João Paulo II, o crescimento extraordinário das Igrejas evangélicas e o "fim do socialismo" no Leste Europeu, haverá terminado a Teologia da Libertação? Haverá se tornado um episódio do passado? Terá perdido seu significado social e cultural? De acordo com muitos observadores, estudiosos, sociólogos, e jornalistas, a resposta é "sim". Até que ponto esses obituários são justificados?

Não há dúvida de que o Cristianismo da Libertação foi afetado pelo sucesso extraordinário do ramo conservador do evangelismo entre os pobres latino-americanos. Em alguns lugares, como na Guatemala, as igrejas evangélicas foram capazes de converter muitos dos antigos membros das comunidades de base, enquanto que, em outros países, o impacto principal das novas Igrejas parece ter sido entre as camadas sociais não organizadas e nas áreas em que as comunidades de base estavam ausentes. Embora existam algumas exceções, pareceria que os evangélicos são capazes de expandir-se sobretudo nas paróquias tradicionais católicas, cuja falta de flexibilidade e vida comunitária insatisfatória as faz vulneráveis aos novos concorrentes nesse "mercado religioso". De qualquer maneira, esse crescimento constitui um sério desafio à tentativa dos partidários da libertação – sejam eles católicos ou protestantes – de promover uma cultura de emancipação popular, na medida em que uma parte importante de sua clientela parece estar escolhendo uma forma de religião tradicionalista e não compromissada.

É verdade, também, que o novo contexto político internacional e latino-americano dos anos 1990 não favoreceu aos cristãos radicais. O desaparecimento do chamado "socialismo realmente existente" na União Soviética e no Leste Europeu gerou uma crise séria na esquerda latino-americana. Essa crise não afetou os partidários da Teologia da Libertação tanto quanto a certas correntes da esquerda cuja identidade política e ideológica estava totalmente dependente do modelo soviético: como seu compromisso era com os pobres, e não com qualquer sistema de Estados, os teólogos da libertação ficaram menos desorientados e menos vulneráveis que muitos outros progressistas. No entanto, a derrota eleitoral da FSLN nas eleições de 1990 na Nicarágua foi um golpe terrível, porque a Revolução Sandinista tinha se tornado um poderoso exemplo que inspirou toda uma geração de militantes cristãos.

Considerando essas dificuldades e, acima de tudo, a hostilidade sistemática do Vaticano (sobre a qual falaremos em maior detalhe mais tarde), não seria possível chegar à conclusão, como já aconteceu muitas vezes, sobretudo desde 1989-90, que a Teologia da Libertação está destinada a desaparecer – ou que já perdeu seu apoio popular?

Embora o declínio do movimento seja uma possibilidade clara, o prognóstico de morte é, no mínimo, demasiado apressado. Como argumentou recentemente o cientista político Daniel Levine, um dos melhores especialistas norte-americanos em religião e política na América Latina:

> Obituários da Teologia da Libertação existem em quantidade... Mas tais obituários são prematuros. Eles fazem uma leitura errônea da situação atual, e refletem uma falta de compreensão do que significou e ainda significa a Teologia da Libertação. A própria Teologia da Libertação é retratada

em termos estáticos, e seu "sucesso ou fracasso" é associado intimamente com o destino, a curto prazo, de movimentos ou regimes. Mas a Teologia da Libertação é qualquer coisa, menos estática: tanto suas ideias como a expressão delas em grupos e movimentos evoluíram substancialmente com o passar dos anos. De qualquer forma, é um erro confundir a Teologia da Libertação com a própria libertação. Isso distorce o verdadeiro significado da mudança religiosa e política na América Latina e dificulta o entendimento do legado que essas mudanças provavelmente deixarão.[56]

A primeira evidência que podemos observar é que, como movimento cultural e um corpo de pensadores engajados, a Teologia da Libertação está viva e indo muito bem. Muito poucos teólogos importantes na América Latina renegaram suas ideias anteriores ou aceitaram a crítica que Roma fez dessas ideias. Leonardo Boff deixou sua ordem religiosa, voltando para uma situação laica, mas o fez para ter maior liberdade de expressão e para continuar sua luta em melhores condições. Existem, é claro, diferenças significativas entre os vários teólogos – em particular, como vimos acima, entre aqueles que consideram importante lutar pela democracia na Igreja (Leonardo Boff) e aqueles que deixam de lado os problemas eclesiásticos internos a fim de se concentrar na ação social (Gustavo Gutiérrez) – mas todos eles compartilham um compromisso básico com a luta dos pobres pela auto-emancipação.

É verdade que houve uma evolução e que novas questões e problemas, novas formas de abordar a realidade social e religiosa no continente apareceram em seus escritos. Assim é que hoje, por exemplo, muitos desses textos dão uma atenção muito maior à espiritualidade e à religião popular. O conceito de "pobre foi ampliado, para incluir não só as vítimas do sistema econômico, mas também os oprimidos devido a sua cultura ou origem étnica – índios e negros. A situação específica das

---

56. Daniel Levine, "On Premature Reports of the Death of Liberation Theology", *The Reviw of Potitics*, vol. 57, n° 1, inverno 1995, p. 105-106.

mulheres, oprimidas duplamente nas sociedades patriarcais latino-americanas, também vem sendo cada vez mais levada em consideração. Outros – tais como Hugo Assmann, Enrique Dussel, Franz Hinkelammert, Pablo Richard, Jung Mo Sung – desenvolveram, como vimos acima, um novo relacionamento com o marxismo, usando a teoria do fetichismo de mercadorias em sua crítica do capitalismo como uma falsa religião. Essa luta contra a idolatria do mercado, concebida pela Teologia da Libertação como uma "luta de deuses" entre o Deus da Vida Cristão e os novos ídolos da morte, é, até o momento, a expressão mais radical e sistemática do *ethos* católico anticapitalista[57].

A outra pista importante de renovação da Teologia da Libertação consistiu em tratar de relacionar a dominação/exploração dos pobres com a da natureza, associando aos temas marxistas "clássicos" a nova contribuição da *ecologia*. Leonardo Boff representa da maneira mais coerente e inovadora esta orientação, que não significa de forma alguma uma desautorização do marxismo. Num importante livro de 1993, Ecologia, Mundialização, Espiritualidade, ele insiste na contribuição de Marx e na centralidade do conceito marxista de classe: "Marx não foi apenas um analista do capitalismo e um arquiteto do socialismo. Ele alimentou também uma perspectiva filosófica (...) que viu dimensões fundamentais da construção social da realidade, de uma forma processual e flexível (dialética). [...] Da mesma forma a categoria 'classe social'; numa sociedade de classes e não mais de ordens, como é a nossa, a categoria 'classe' e imprescindível para se compreender a organização social e o conflito de interesses. Abandoná-la seria empobrecer nossa compreensão em detrimento do interesse dos mais fracos". Ao mesmo tempo, Boff argumenta em favor de um integração da perspectiva ecológica: "A reflexão ecológica enriqueceu o paradigma marxista em alguns passos, a ponto de alguns

---

57. Em uma importante contribuição a esse debate, Enrique Dussel publicou um livro importante sobre o significado teológico do conceito de fetichismo de Marx: *Las metáforas teológicas de Marx*. Estella, (Navarra): Editorial Verbo Divino, 1993.

analistas falarem de uma segunda crítica da economia política, ao incorporar a natureza não como fator extrínseco mas intrínseco em todo o processo produtivo e na constituição das forças produtivas. [...] A consciência ecológica convida-nos a tomar certa distância com referência ao otimismo marxiano quanto ao 'desenvolvimento das forcas produtivas". Para evitar que se transformem em forças destrutivas é necessário "privilegiar aquelas forças que são renováveis"[58].

A hipótese de uma convergência entre a causa dos pobres e a da natureza alimenta também sua reflexão no livro de 1995, Ecologia. Grito da terra, grito dos pobres. Para Boff, "Teologia da Libertação e discurso ecológico se exigem e se complementam mutuamente", na medida em que ambas se opõe à lógica perversa da máquina produtivista do capital: "A mesma lógica do sistema imperante de acumulação e de organização social que leva a explorar os trabalhadores leva também a espoliar nações inteiras e por fim leva a depredar a natureza."[59].

No entanto, a questão principal não é a continuidade da Teologia da Libertação como movimento intelectual, e sim o apoio que recebe da população. Até que ponto ela ainda tem uma influência ampla e até que ponto o *Cristianismo da Libertação* ainda existe como um movimento social, capaz de mobilizar setores significativos da população?

É difícil generalizar. Mas existem alguns eventos importantes na América Latina dos anos 1990 que parecem indicar que o fogo está longe de ter sido apagado: importantes rebeliões sociais e políticas – tais como a rebelião indígena em Chiapas – foram associadas, de uma maneira ou de outra, ao Cristianismo da Libertação. O mínimo que podemos dizer é que esses eventos inesperados não se enquadram com essas previsões de rápido fim. Examinemos, rapidamente algumas destas experiência.

A rebelião Zapatista em Chiapas, México, em janeiro de 1994 foi um levante armado de vários milhares de índios, sob a liderança de

---
58. *Ibid*. p. 116-118.
59. L.Boff, *Ecologia. Grito da terra, grito dos pobres*. São Paulo: Editora Ática, 1995, p. 173.

uma organização até então desconhecida, o EZLN (Exército Zapatista de Libertação Nacional). Os Zapatistas denunciaram a falta de democracia no México, a repressão sistemática das comunidades indígenas pelos proprietários da terra, pelo Exército, pelas autoridades locais e pela polícia, as medidas neoliberais no campo (supressão do artigo 27 da Constituição) e a assinatura do acordo da NAFTA entre os governos dos Estados Unidos e do México. Tomadas de surpresa, as autoridades tentaram a repressão militar e bombardearam as áreas rebeldes mas, frente ao apoio maciço aos Zapatistas por parte das comunidades indígenas de Chiapas, foram forçados a retirar-se e a negociar com os rebeldes.

Segundo as descrições dos Zapatistas feitas pela mídia e pelo governo, esses foram inspirados pela Teologia da Libertação e dirigidos pelos jesuítas, e monsenhor Samuel Ruiz, Bispo de San Cristóbal de las Casas (Chiapas), foi acusado de ser "o guerrilheiro de Deus". As duas denúncias, é claro, estavam longe de ser verdadeiras. O que, foi realmente que aconteceu com a Igreja em Chiapas e até que ponto relacionada com a rebelião?

Monsenhor Samuel Ruiz, que estudou na Universidade Gregoriana em Roma, chegou em Chiapas em 1965; depois de haver participado da Conferência de Medellín, tornou-se, por vários anos, chefe do Departamento de Missões do CELAM. Influenciado pela Teologia da Libertação, publicou, em 1975, *Teologia Bíblica de la Liberación*, que celebra Cristo como profeta revolucionário[60]. Através de um paciente trabalho de educação pastoral – com a ajuda de jesuítas, dominicanos e ordens religiosas femininas – criou, em sua diocese, uma vasta rede de 7.800 catequistas indígenas e 2.600 comunidades de base. Agentes pastorais ajudavam a conscientizar a população indígena e a organizá-la para que lutasse por seus direitos, em particular pela recuperação da terra de seus ancestrais. Monsenhor Ruiz apoiava as comunidades indígenas em seu confronto com os proprietários da terra, especialmente os ricos

---

60. *Teologia bíblica de la liberación*, Mexico: Editorial Jus, 1975.

criadores de gado de Chiapas; além disso tomou sob sua proteção os inúmeros refugiados guatemaltecos que chegavam ao sul do México, fugindo da brutal repressão militar em seu país.

Essa opção bastante concreta e prática pelos pobres levou-o a um conflito crescente com as autoridades mexicanas e com a associação de criadores de gado de Chiapas que acusavam o bispo de "agitar os índios". Durante a visita do Papa ao México em 1993, foi lançada uma forte campanha que exigia a remoção do "criador de problemas". Monsenhor Ruiz tentou obter o apoio de João Paulo II, entregando-lhe uma carta pastoral que continha as queixas e demandas do povo indígena de sua diocese. No entanto, uns poucos meses mais tarde, em outubro de 1993, o núncio papal no México, monsenhor Gerônimo Prigione, intimou monsenhor Ruiz a vir à cidade do México e ordenou-lhe que pedisse demissão – provavelmente devido a um pedido das autoridades mexicanas. Na mesma época em que monsenhor Ruiz recorria à Roma contra essa decisão, ocorreu a rebelião Zapatista e o governo mexicano, incapaz de reprimir o movimento, teve que chamar monsenhor Ruiz como mediador para negociar com o EZLN.

Em resposta às acusações, monsenhor Ruiz insistiu que a Igreja como tal não estava associada à rebelião: se alguns de seus membros participavam do movimento, o faziam em termos pessoais. Explicando os eventos, disse em uma declaração pública: "A verdade é que os índios estão cansados das promessas do governo e viram que não havia outra maneira a não ser armar-se. Foram empurrados além dos limites de sua paciência"[61].

Pelos dados disponíveis, parece bastante evidente que nem monsenhor Ruiz nem seus agentes jesuítas e religiosos "promoveram" a rebelião. Como no caso de El Salvador, a conscientização e o estímulo para a auto-organização criou uma nova cultura político-religiosa em uma parte significativa da população indígena. Em uma segunda fase, quadros revo-

---

61. *Proceso* (México), 10 jan. 1994, p. 24.

lucionários, provavelmente de origem marxista, construíram sobre essa nova consciência social e política e ajudaram a organizar vários milhares de índios em uma força armada, com o apoio de suas comunidades. A ideologia do EZLN não é religiosa e extrai suas principais referências simbólicas da cultura maia. É verdade, no entanto, que o paciente trabalho de monsenhor Ruiz e seus catequistas, para educar e fortalecer as comunidades indígenas, criou um clima favorável para o surgimento do movimento Zapatista.

Em 1996, tive a ocasião de encontrar monsenhor Ruiz em Chiapas e entrevistá-lo para uma revista francesa de solidariedade com as lutas populares da América Central. Perguntei: "O senhor se identifica com as ideias da teologia de libertação?". Sua resposta, que merece ampla reflexão, foi : "Sem dúvidas. Mas para mim o importante não é a teologia, é a libertação…".

Algo parecido com o de Chiapas foi a rebelião indígena que ocorreu no Equador em junho de 1994: embora menos espetacular, foi igualmente importante. Durante muitos anos o setor progressista da Igreja tinha ajudado a promover um movimento autônomo entre os quéchuas. O carismático monsenhor Leonidas Proaño, Bispo de Riobamba (Chimborazo), ficou famoso na América Latina como "o Bispo dos índios" graças a uma vida de dedicação à justiça social e em apoio aos marginalizados índios equatorianos. Com a ajuda de 1.300 agentes pastorais, incluindo tanto funcionários leigos quanto membros do clero, locais, nacionais e internacionais, ele construiu uma rede impressionante de paróquias, escolas, equipes médicas, centros e institutos e, em 1982, criou, junto com um grupo de líderes quéchua, o Movimento Índio de Chimborazo (MICH). Monsenhor Proaño e seus seguidores rejeitavam o modelo capitalista de desenvolvimento, que, a seu ver, destruía a cultura e a sociedade indígena, e tentavam propor um modelo alternativo, uma espécie de comunitarianismo indígena, com base na tradição rural quéchua. Sua ação ajudou a fazer com que as comunidades índias, em todo o país, ficassem mais conscientes de seus direitos e começassem a reivindicá-los pela primeira vez em séculos. Assim foi criada uma associação mais ampla, a Confederação Nacional dos Índios do Equador (CONAIE). Após sua morte, em 1988, monsenhor Proano foi substituído por um novo bispo, monsenhor Victor Corral, que continuou a ação pastoral de seu predecessor.

Em junho de 1994, o governo equatoriano sancionou uma lei agrária neoliberal que oferecia fortes garantia à propriedade privada e excluía qualquer outra distribuição da terra; tinha também como objetivo a submissão total da agricultura à lógica exclusiva do mercado: as terras comunitárias poderiam ser parceladas e vendidas e até a água poderia ser privatizada. Criticando a lei, monsenhor Victor Corral declarou: "Ela só defende os interesses e o ponto de vista dos proprietários da terra que querem transformar o país em um empreendimento agroindustrial e reduzir a terra a uma mercadoria".

O movimento indígena – a CONAIE, associações cooperativas, o MICH, sindicatos camponeses – e outras forças populares se mobilizaram contra a lei, com a ajuda da Igreja progressista (os bispos conservadores ficaram com o governo). Durante duas semanas, as áreas rurais do Equador ficaram em um estado de semi-rebelião: *en masse*, as comunidades índias interromperam as estradas, pararam o tráfico e fizeram manifestações nas cidades. Em vão o Exército tentou reprimir o movimento com a prisão de alguns de seus líderes, fechando as estações de rádio da Igreja que apoiavam os índios e enviando tropas para reabrirem as estradas. Só com uma guerra civil propriamente dita teria sido possível esmagar a rebelião; o governo foi obrigado a recuar e a introduzir modificações substanciais na lei da reforma agrária[62].

Embora a rebelião indígena não tenha sido nem "dirigida" nem "promovida" pela Igreja progressista, o Cristianismo da Libertação – repre-

---

62. Maurice Lemoine, "La Révolte très politique des indiens d'Equateur", *Le Monde Diplomatique*, nov. 1994, p. 18-19.

sentado por monsenhor Proario, seus agentes pastorais e seu sucessor – foi, certamente, um elemento crucial no desenvolvimento de uma nova consciência e estimulou a auto-organização entre as comunidades quíchua.

O desafio mais importante para o Cristianismo da Libertação foi a ofensiva neoconservadora de Roma, isto é, João Paulo II, na América Latina. Não há dúvida de que essa ofensiva é parte de um processo universal de "restauração" na Igreja Católica, que conduz a uma centralização cada vez mais autoritária do poder, à marginalização ou exclusão de dissidentes e a uma ênfase doutrinal na tradição – sobretudo na área de moralidade sexual: divórcio, preservativos, abortos. A recente (janeiro 1995) remoção de monsenhor Jacques Gaillot, um bispo francês progressista e não-conformista, de sua cadeira episcopal – uma medida que não ocorria desde 1945 – é apenas o sinal mais recente desse crescimento da intolerância e do conservantismo.

A arma decisiva nas mãos do Vaticano contra os "desvios" doutrinais e agentes pastorais "excessivamente políticos" foi a nomeação de bispos conservadores, conhecidos por sua franca hostilidade à Teologia da Libertação. Selecionados pelos núncios papais como pessoas "fidedignas", esses novos clérigos são designados por Roma para substituir os bispos que se aposentaram ou morreram e que antes apoiavam atividades pastorais comprometidas com a mudança social. Vários desses novos bispos são membros do Opus Dei, o movimento arquirreacionário fundado em 1928 pelo padre espanhol Escriba de Balaguer (recentemente beatificado por Roma), e conhecido por suas amplas conexões capitalistas e sua forte participação no regime de Franco depois da guerra. O Vaticano nomeou sete padres do Opus Dei como bispos no Peru, quatro no Chile, dois no Equador e um respectivamente na Colômbia, Venezuela, Argentina e Brasil – e também, como vimos acima, o arcebispo de San Salvador[63]. Obviamente, essa política romana gerou uma

---

63. François Normand, "La Troublante ascension de l'Opus Dei", *Le Monde Diplomatique*, set. 1995, p. 23.

situação cada vez mais difícil para a ação dos cristãos da libertação, no interior da própria Igreja.

Ao mesmo tempo, são tomadas várias medidas contra clérigos ou teólogos radicais, que ou são expulsos de suas ordens religiosas – como os irmãos Cardenal na Nicarágua, ou o padre Aristide no Haiti – ou são tão seriamente controlados que eles próprios preferem deixar a ordem voluntariamente: foi esse, por exemplo, o caso de Leonardo Boff que, em 1992, foi proibido de ensinar e demitido de sua posição como editor da revista católica brasileira Vozes. Em uma lógica de repressão semelhante, seminários conhecidos por seu espírito progressista, foram, pura e simplesmente, fechados, como ocorreu, em 1989, com dois importantes centros brasileiros: O Segundo Seminário Regional do Nordeste (SERENE 2) e o Instituto de Teologia do Recife (ITER).

Um tratamento especial foi reservado para a CLAR, a Confederação das Ordens Religiosas Latino-Americana, cujos documentos relacionados com a Teologia da Libertação e orientações pastorais fizeram dela uma espécie de alternativa à liderança do CELAM (nas mãos de conservadores desde 1972). Em fevereiro de 1989, Roma proibiu o projeto "Palavra e Vida", que vem a ser um projeto de estudos bíblicos em áreas populares elaborado pela CLAR com a ajuda de conhecidos biblicistas latino-americanos (tais como o brasileiro Carlos Mesters). Uns poucos meses mais tarde, em julho, Roma designou um secretário-geral não eleito para dirigir a CLAR, em visível violação aos estatutos da organização.

Ao mesmo tempo, Roma dá total apoio e encorajamento às correntes conservadoras na Igreja latino-americana: não só o Opus Dei, que é principalmente uma rede elitista e meio secreta, mas também movimentos de massa como a chamada "Renovação Carismática" – um poderoso (quatro milhões de membros no Brasil) movimento de religiosidade emocional, sem nenhum compromisso social, que prega obediência total à autoridade de Roma e cujos rituais têm uma forte semelhança com os das Igrejas evangélicas: cantos, danças, expressão de sentimentos, curas pela fé, orações públicas em assembleias gigantescas.

O objetivo dessa estratégia geral, como vimos, é a "normalização" da Igreja latino-americana e o desmantelamento, a marginalização ou a neutralização de sua ala radical, relacionada com a libertação. A Conferência dos Bispos latino-americanos realizada em Santo Domingo (1992) foi destinada, pelo Vaticano, para tornar-se uma espécie de marco histórico na orientação teológica e pastoral da Igreja continental, afastando-a da tradição de Medellín e Puebla na direção de um realinhamento com Roma. Façamos uma tentativa de avaliar o significado religioso e as implicações sociopolíticas desse evento histórico.

Inevitavelmente, houve alguma interseção entre os preparativos para a Conferência de Santo Domingo e o debate na América Latina sobre o quinto centenário da descoberta das Américas. Na própria Igreja, a existência de duas concepções distintas ficou evidente: uma apresentada pelo Vaticano e pela liderança do CELAM (com algumas diferenças entre elas) e a outra pelos teólogos da libertação.

Em 1984, João Paulo II, durante uma visita a Santo Domingo, exortou os cristãos para que celebrassem a chegada de Colombo à América como "a maior e mais maravilhosa ação humana que jamais existiu" (uma citação de Leão XIII em 1892), que poderia servir como inspiração para uma "nova evangelização". Embora denunciando a "lenda negra" – que insiste a respeito da violência e da exploração na história da *conquista* espanhola – o Papa reconheceu que havia "contradições, luzes e sombras" nessa história, e que havia existido uma interdependência lamentável entre a cruz e a espada durante a primeira evangelização do continente. Em última instância, no entanto, o que importava era que "a expansão do cristianismo ibérico trouxe para as novas populações aquela dádiva que existia na origem da Europa – a fé cristã, com seu poder de humanidade, salvação, dignidade e fraternidade, justiça e amor pelo Novo Mundo[64]".

---

64. *La Documentation catholique*, n° 1884, nov. 1984, p. 1064-1073.

Os líderes (conservadores) do CELAM (Conselho dos Bispos Latino-Americanos) não só compartilharam essa avaliação positiva da descoberta/evangelização, como foram até mais além, suprimindo quaisquer dúvidas, qualificações sutis ou referências às "sombras". Em sua mensagem pelo quinto centenário, de julho de 1984, assinada por seu presidente, Antonio Quarracino, por seu secretário, Dario Castrillon e três outros prelados, o Conselho não relutou em glorificar a conquista espanhola:

> A façanha da descoberta, conquista e colonização da América... foi a obra de um mundo no qual a palavra do cristianismo ainda tinha um conteúdo autêntico. A evangelização começou imediatamente, a partir do momento em que Colombo tomou posse das novas terras em nome dos reis da Espanha. A presença e ação da Igreja nessas terras, admirável durante todos esses quinhentos anos, é um exemplo de abnegação e perseverança de que não precisa de qualquer justificativa para ser avaliada e uma maneira positiva.[65].

A polos de distância desse tipo de conformismo cheio de autossatisfação, os cristãos da libertação propuseram uma visão bem diferente do quinto centenário. Em julho de 1986 em Quito, Equador, teve lugar a segunda Consulta Ecumênica da Pastoral Indígena Latino-Americana que publicou um "Manifesto índio" assinado por representantes de trinta nações indígenas de treze países do continente, com o apoio de instituições católicas (o Conselho Missionário Índio, CIMI) e protestantes (Conselho Latino-Americano de Igrejas, CLAI). Esse documento expressa "uma total rejeição dessas comemorações triunfalistas" e questiona fortemente a versão oficial da história:

> Não houve nenhuma descoberta, como alguns gostariam de nos fazer acreditar, e sim uma invasão, com as seguintes consequências: a) exterminação,

---

65. *Ibid.*, p. 1076-1078.

a fogo e sangue, de mais de setenta e cinco milhões de nossos irmãos; b) usurpação violenta de nossas possessões territoriais; c) desintegração de nossas instituições sociopolíticas e culturais...

Monsenhor Leonidas Proano, o "Bispo dos índios" equatoriano, elogiou esse documento como sendo a autêntica voz dos povos indígenas da América, para quem o cinquentenário "não deveria ser objeto de festividades pomposas e triunfalistas, como é a intenção dos governos e Igrejas da Espanha, da Europa e da América Latina"[66].

Outro órgão que adotou uma posição profundamente crítica foi a Comissão para o Estudo da Igreja na América Latina, a CEHILA, cujos líderes mais importantes (como Enrique Dussel) são conhecidos por sua simpatia pela Teologia da Libertação. Em uma declaração publicada em 12 de outubro de 1989, a CEHILA se desassociou totalmente do cristianismo dos *conquistadores*:

> Os invasores, a fim de legitimar sua arrogante pretensão à superioridade no mundo, usaram o Deus cristão, transformando-o em um símbolo de poder e de opressão... Isso foi, a nosso ver, a idolatria do Ocidente.

Ao invés de comemorar a descoberta, a CEHILA propôs que, ao contrário, fossem comemoradas as rebeliões contra a colonização e contra a escravidão, de Tupac Amam até Zumbi, bem como a memória de todos aqueles cristãos que "ouviram os gritos de dor e protesto, de Bartolomé de Las Casas até Oscar Romero"[67].

Gustavo Gutiérrez contribuiu para o debate escrevendo *God or the Gold in the Indies (XVIth century)* [Deus ou o Ouro nas índias (século XVI)] (publicado em Lima em 1989) um estudo teológico e histórico

---

66. *Culture et foi*, n. 130-131, verão de 1989, p. 17-18.
67. CEHILA, "Déciaration de Santo Domingo", *1492-1992. 500 ans d'évangélisation*. Paris: Comitê Épiscopal France-Amérique Latine, mar. 1990, n. 1, p. 52-54.

extraordinário sobre a luta de Las Casas em defesa dos índios e contra a idolatria do ouro por parte dos conquistadores. Em um artigo escrito no mesmo ano, tratando diretamente da questão do quincentenário, ele propôs que a Conferência de Santo Domingo fosse usada como uma oportunidade histórica para que os cristãos "humildemente pedissem perdão a Deus e às vítimas da história por nossa cumplicidade – explícita ou tácita, no passado e no presente, como pessoas e como Igreja"[68].

A questão histórica – com suas óbvias implicações teológicas e políticas para o presente e, em particular, a proposta de que se "pedisse perdão" foi um dos assuntos mais polêmicos durante a Conferência de Santo Domingo. Imbuído de um pesado conteúdo simbólico e emocional, a proposta passou a ser o tema de uma visível batalha entre a Igreja progressista, chefiada pelos bispos brasileiros, e a conservadora, fortemente apoiada pela Cúria Romana – os dois lados afirmando ter o papa de seu lado. Os episódios principais nessa "luta de deuses" foram:

1. A CNBB aprovou (entre seus diretivos para a conferência adotados em 1992) uma resolução importante e explícita, admitindo que a Igreja havia cometido "muitos erros" durante a primeira evangelização na América Latina, e pedindo à população indígena e à população negra perdão por sua "cumplicidade ou omissão, clara ou disfarçada com seus conquistadores e opressores". Reconheceu também que os erros do passado "ainda persistiam em várias circunstâncias até os dias atuais"[69]. Várias outras conferências episcopais (Guatemala, Bolívia) adotaram resoluções semelhantes.

2. Durante a Conferência (17 de outubro de 1992), 33 bispos brasileiros sugeriram uma liturgia em penitência, que de uma maneira formal pedisse perdão aos índios e aos afro-americanos. O presidente da Conferência (nomeado por Roma) recusou a proposta e nem a submeteu à votação da assembleia.

---

68. Gustavo Gutiérrez "Vers le 5ème centenaire" in: *1492-1992. 500 ans d'évangélisation* p. 59-61.
69. CNBB, "Das diretrizes a Santo Domingo", Edições Paulinas, 1992 , in: *Documentos da CNBB*, nº 48, São Paulo: , p. 18-19.

3. A comissão histórica que funcionou durante a conferência, chefiada pelo Cardeal Goicoechea, de Madri, com a ajuda de um especialista espanhol do Vaticano, padre Saranayana (um membro do Opus Dei), preparou a primeira versão de um longo documento, comemorando efusivamente a "primeira evangelização" sem sequer mencionar o nome de Las Casas. O texto incluía uma pequena citação de um discurso do Papa na África, pedindo perdão pelo pecado da escravidão, mas não fez qualquer referência à opressão dos índios americanos.

4. Considerado insatisfatório pela vasta maioria dos participantes, o capítulo histórico foi recusado! Esse é o único exemplo de rejeição total de um capítulo por parte dos bispos latino-americanos.

5. A comissão histórica produziu uma seção muito mais curta (uma página e meia) que mencionava o sofrimento e a opressão da população indígena, mas que não incluía nenhuma crítica do comportamento da Igreja durante a conquista.

6. Bastante ironicamente, enquanto os representantes romanos na Conferência e seus amigos latino-americanos batalhavam contra o perdão simbólico, o próprio papa, retornando a Roma, depois de seu discurso de abertura em Santo Domingo, deu uma audiência dia 21 de outubro na qual pediu perdão aos índios e aos escravos africanos pelas injustiças cometidas contra eles.

7. Uma breve referência à audiência do papa foi incluída no documento final da Conferência de Santo Domingo – não na seção histórica, mas no capítulo que tratava da pluralidade de culturas: "junto com o papa, pedimos perdão a nossos irmãos indígenas e afro-americanos". [70]

O episódio todo é característico das tensões e contradições que ocorreram durante a Conferência, entre conservadores e progressistas, entre a presidência nas mãos do representante do Vaticano, cardeal Ângelo Sodano (antigo núncio papal no Chile, onde tinha relações cor-

---

70. Uma apresentação muito perspicaz desses debates pode ser encontrada in: Padre José Oscar Beozzo, *A Igreja do Brasil. De João XXIII a João Paulo II, de Medellín a Santo Domingo*. Petrópolis: Vozes, 1994, p. 314-320.

diais com o general Pinochet) e a assembleia, entre a Cúria Romana e os bispos latino-americanos, com o Papa, como era de se esperar, sendo o árbitro supremo.

Essas tensões também estiveram presentes durante os quatro anos de preparativos para a Conferência. Os primeiros documentos que a liderança do CELAM fez circular, confidencialmente, entre os bispos, foram fortemente criticados pelas conferências episcopais locais por seu caráter conservador. Esses trabalhos apresentavam a Igreja da América Latina como herdeira do *Rerum Novarum* de Leão XIII (1891), "uma contra mensagem cristã ao grito de guerra do marxismo". Em 1991, o primeiro texto preparatório oficial foi publicado, sob o título de *Documento de Consulta* (*Consultation Document*): sua seção histórica acusava Las Casas de ser responsável pela "lenda negra" da colonização espanhola, e, em sua análise da situação contemporânea na América Latina, rejeitava tanto a "mentalidade neoliberal" quanto "a concepção socialista". Esse texto também foi considerado inadequado (embora melhor que o primeiro) pelas conferências episcopais: essas produziram contribuições por escrito, que foram reunidas em uma coleção denominada *Secunda Relatio* que diretamente inspirou o último documento preparatório – o *Working Document* (Documento Operacional) um reflexo relativamente fiel das opiniões comuns à maioria dos bispos latino-americanos. No entanto, durante a Conferência de Santo Domingo, a Comissão de Minuta (*Draft Commission*) nomeada pela presidência, praticamente ignorou o *Working Document* e produziu um novo texto, seguindo uma metodologia e uma orientação bastante diferentes! O documento final foi resultado dessa versão, com emendas e correções substanciais, feitas pelos delegados.

Como é possível avaliar o significado básico desse documento? Será que ele realmente fechou, como a ala mais conservadora da Igreja, tanto em Roma como na América Latina desejava, o parêntese aberto em 1968 pela Conferência de Medellín, dando fim à identidade peculiar da Igreja latino-americana? Como sempre, o documento foi resultado de uma conciliação mútua que não satisfez completamente nem a tendência progressista nem a conservadora. Entre os teólogos da libertação havia perspectivas extremamente diferentes, mas havia também uma espécie de consenso de que, pelo menos, não tinha havido nenhuma ruptura radical com o espirito de Medellín e de Puebla.

Clodovis Boff é um representante da avaliação mais crítica. Em sua opinião, há muitos elementos negativos no documento final da conferência: o método tradicional dos textos pastorais "ver, julgar, agir" – foi substituído por uma abordagem doutrinal, em que cada seção tem início com referências às declarações do papa; a linguagem da libertação praticamente desapareceu, sendo substituída por um conceito muito mais vago de "progresso humano"; critica-se a injustiça social, mas não se faz qualquer referência ao capitalismo: ou seja, denuncia-se o crime, mas não os criminosos; os pobres aparecem como objetos de atenção e não como sujeitos de sua própria história; não se faz qualquer menção dos mártires cristãos, tais como monsenhor Romero, ou a um dos sete jesuítas professores da Universidade Católica salvadorenha; não se faz nenhum tipo de gesto público pedindo perdão e não se dá nenhum apoio a Rigoberta Menchú à ocasião do recebimento do prêmio Nobel.

No entanto, também de acordo com Clodovis Boff, nem tudo na conferência foi negativo; a seção de "progresso humano" – na qual os bispos e teólogos brasileiros puderam exercer alguma influência – insistiu na necessidade de uma "transformação estrutural", e reafirmou, que a decisão da Igreja de considerar a população pobre como prioridade (a opção pelos pobres) é "firme e irrevogável"; a substância de Medellín (o compromisso da Igreja com a mudança social) não desapareceu, embora tenha adotado uma forma diferente; e foram incluídos novos temas importantes, tais como a ecologia, a dívida externa, crianças de rua e o narcotráfico.

Em conclusão, Clodovis Boff acredita que Santo Domingo foi "música latino-americana tocada em um violão romano"; não houve ruptura com o passado (Medellín/Puebla) e sim uma espécie de redefinição. Suas decisões podem ajudar o "Povo de Deus" mas é preciso que se faça uma leitura ativa, seletiva, conetiva e criativa do documento[71].

Uma avaliação muito mais positiva é sugerida por Gustavo Gutiérrez, que acredita que o aspecto mais importante da Conferência de Santo Domingo é sua forte reafirmação da opção preferencial pelos pobres, dando continuidade a Medellín e Puebla – apesar de resistência considerável tanto no interior da Igreja como fora dela. É verdade que não foi fácil chegar a um consenso na questão do pedido de perdão aos povos indígenas e afro-americanos pela participação dos cristãos na opressão e injustiça por eles sofrida durante o século XVI e mais tarde, mas, graças ao papa, finalmente essa questão foi aceita. O documento final faz referência a vários "sinais dos tempos" que são discutidos do ponto de vista da opção preferencial pelos pobres; a questão dos direitos humanos (também violados pela pobreza e pela injustiça); uma exortação à "ética ecológica" em oposição à moral utilitária e individualista, a condenação da "visão mercantilista" da terra e das "estruturas pecaminosas" da sociedade moderna, e um apelo por uma "economia de solidariedade" em oposição ao modelo neoliberal que "aumenta o distância entre pobres e ricos" na América Latina. A pobreza foi considerada pela Conferência de Santo Domingo como a "praga mais devastadora e humilhante jamais sofrida pela América Latina e pelo Caribe" e todos os cristãos foram convidados a vivenciar uma profunda conversão pessoal que os levasse a descobrir "na face sofrida dos pobres, a face do Senhor".

Gustavo Gutiérrez também encontra alguns aspectos negativos: lamenta que não é feita qualquer menção explícita aos mártires latino-americanos, e que as reflexões sobre mulheres, preparadas por uma comissão durante a conferência, não foram incluídas no documento final. Comparando Santo Domingo com as conferências anteriores, conclui:

> Situada no mesmo contexto doutrinal e pastoral que o de Medellín e de Puebla, sem no entanto ter nem o voo profético da primeira nem a profun-

---
71. Clodovis Boff, "Um ajuste pastoral", in: *Santo Domingo. Ensaios teológico pastorais*. Petrópolis: Vozes, 1993, p. 9-54.

didade teológica da segunda, Santo Domingo reúne vários pontos daquela agenda que os cristãos latino-americanos haviam começado a elaborar no decorrer dos últimos anos. Os novos desafios estão claramente assinalados. A fertilidade das respostas irá depender... da recepção que formos capazes de dar aos textos de Santo Domingo.[72]

A meio caminho entre esses dois polos opostos (embora compartilhem algumas avaliações importantes), muitos teólogos da libertação adotam um tom ambivalente. Pablo Richard, por exemplo, ao mesmo tempo em que expressa um sentimento que, em geral, é positivo – argumentando que Santo Domingo fortaleceu a consciência e a identidade de ser uma Igreja do Sul – vê a nova orientação como contraditória: na medida em que a nova evangelização é refletida na teoria cristológica e eclesiológica, ela é opressora da identidade da Igreja latino-americana e baseada em uma espécie de "fundamentalismo romano" que tem uma linguagem semelhante a de muitas seitas protestantes latino-americanas; na medida em que é refletida na prática das opções de progresso humano, culturais e pastorais, é a expressão da consciência mais autêntica e mais profunda da Igreja latino-americana. A maior parte do trabalho de Pablo Richard sobre Santo Domingo é, na verdade, uma seleção dos melhores trechos do documento, para ser usado como diretrizes para agentes pastorais progressistas[73].

Na verdade, e esse é um ponto de vista comum a todos os três teólogos, o significado final de Santo Domingo irá depender do tipo de recepção e interpretação que lhe será dado nos próximos anos pelas várias Igrejas latino-americanas.

Em conclusão, diríamos que é difícil, se não impossível, prever hoje (ano 2000) qual será o futuro do Cristianismo da Libertação na América Latina. Isso irá depender de várias variáveis desconhecidas, tais

---

72. Gustavo Gutiérrez, "Documento: corte transversal", in: *Santo Domingo. Ensaios teológico-pastorais*, p. 55-68.
73. Pablo Richard, "La Iglesia Católica después de Santo Domingo", *Pasos*, n. 44 nov.-dez. 1992; "Las comunidades eclesiales de base en América Latina (después de Santo Domingo)", *Pasos*, n° 47, mai.-jun. 1993.

como a identidade do próximo papa, ou o tipo de movimentos sociais e revolucionários que irão influenciar o continente nos próximos anos. Não podemos, é claro, afastar a possibilidade de um enfraquecimento, declínio ou até mesmo desaparecimento do movimento – embora, como vimos anteriormente, isso está longe de ser verdade no momento. De qualquer forma, ele já deixou sua marca na história da América Latina durante a segunda metade do século XX, como protagonista definitivo das rebeliões sociais mais importantes dos últimos 45 anos, sobretudo no Brasil e na América Central. O Cristianismo da Libertação deu forma à cultura religiosa e política de várias gerações de militantes cristãos no continente, a maioria dos quais muito provavelmente não abandonarão suas convicções éticas e sociais, profundamente arraigadas. Além disso, ele contribuiu para o surgimento de uma multiplicidade de movimentos sociais e políticos não religiosos, desde associações de moradores em favelas até partidos trabalhistas ou frentes de libertação que, autônomos da Igreja, hoje têm sua dinâmica própria. Foi lançada uma semente pelo Cristianismo da Libertação no terreno aquecido da cultura política e religiosa latino-americana que continuará a crescer e florescer nas próximas décadas e que ainda guarda muitas surpresas em seu seio.

POST-SCRIPTUM (2016) : O PONTIFICADO DE FRANCISCO

Com a eleição de Jorge Mario Bergoglio como Papa – o primeiro Pontífice latino-americano na história da Igreja – em 2013 se abre um novo capítulo na história das relações do Vaticano com a Teologia da Libertação. Como arcebispo e cardeal na Argentina, Bergoglio era conhecido por sua humildade, seu compromisso com a justiça social, mas também por seu conservadorismo doutrinal. Na época da ditadura militar, como superior dos jesuítas argentinos, sem ser cúmplice do regime, "pecou por omissão", ao não se opor aos militares. Não é, portanto, de se estranhar que a mesma Congregação que elegeu o conservador Ratzinger votou, poucos anos depois, por Bergoglio.

Entretanto, logo após sua eleição, o novo Papa Francisco – homenagem ao santo que encarna, na história da Igreja, a reivindicação da pobreza – vai tomar uma série de iniciativas bastante inovadoras e surpreendentes. A começar pelo convite ao Vaticano de Gustavo Gutiérrez em setembro de 2013, enquanto o *Observatore Romano* publicava um artigo elogioso acerca de um de seus livros publicados na Itália. Vale a pena lembrar, neste contexto, que Bergoglio foi bastante influenciado por um de seus professores, o jesuíta Juan Carlos Scannone – várias vezes citado nas novas Encíclicas do Papa – representante de uma variante argentina, não marxista, da Teologia da Libertação, a *teologia do povo*. Igualmente importante é o gesto simbólico de beatificação (fevereiro de 2015) de monsenhor Oscar Romero, o arcebispo de São Salvador, assassinado pelos militares em 1980.

Outra iniciativa inédita foram os dois encontros do Papa com os movimentos sociais – entre os quais o MST – o primeiro em Roma em outubro de 2014 e o segundo em Santa Cruz na Bolívia, em julho de 2015. No discurso que fez nesta ocasião, Francisco foi bastante mais radical do que seus predecessores na crítica do sistema econômico atual, um sistema que "impôs a lógica do lucro a qualquer custo", conduzindo à exclusão social e à destruição da natureza. Retomando implicitamente um tema da Teologia da Libertação, critica a idolatria do capital:

> Detrás de tanto dolor, tanta muerte y destrucción, se huele el tufo de eso que Basilio de Cesarea llamaba "el estiércol del diablo". La ambición desenfrenada de dinero que gobierna. *Ese es el estiércol del diablo*. El servicio para el bien común queda relegado. Cuando el capital se convierte en ídolo y dirige las opciones de los seres humanos, cuando la avidez por el dinero tutela todo el sistema socioeconómico, arruina la sociedad, condena al hombre, lo convierte en esclavo, destruye la fraternidad interhumana, enfrenta pueblo contra pueblo y, como vemos, incluso pone en riesgo esta nuestra casa común.

Neste discurso aparece também um outro tema fundamental da Teologia da Libertação, que até então estava pouco presente nas Encíclicas e declarações do novo Papa: os pobres como atores de sua própria libertação. Nas palavras de Bergoglio:

> Ustedes, los más humildes, los explotados, los pobres y excluidos, pueden y hacen mucho. Me atrevo a decirles que el futuro de la humanidad está, en gran medida, en sus manos, en su capacidad de organizarse y promover alternativas creativas, en la búsqueda cotidiana de "las tres T" *¿De acuerdo?* (trabajo, techo, tierra) y también, en su participación protagónica en los grandes procesos de cambio, Cambios nacionales, *cambios* regionales y *cambios* mundiales. ¡No se achiquen! (…) . Ustedes son sembradores de cambio.

Na sua encíclica ecológica *Laudato Si* (2015) voltamos a encontrar uma crítica radical da idolatria do dinheiro e do perverso sistema econômico atual, responsável ao mesmo tempo pela extensão da pobreza e pela destruição da natureza. É visível neste importante documento a influência das ideias ecológicas e espirituais de Leonardo Boff.

Isto não quer dizer, obviamente, que Francisco tenha se convertido à Teologia da Libertação, mas sem dúvida representa uma mudança profunda em relação à atitude de rejeição, denúncia e repressão que predominou sob os pontificados de João Paulo II e Benedito XVI. O futuro dirá se, nestas condições, o Cristianismo da Libertação poderá conhecer um novo período de florescimento.

ANEXOS

ANEXO 1
As origens sociorreligiosas do MST

Um dos melhores exemplos do impacto social do Cristianismo da Libertação é o Movimento dos Trabalhadores Sem Terra do Brasil (MST), um dos mais importantes movimentos sociais da América Latina.

Em seu célebre estudo sobre os movimentos rurais "primitivos" e milenaristas, o historiador Eric Hobsbawm parte da constatação de que a irrupção do capitalismo, a introdução do liberalismo econômico e das relações sociais de mercado significou, nas sociedades camponesas tradicionais, uma verdadeira catástrofe, um autêntico cataclismo social que desarticulou e desfez aquelas sociedades. As revoltas camponesas de massa contra essa nova ordem vivida por eles como insuportavelmente injusta tiveram com frequência uma forma milenarista[1].

O milenarismo pode se converter em ponto de partida de um verdadeiro movimento social moderno, como no caso das Ligas Camponesas sicilianas de 1891-1894. Este movimento era milenarista na medida em que o socialismo pregado pelas ligas era, aos olhos dos camponeses sicilianos, uma nova religião, a verdadeira religião de Cristo – traída pelos padres aliados aos ricos – que anunciava o advento de um mundo novo, sem

---

1. Eric Hobsbawm, *Primitive Rebels. Studies in Archaic Forms of Social Movement in the 19th and 20th centuries.* New York: Norton Library, 1959, p. 3, 67, 119.

pobreza, fome e frio, segundo a vontade de Deus. As crenças e as imagens santas eram parte das manifestações e do movimento das Ligas Camponesas, que contavam com uma participação importante das mulheres e que se expandiu, entre 1891e 1894, como uma epidemia (antes de serem esmagadas pela repressão): as massas camponesas estavam sublevadas pela crença messiânica de que a irrupção de um novo Reino de Justiça era iminente[2].

Graças às práticas organizativas modernas dos socialistas, os movimentos camponeses permanentes puderam – apesar da derrota de 1894 – se enraizar em certas regiões da Sicília: "seu entusiasmo milenarista original estava transformando-se em alguma coisa mais durável, uma fidelidade permanente e organizada a um movimento social-revolucinário moderno". Essa evolução não foi, aos olhos de Hobsbwam, uma simples substituição do "atraso" pelo "moderno", mas um tipo de integração dialética entre os dois termos: a experiência siciliana "mostra que o milenarismo não está condenado a ser um fenômeno temporário, mas pode, em condições favoráveis, ser o fundamento de uma forma de movimento permanente, extraordinariamente coriáceo e resistente"[3].

Essa análise do historiador inglês se aplica quase palavra por palavra ao Movimento dos Trabalhadores Rurais Sem Terra (MST) do Brasil fundado em 1985, exceto porque o papel dos agricultores socialistas sicilianos do século passado é aqui desempenhado agora por agentes pastorais da Igreja Católica brasileira, inspirados de forma inédita pelo socialismo cristão, a Teologia da Libertação.

Perfeitamente secular e não confessional, o MST fixa suas raízes na cultura sociorreligiosa do "Cristianismo da Libertação". Não se pode compreender sua origem sem evocar o papel da Igreja brasileira e, em particular, da Comissão Pastoral da Terra (CPT). De todas as estruturas ligadas à Igreja, poucas encarnaram a "opção prioritária pelos pobres" de modo radical e consequente quanto a CPT. Uma vasta rede composta

---

2. *Primitive Rebels*, p. 98-101.
3. *Primitive Rebels*, p. 101-105.

tanto por membros do clero – religiosos, mas também padres e alguns bispos – quanto por laicos de todo tipo – teólogos, estudiosos, biblistas, sociólogos e sobretudo agentes pastorais, frequentemente vindos das zonas rurais, a CPT, fundada em 1975, foi uma formidável escola de agentes camponeses[4]. De início estabelecidas na região Norte – Amazônia – e Nordeste, elas pouco a pouco se estenderam ao conjunto do país; graças a sua ligação direta com a Conferência Nacional dos Bispos do Brasil (CNBB), a Comissão gozou de uma grande autonomia face às estruturas paroquiais locais, e não dependia da boa vontade dos bispos de cada região[5]. Muitos agentes pastorais, mas também membros do clero – o padre Jósimo Tavares, impulsionador da CPT na região do Bico do Papagaio, Estado do Pará é apenas o exemplo mais conhecido – pagaram com suas vidas pelo engajamento ativo e intransigente da CPT, ao lado dos trabalhadores rurais em suas lutas por direitos.

O milenarismo da CPT – mas também das Comunidades Eclesiais de Base (CEBs) e do cristianismo de libertação de um modo geral – se traduz na utopia sociorreligiosa do "Reino de Deus" não como transcendência projetada em um outro mundo, mas como uma sociedade nova aqui embaixo, fundada no amor, na justiça e na liberdade. Entretanto, contrariamente ao milenarismo tradicional, este "Reino" não é concebido como iminente, mas sim como fruto de uma longa marcha – caminhada é a palavra brasileira – até a Terra Prometida, segundo o modelo bíblico do Êxodo. As lutas sociais presentes são teologicamente interpretadas como etapas que prefiguram e anunciam o Reino. Uma leitura inovadora e carregada de historicidade social da Bíblia é uma dos elementos formadores decisivos deste milenarismo sui generis e da sua transmissão aos segmentos populares[6].

---

4. O pesquisador brasileiro Luiz Inácio Germany Gaiger considera que os agentes pastorais da CPT cumpriram a função de "intelectuais orgânicos" (no sentido gramsciano) do movimento camponês em sua origem. cf. *Agentes religiosos e camponeses sem terra no sul do Brasil*. Petrópolis: Vozes, 1987, p. 58-60. Os bispos mais ativos no apoio à CPT foram Don Moacir Grechi, presidente da CPT, Dom Pedro Casaldaliga, bispo de São Felix do Araguaia e Dom Tomas Balduíno, Bispo de Goias. Cf. Pe. José Oscar Beozzo, *A Igreja do Brasil*, Petrópolis: Vozes, 1994, p.129-130.
5. Cf. Scott Mainwaring, *The Catholic Church and Politics in Brazil 1916-1985*. Stanford: Stanford University Press, 1986, p. 178-181; L.I.G. Gaiger, Agentes religiosos..., p. 234.
6. Ver, por exemplo, o livro do biblista e beneditino Marcelo de Barros Souza publicado pela CPT, *A Bíblia e a luta pela terra*. Petrópolis: Vozes/CPT, 1983.

Uma das características centrais da cultura sociorreligiosa da CPT – que se encontra integralmente no MST – é a crítica das consequências sociais dramáticas da introdução do capitalismo no campo – fome, expulsão dos camponeses, pauperização, êxodo rural: a denúncia da política de "modernização" autoritária dos militares e dos seus projetos faraônicos e o protesto contra a orientação neoliberal dos governos civis neoliberais que sucederam, a partir de 1985, o regime militar.

Partindo do postulado fundamental do Cristianismo da Libertação – os pobres são sujeitos de sua própria história – a CPT estabelece como seu objetivo o fortalecimento da auto-organização dos trabalhadores rurais. Respeitando a autonomia e a secularização dos movimentos sociais, ela recusa a concepção clerical tradicional do sindicato – ou partido – "cristão". Trata-se simplesmente de ajudar, encorajar, apoiar, proteger – contra a repressão policial ou aquela dos homens a serviço dos latifundiários – os esforços dos trabalhadores agrícolas para se organizar. Como escreveu Sérgio Görgen – padre franciscano e um dos principais dirigentes da CPT no estado do Rio Grande do Sul:

> A CPT não substitui a organização de classe. Ela tenta contribuir, aconselhar, ajudar na conscientização, aprimorar as formas de organização, de estudar cientificamente a realidade, mas não substitui os órgãos representativos dos trabalhadores[7].

Entretanto, na prática, a distinção entre "assessorar" – um termo brasileiro rico de significados – e dirigir não é sempre tão fácil de estabelecer. Tensões e conflitos inevitáveis surgiram durante os anos de formação do MST, entre a organização autônoma e alguns membros do clero na CPT[8].

---
7. Frei Sergio Antonio Görgen, *Os cristãos e a questão da terra*. São Paulo: FTD, 1987, p. 67-68.
8. Entrevista com Sergio Görgen, 5 jun. 1999.

O MST se constitui ao longo dos anos 1979-1985, inicialmente em alguns estados do sul do Brasil, e em seguida no conjunto do país. Desde o começo – o combate épico do acampamento Encruzilhada Natalino: mil dias de confronto com os militares, autoridades locais e nacionais (1981-1983) – o movimento introduziu novos métodos de luta; as ocupações "ilegais" de terras improdutivas, e o estabelecimento de acampamentos democraticamente autogeridos. Frequentemente os sem terra eram brutalmente expulsos pela polícia militar, mas em alguns casos a forte visibilidade dessas ocupações e o apoio da Igreja, dos sindicatos e dos partidos de esquerda obrigavam o governo a negociar.

Uma etapa importante na constituição do movimento foi o encontro regional (sul) ocorrido em 1984 na cidade de Cascavel (Paraná), o primeiro organizado pelos próprios militantes e não pela CPT. Entre as resoluções adotadas, uma declaração de autonomia frente à CPT e qualquer outra instituição, e a definição dos objetivos do movimento: a reforma agrária e uma nova sociedade "justa e igualitária, diferente do capitalismo". O MST foi oficialmente fundado em Curitiba – capital do Estado do Paraná – em janeiro de 1985, no Primeiro Congresso das associações de camponeses sem terra, na presença de 1.500 delegados vindo da maioria dos estados brasileiros. O documento final denuncia o Estatuto da Terra outorgado pelos militares como capitalista, antipopular e favorável a concentração da propriedade fundiária.

A CPT aportou uma contribuição decisiva a esse processo de auto-organização, mas na medida em que o movimento se emancipava dos seus "assessores", as tensões apareceram. Alguns membros do clero, alguns bispos não aceitaram que o MST escapasse inteiramente de sua amigável solicitude e não seguisse mais seus razoáveis conselhos. A questão da "violência" cristalizou os desacordos: por exemplo, na ocupação da Fazenda Annoni (Rio Grande do Sul), 49 bispos progressistas – participantes do IV Encontro Intereclesial das CEBs em julho de 1986 – publicaram uma declaração de apoio à ocupação, mas insistiram muito sobre o seu caráter pacífico e advertiram o movimento, em termos velados, contra "uma explosão de violência" que teria como consequência uma "repressão sangrenta"[9].

Mas pouco a pouco, os dirigentes da CPT e a maioria dos bispos que lhe são próximos se resignara com a separação do MST, aportando ao movimento um apoio consequente e respeitando sua autonomia[10].

O MST então se constituiu enquanto movimento independente – e muito cioso de sua independência! – secular e não-confessional (aberto a católicos e protestantes), crentes e não crentes (é preciso dizer que esses últimos são raros na zona rural e se encontram sobretudo entre os – numerosos – militantes políticos urbanos que cooperam com o MST). Apesar dessa "desconfessionalização", não é segredo para ninguém que a grande maioria dos militantes ativos do MST tem origem na CPT e nas CEBs; alguns guardam ligações com suas estruturas, mas todos extraíram do Cristianismo da Libertação e da sua cultura sociorreligiosa e a motivação ética mais profunda para o seu engajamento.

Agora vamos abordar a questão do milenarismo, ou como se diz no Brasil, a "mística" do MST. Segundo Eric Hobsbwam, o milenarismo não deve ser considerado como "uma comovente sobrevivência de um passado arcaico" e sim como "uma força cultural nova, que permanece ativa, sobre uma outra forma, nos movimentos sociais e políticos modernos". A conclusão que ele propõe ao fim do capítulo dedicado às ligas camponesas sicilianas tem, evidentemente, um alcance histórico, social e político mais largo e universal: "Quando está integrado a um movimento moderno, o milenarismo pode não somente tornar-se politicamente eficaz, como o faz sem perder o entusiasmo, aquela fé ardente em um mundo novo, e aquela generosidade emocional que o caracteriza mesmo em suas formas mais primitivas"[11]. Mais uma vez não estamos distantes do universo do universo moral do MST brasileiro.

---

9. Documento anexado em Sergio Görgen, *Os Cristãos e a Questão da Terra*, p. 76.
10. Entrevista com Sergio Görgen, 5 jun 1999.
11. *Primitive Rebels*, p. 106-107.

A utopia sociorreligiosa do Cristianismo da Libertação está presente, de modo implícito ou explícito, nos numerosos rituais que animam a vida e os combates nos acampamentos do MST: celebrações, procissões, marchas, cantos, discursos. Esses rituais, organizados pelos quadros e militantes do movimento, onde a maior parte se identifica com a Teologia da Libertação, são bem aceitos pela população campesina, não obstante o fato de que a maioria da população camponesa está mais próxima da religiosidade popular (católica) tradicional – a crença no poder mágico dos santos – do que da nova teologia. Há ainda uma minoria adepta das igrejas protestantes neopentecostais, um pouco diluídas no ambiente geral católico e politizado dos acampamentos e atraídos pela luta pela terra. Duas outras minorias, menos importantes, são aqueles de origem europeia e mais "romanizadas" (isto é, que seguem integralmente as orientações do Vaticano) e os luteranos históricos, estes mais próximos da Teologia da Libertação[12].

Mas a "mística" – não na acepção estritamente religiosa do termo, mas no sentido mais ampliado formulado por Charles Peguy –, impregna de um modo geral a cultura sociopolítica secular do MST. O termo é empregado pelos próprios militantes para descrever a intransigência moral, o engajamento emocional, a devoção à causa com o risco da própria vida, a esperança de uma transformação social radical. A mística do movimento se manifesta, escreve João Pedro Stedile, um dos principais dirigentes do MST, "nos símbolos de nossa cultura, nos nossos valores, na convicção de que é preciso lutar" e, sobretudo, na crença "na possibilidade de uma sociedade mais justa e mais fraterna"[13]. Essa mística laica, esse milenarismo profano, são apresentados nos rituais, nos textos, nos discursos e na formação política dos militantes dos movimentos. Eles representam um tipo de investimento da "energia crente" dos militantes na utopia revolucionária do MST.

---

12. Frei Sergio Görgen, "Religiosidade e fé na luta pela terra", in: Joao Pedro Stedile (org.), *A Reforma Agraria e a Luta do MST*. Petrópolis: Vozes, 1997, p. 285-291.
13. João Pedro Stedile, "A luta pela reforma agrária e o MST", in: *A Reforma Agrária e a Luta do MST*, p. 105.

A fé obstinada no advento de uma nova sociedade "diferente do capitalismo" – o equivalente profano ao "Reino" – não impede o MST de agir com uma racionalidade perfeitamente moderna, buscando objetivos imediatos e concretos, negociando, em posição de força, com as autoridades, e se organizando em cooperativas agrícolas rentáveis e produtivas. Esta síntese bem sucedida de utopia e realismo tem, sem dúvida, contribuído para fazer do Movimento dos Trabalhadores Rurais Sem Terra não somente a expressão organizada da luta dos pobres do campo por reforma agrária radical, mas também a referência central de todas as forças da "sociedade civil" brasileira – sindicatos, igrejas, partidos de esquerda, associações profissionais e universidades que lutam contra o neoliberalismo.

ANEXO 2
A "CONEXÃO FRANCESA"
A CONTRIBUIÇÃO DA CULTURA CATÓLICA FRANCESA PARA A GÊNESE DO CRISTIANISMO DA LIBERTAÇÃO NO BRASIL

INTRODUÇÃO

Entre 1960 e 1962 começa a aparecer, primeiro dentro da Juventude Operária Católica (JOC) e depois em outros setores da Igreja, uma nova corrente, na época designada como "Esquerda Cristã". Ela introduziria uma maneira profundamente original de "ver, julgar e agir". Essa experiência prosseguirá, em condições difíceis, durante o regime militar iniciado em 1964 e servirá de inspiração e ponto de partida para a formação do "Cristianismo da Libertação".

Por que esse movimento nasceu no Brasil? Como explicar que obteve mais sucesso neste país do que em outros países da América Latina? Existem mais Comunidades Eclesiais de Base (CEBs) no Brasil do que no restante do continente e em nenhum outro país aconteceu que a maioria da Conferência Episcopal manifestasse, de maneira prudente, sua simpatia pela Teologia da Libertação. Esta "diferença" é produto de diferentes causas históricas. Uma das mais importantes é, porém, a ligação privilegiada entre a Igreja Católica francesa e a brasileira. Ao passo que no restante da América Latina as igrejas locais dependiam da igreja espanhola e da italiana, a do Brasil, que não recebeu ajuda suficiente de Portugal, ligou-se progressivamente, a partir do século XIX, à Igreja francesa.

Ora, desde o final do século XIX a França é um país onde se desenvolve, dentro do catolicismo, uma corrente crítica, anticapitalista, atraída pelo socialismo, que vai de Charles Péguy à CFDT dos anos 1960, passando por Emmanuel Mounier, pelos Cristãos Revolucionários da Frente Popular, pelo "Testemunho Cristão", pela revista *Espirit*, pela JEC e a JUC etc. Na década de 1950 houve uma grande efervescência na Igreja francesa, que viu surgir as correntes teológicas que levam ao Vaticano II (Henri de Lubac, Yves Congar, Christian Duquoc), bem como outras tendências com sensibilidade social como os padres operários ou "Economia e Humanismo". Nada comparável (salvo exceções) ocorreu na Espanha ou Itália. Por isso não é de admirar que a Igreja latino-americana, mais próxima do catolicismo francês, seja também a que chegou à maior abertura e radicalização.

A maioria dos trabalhos publicados – no Brasil e nos Estados Unidos – sobre a evolução religiosa e política do catolicismo brasileiro durante os anos 1950 e 1960 reconhece a importância das fontes francesas nesse processo. Por exemplo, segundo Thomas Bruneau – autor norte-americano de uma obra bem conhecida sobre a transformação política da igreja brasileira – a Ação Católica e a JUC eram guiadas por "um grupo jovem e muito progressista de membros do clero, cuja maioria fora educada na Europa". Esse grupo inclui figuras como o padre Henrique de Lima Vaz, o padre Luís Sena, o padre Emery (sic) Bezerra, os religiosos Carlos Josaphat e Mateus Rocha e o francês Thomas Cardonnel. Eles eram os padres mais ativos e avançados do Brasil nesse momento. Graças a eles, as linhas avançadas da teologia europeia, sobretudo francesa, ligada aos nomes de Louis Joseph Lebret, Emmanuel Mounier, M.D. Chenu, Henri de Lubac etc., foram introduzidas no movimento[1].

No entanto, pelo que sabemos, até aqui não existe nenhum estudo específico sobre o papel dessas fontes francesas na evolução da Ação

---

1. Thomas Bruneau, *The Political Transformation of the Brazilian Catholic Church*. Cambridge: University Press, 1974, p. 95. O terceiro padre chama-se Almery (e não Emery) Bezerra.

Católica brasileira. A presente tentativa é apenas uma primeira sondagem, bastante parcial e fragmentária, nesse vasto campo, que deveria ser seguida por trabalhos mais detalhados e sistemáticos. Examinar com atenção essa conexão franco-brasileira não significa que se queira explicar a radicalização do catolicismo brasileiro do começo dos anos 1960 pela "influência" da Igreja francesa. Como destacava o eminente sociólogo da cultura Lucien Goldmann, a influência não explica nada. Pelo contrário, ela própria deve ser explicada por certas condições sociais e históricas que determinam uma escolha[2].

Os brasileiros, por assim dizer, "escolheram" suas fontes, selecionaram suas referências ao se interessarem preferencialmente pelas manifestações mais radicais e muitas vezes "heterodoxas" do catolicismo francês. Todo movimento social e cultural "inventa" de certo modo suas fontes, sua origem, seus profetas e inspiradores e os reinterpreta em função de suas necessidades. Se fosse preciso resumir numa frase o elemento comum das diversas manifestações católicas francesas que serão utilizadas nesse momento, seria: uma crítica ético-religiosa do capitalismo como sistema "intrinsecamente perverso". É claro que esses textos franceses foram lidos e discutidos apenas por uma vanguarda intelectual dentro do catolicismo brasileiro: os estudantes da JUC (e seus assistentes religiosos), os dominicanos, alguns outros padres, religiosos e intelectuais leigos e um pequeno número de bispos. Mas essa vanguarda exerce – graças à Ação Católica, ao Movimento de Educação de Base e a outros movimentos cristãos leigos – uma influência social nada negligenciável.

O momento de gestação desse cristianismo radical no Brasil pode ser situado no final dos anos 1950. Examinemos o papel de certos ele-

---

2. Cf. Lucien Goldmann, *Sciences humaines et philosophie*. Paris, Gonther, 1966, p. 97: "É bom dizer aqui, de uma vez por todas, que as influências de qualquer natureza explicam pouca coisa... devido a duas realidades evidentes: *a escolha e as deformações*. Sejamos precisos. Não importa em que momento da história, todo escritor ou pensador e, também, grupo social encontra em volta de si um considerável número de ideias, de posições religiosas, morais, políticas etc., que são tantas *influências possíveis* e pelas quais escolhe um único ou um pequeno número de sistemas cuja influência *realmente* se sentirá... Por outro lado, a atividade do sujeito individual e social se exerce não somente na escolha de um pensamento em que se encontra, mas também nas transformações que ela lhe impõe".

mentos da cultura católica francesa na fermentação das ideias novas que ocorreram nessa época.

1. AS FONTES FRANCESAS

O MOVIMENTO "ECONOMIA E HUMANISMO" E O PADRE LEBRET

Desde a sua primeira viagem ao Brasil, em 1947, quando deu um curso de dois meses sobre "A introdução à economia humana" na Escola de Sociologia e Política, o padre Lebret exerceu uma influência crescente sobre os meios católicos brasileiros. A filial de "Economia e Humanismo" fundada em 1948 em São Paulo – com um nome que soava terrivelmente tecnocrático: Sociedade para a Análise Gráfica e Mecanográfica Aplicada aos Complexos Sociais (SAGMACS)! – organizará (com a participação ativa de Lebret) várias pesquisas socioeconômicas de campo em 1952, 1955, 1957 e 1959. Essa filial será um dos principais vetores para a penetração do "terceiro-mundismo católico" de Lebret[3] no Brasil, junto com esses escritos. Vários deles foram traduzidos para o português, principalmente pela editora brasileira dos dominicanos, Duas Cidades: *Princípios para a ação* (São Paulo, 1952), *Dimensões da caridade* (São Paulo, 1960), *Renovar o exame de consciência* (São Paulo, 1960), *Suicídio ou sobrevivência do Ocidente?* (São Paulo, 1960), *Manifesto para uma civilização solidária* (São Paulo, 1961)[4].

Os textos e conferências de Lebret situam-se na corrente "desenvolvimentista" então dominante no Brasil, mas lhe dão um colorido muito mais social, insistindo no problema da pobreza e nas condições

---

3. Tomamos este termo emprestado do notável livro de Denis Pelletier, "Économie et humanisrne". *De l'utopie communnautaire au combat pour le Tiers-Monde 1941-1966*. Paris: Cerf, 1966. Neste trabalho há todo um capítulo dedicado àspesquisas da SAGMACS e a implantação brasileira de "Economia e Humanismo".
4. As informações sobre as viagens de Lebret ao Brasil nos foram fornecidas por José de Santa Cruz (em entrevista com o autor em 5.out.88), que na época era membro da ordem dos dominicanos, administrador da editora e livraria Duas Cidades e amigo íntimo do padre Lebret. A lista das obras de Lebret em português está num boletim da Biblioteca Padre Lebret de São Paulo, n. 5, mar.-abr. 1986. Segundo Denis Pelletier, a edição brasileira de *Suicide ou survivance de l'Occident*, com tiragem de cinco mil exemplares em 1960, esgotou-se em alguns meses (*Op. cit.*, p. 676). Outras obras foram traduzidas mais tarde, mas aqui nos limitamos ao período que do ano 1950 a 1962, que é o período da gênese da "Esquerda Cristã" no Brasil.

infra-humanas de vida das populações das favelas do Rio e de São Paulo. Ao contrário dos outros ideólogos do "desenvolvimento", ele chega a pôr em questão a própria lógica do capitalismo. Por exemplo, numa apresentação feita em São Paulo, em agosto de 1954, afirma: "Para alguns, a economia humana é considerada como uma economia purificada na qual se busca atenuar os defeitos do regime capitalista em suas diversas fases. Aplica-se a panaceia do social... Mas o regime em si continua a produzir a miséria humana e a alienação. O paliativo do social, ao atacar sobretudo seus efeitos, mostra-se ineficaz diante da extensão dos males sociais e não impede os movimentos revolucionários... Em vez de agir sobre os males sociais, é preciso se ater às suas causas, a todas as suas causas"[5].

"Economia e Humanismo" terá um impacto durável sobre o pensamento do bispo do Rio, Dom Helder Câmara, que considerava Lebret como um verdadeiro profeta, e sobre intelectuais católicos conhecidos, como Alceu Amoroso Lima e Cândido Mendes. Entre seus partidários estão também os dominicanos – principalmente em São Paulo – como frei Benvenuto Santa Cruz, o principal colaborador brasileiro de Lebret, ou o teólogo e biblista frei Gorgulho e os principais quadros da JUC desde o começo dos anos 1950 (Plínio de Arruda Sampaio, Francisco Whitaker) até 1958-1960 (Luís Eduardo Wanderley e Vinícius Caldeira Brandt). Aos jovens jucistas propõe que saiam dos muros da universidade para pesquisar as condições de vida dos trabalhadores e dos favelados. Lebret dialoga também, no convento dos dominicanos, com os mais importantes representantes intelectuais da esquerda não comunista – ou melhor, para utilizar sua definição, não estalinista – como Antonio Candido, Mario Pedrosa, Azis Simão, Josué de Castro, Paulo Emílio Salles Gomes[6].

---

5. Em *Economie et Humanisme*, Paris, n. 80 (1954).
6. Entrevista com José Santa Cruz, São Paulo, 5.out.1988. Segundo ele, a revista francesa *Economie et Humanisme* tinha cerca de 150 assinantes na década de 1950.

Lebret teve também um papel importante ao contribuir para "desdiabolizar" o marxismo aos olhos de muitos católicos brasileiros. Em várias obras suas e nas conferências que pronunciou em São Paulo, as análises marxistas são apresentadas objetivamente e, até certo ponto, avaliadas positivamente. É o caso, por exemplo, do curso de economia humana que deu na Escola Livre de Sociologia e Política de São Paulo em abril de 1947, onde o marxismo é descrito nos seguintes termos:

> Não é nem uma teoria sem consistência nem uma organização sem pensamento. É a expressão parcialmente admirável e parcialmente temível de uma corrente bem caracterizada de aspirações de multidões desorientadas que desejam novamente ter esperança... A maioria das críticas que lhe são feitas não procedem; poucas pessoas gastaram tempo para analisá-lo seriamente, muito poucas são capazes de corrigir seus desvios e suas imperfeições[7].

Em *Suicídio ou sobrevivência do Ocidente?* ele vai além; no capítulo intitulado "O marxismo como crítica do capitalismo", retoma, por sua conta, a análise marxiana da mais-valia como fundamento da exploração do trabalhador e o estudo das contradições da produção capitalista, "cuja finalidade é produzir dinheiro e não satisfazer necessidades". Lebret destaca que a crítica do capital como "dinheiro que dá frutos" lembra as posições tradicionais da Igreja e reconhece que as críticas de Marx ao capitalismo (e também as de Lenin ao imperialismo!) são *parcialmente* exatas. Naturalmente, Lebret nada tinha de marxista. A civilização da fraternidade com que ele sonhava opunha o capitalismo e o socialismo. Mas como acentua José Santa Cruz, contribuiu muito para libertar os intelectuais e os estudantes católicos do medo do marxismo[8].

---

7. R.P. Lebret, et, *L' économie humaine*, curso dado na Escola mimeografado, 1947. Escola Livre de Ciências Sociais e Políticas de São Paulo.
8. Entrevista citada com J. Santa Cruz. Ver também L.J. Lebret, *Suicídio ou sobrevivência do Ocidente?* São Paulo, Duas Cidades, 1960, p. 330-333 e Luís Alberto Gomes de Souza, JUC. *Os estudantes católicos e a política*. Petrópolis: Vozes, 1984, p. 115-117.

Segundo Francisco Whitaker, que foi o presidente da JUC brasileira de 1954 a 1955, foi por influência de Lebret que os estudantes católicos integraram, em seus documentos de 1954, o conceito de pecado social, que seria um ponto de partida essencial de sua futura radicalização. Assim Lebret substituiu, na década de 1950, Jacques Maritain como fonte de inspiração dos meios católicos mais abertos. Sempre segundo Whitaker, a JUC e, de modo geral, a Ação Católica Brasileira dividiram-se, na década de 1950, em duas tendências divergentes: a dos discípulos de Maritain – que se tornaram democratas cristãos – e a dos discípulos de Lebret e Mounier – que tomaram o caminho do socialismo[9].

O SOCIALISMO PERSONALISTA DE EMMANUEL MOUNIER

Os escritos de Mounier eram conhecidos no Brasil graças a uma coletânea de textos publicada em Portugal em 1960: *Emmanuel Mounier. Textos escolhidos* (ed. por João Bérnar da Costa), Lisboa, Morais. No Brasil, *La petite peur du XXème siècle* é um dos raros livros traduzidos antes da década de 1960 (*Sombras de medo sobre o século XX*. Agir, Rio de Janeiro, 1958). No entanto, muitos intelectuais e estudantes cristãos entendiam o francês ou liam suas obras na década de 1950.

O que impressiona os leitores católicos brasileiros de Mounier é, antes de tudo, a sua crítica radical do capitalismo como sistema fundado sobre o anonimato do mercado, a negação da personalidade e o "imperialismo do dinheiro"; uma crítica ética e religiosa que leva à busca de uma alternativa, o socialismo personalista, que reconhece que tem "muito a tomar do marxismo"[10].

Para muitos jovens católicos brasileiros dos anos 1950, o socialismo de Mounier parecia uma alternativa para a democracia cristã de Jacques Maritain. Como conta Luiz Alberto Gómez de Souza, dirigente

---

9. Entrevistas do autor com Francisco Whitaker (27.nov.1986 e 16.set.1988). Como a maioria dos membros da Esquerda Cristã dessa época, Whitaker está hoje no Partido dos Trabalhadores (PT).
10. E. Mounier, *Feu la chrétienté*, Seuil, Paris, 1950, p. 52.

da JUC em 1956-57 (e amigo íntimo de Gustavo Gutiérrez), "descobri Mounier ao ler *Feu la chrétienté* e abandonei Maritain". Alfredo Bosi, outro intelectual católico conhecido, também acentua a importância, para sua evolução política, de Mounier contra Maritain, e acrescenta: "ele defendia um socialismo cristão e avançava proposições contra a propriedade, que ia muito além da democracia cristã, que respeitava a propriedade privada"[11].

No seu livro sobre a história da JUC brasileira, Luiz Alberto Gómez de Souza lembra que a partir de 1953 fez publicar, no boletim da JUC em Belo Horizonte, extratos de *Feu la chrétienté*, com um aviso que o apresentava como "o autor que mais profundamente influenciou a juventude da Ação Católica na França, no Canadá e na Bélgica". O título escolhido para esta seleção de textos era "O temporal, sacramento do Reino de Deus" e continha as célebres passagens onde Mounier rejeita a distinção entre a história sagrada e a história profana para afirmar que existe uma só história, a da humanidade a caminho do Reino de Deus. Ao rejeitar Maritain, os militantes da JUC em São Paulo e Belo Horizonte escolheram, com Mounier, um caminho que os levava, progressivamente, para um engajamento personalista e socialista. Mas é sobretudo por volta do final dos anos 1950 que ele começa a ter um papel decisivo para toda uma geração. Segundo o Padre Henrique de Lima Vaz, um dos principais assistentes da JUC, no começo dos anos 1960 Emmanuel Mounier era "o mestre mais seguido pela juventude católica brasileira"[12].

Se uma parte do clero percebia Mounier como uma alternativa cristã aceitável frente ao marxismo, para muitos jovens militantes o socialismo personalista foi uma introdução necessária ao socialismo puro e simples e, às vezes, uma etapa na evolução para o marxismo.

---

11. Entrevistas com Luiz Alberto Gómez de Souza (29.set.88) e com Alfredo Bosi (12.out.88). Bosi menciona, entre as obras de Mounier lidas nessa época, *Les certitudes difficiles; De la propriété capitaliste à la propriété conununautaire; Le personalisme*, bem como a revista *Esprit*. Ele publicará artigos sobre Lebret e Mounier no jornal da esquerda cristã Brasil Urgente.

12. Luiz Alberto Gómez de Souza, A JUC, p. 156 e H. de Lima Vaz, "La jeunesse brésilienne à l'heure des decisions", *Perspectives de catholicité*, n. 4 (1963) 288.

A ORDEM DOS DOMINICANOS, CONGAR, CHENU, CARDONNEL E OS PADRES OPERÁRIOS

Os laços profundos entre a ordem dos pregadores francesa e a brasileira são um vetor estratégico na constituição de um campo religioso novo no Brasil. zA presença de missionários franceses no Brasil e de seminaristas brasileiros nos grandes centros dominicanos na França (S. Maximin, Saulchoir) garante uma circulação intensa entre os dois países.

Ora, é sabido que a ordem dos dominicanos franceses era, nos anos 1950, a ponta avançada do catolicismo francês. É ela que tomará a defesa em 1952-54, dos padres operários (muitos dos quais eram dominicanos) atacados por Roma – o que lhe custará a punição de três provinciais e a condenação de seus teólogos mais conhecidos, os padres Chenu e Congar[13].

Congar, Chenu e outros dominicanos (Christian Duquoc) eram atentamente lidos e estudados nos seminários dominicanos no Brasil e eram parte substancial da cultura religiosa dos assistentes dominicanos que aconselhavam, orientavam e se "encarregavam" da JUC. A nova concepção do papel dos leigos na Igreja, iniciada por Yves Congar em *Jalons pour une théorie: du laicat* serviu sem dúvida para legitimar, entre esses assistentes e entre os jovens militantes católicos, a importância e a autonomia desse movimento com relação à hierarquia[14].

A vontade da esquerda católica brasileira de se empenhar com os trabalhadores encontrou uma importante fonte de inspiração na experiência francesa dos padres operários, conhecida graças às obras de M.D. Chenu (principalmente *Pour une théologie du travail*, Paris, Seuil, 1954) e, sobretudo, graças à presença de numerosos missionários dominicanos que foram participar dessa iniciativa no Brasil.

---

13. Sobre esse assunto, ver o livro de Emile Poulat, *Une Eglise ébranlée. Changement, conflit et continuité de Pie XII à Jean-Paul II*, Paris: Castermann, 1980; e o de François Leprieur, *Quand Rome condamne dominicains et prêtres ouvriers*. Paris: Cerf, 1989.
14. Ver o testemunho de Luiz Alberto Gómez de Souza, *A JUC*, p. 132-134 e as notas do padre José Oscar Beozzo em *Cristãos na Universidade e na Política*. Petrópolis: Vozes, 1984, p. 56-57. Algumas informações foram fornecidas ao autor por dois antigos dominicanos: Yvo do Amaral Lesbaupin (entrevista de 13.abr.87) e Osvaldo Rezende (entrevista de 28.nov.87).

Poucos dominicanos que vieram ao Brasil tiveram tanto impacto sobre a esquerda católica quanto Thomas Cardonnel. Sua breve permanência – de dezembro de 1959 ao final de 1961 – eletrizou a atmosfera e contribuiu para radicalizar os espíritos. Sua pregação de estilo profético sobre temas como o dinheiro e a pobreza, seus laços com os jovens da JUC fizeram-no entrar em conflito com a hierarquia brasileira, principalmente Dom Jaime de Barros Câmara, o bispo conservador do Rio de Janeiro. Charles Antoine, em sua história da igreja brasileira contemporânea, o apresenta como um dos homens que marcaram o começo da nova década e contribuíram para a grande virada da juventude católica brasileira[15].

Algumas de suas conferências ou artigos brasileiros foram depois publicados na França. Cardonnel denuncia a "blasfêmia estrutural" representada pelo contraste entre os barracos miseráveis das favelas e "o luxo insultante dos bancos", esses "palácios suntuosos onde se acumula o dinheiro". Por ocasião de Primeiro de Maio, ele insiste na solidariedade dos cristãos com a emancipação dos trabalhadores: "Os trabalhadores devem se unir contra o poder, contra o desejo humano de dominar os outros, e à cólera dos pobres, capaz de assumir uma violência sadia, pode traduzir concretamente a exigência de um mundo de Amizade entre os homens". Ao criticar as formas integristas da religião – para as quais Deus é quem garante todas as hierarquias – não teme prestar homenagem à crítica marxista: "Porque Marx e Engels sempre viram concretamente a religião sob esse aspecto, porque uma multidão de pessoas a descobriu realmente assim, eles a denunciaram com razão como a fonte das alienações. Ela esvazia o homem de sua substância, de sua dignidade, força-o a retirar-se de si mesmo, de sua humanidade, torna-o estranho de si mesmo. Enfim, antecipando um tema essencial da Teologia da Libertação, celebra o Êxodo como demonstração profética da constante possibilidade de inverter a falsa ordem eterna". A

---

15. Charles Antoine, *L'Eglise et le pouvoir au Brésil*. Paris: Desciée de Brouwer, 1971, p. 44. Numa entrevista com o autor (6.out.1988), Frei Gorgulho evoca sua figura carismática, que passou pelo Brasil "como um relâmpago".

Bíblia nos ensina que "a libertação dos homens é possível, pois o mais humilhado de todos os povos da terra passa da opressão à liberdade"[16].

Os artigos de Cardonnel são publicados em 1960 no jornal do movimento estudantil do Rio (dirigido por uma coalizão entre a JUC e a esquerda), *O Metropolitano*, e reeditados em 1962 numa coletânea, *Cristianismo hoje*, organizada por dois dirigentes da JUC: Luiz Alberto Gómez de Souza e Herbert J. de Souza. Um texto seu particularmente radical (não entrou na versão francesa de seus sermões), terá repercussão considerável na Esquerda Cristã Brasileira. Ele afirma:

> Nunca poderemos insistir suficientemente na necessidade de denunciar a harmonia natural, a colaboração de classe. Deus não é tão desonesto, tão mentiroso como um certo tipo de paz social, que consiste na aceitação de toda injustiça como natural. A violência não é apenas o fato das revoluções. Ela caracteriza também a manutenção de uma falsa ordem[17].

Em julho de 1960, Thomas Cardonnel participa de uma reunião com o padre Henrique de Lima Vaz, SJ, com dirigentes da JUC e do jornal estudantil *O metropolitano* (Vinícius Caldeira Brandt, Carlos Diegues) e com intelectuais católicos (Raul Landim, Antônio Octavio Cintra), visando à fundação de um equivalente brasileiro da revista *Esprit*. Nesse momento a tentativa fracassou e o projeto só se concretizará bem mais tarde, em 1966, com o lançamento da revista Paz e Terra[18].

Os artigos e conferências de Cardonnel desencadearão uma intensa polêmica, contribuindo para a separação entre "progressistas" e "conservadores" na opinião católica brasileira. Eles constituem uma ruptura explícita com o princípio da harmonia social da doutrina da Igreja

---

16. Jean Cardonnel, *Dieu est pauvre*. Paris: Editions de l'Epi, 1962, p. 39, 91 e 103. Ver também as lembranças de sua visita ao Brasil em seu livro Ce Dieu dont nous vivons Editions de l'Epi, Paris: 1963, p. 82-83
17. Frei Cardonnel, "Deus não é tão mentiroso como certa Paz Social" in: H.J. Souza, *Cristianismo hoje*. Rio de Janeiro: Editora Universitária, p. 21. Todos os historiadores da Esquerda Cristã (E. de Kadt, Thomas Bruneau) mencionam este artigo, que sem dúvida marcou a imaginação dos contemporâneos.
18. José O. Beozzo, p. 109.

ao reconhecer claramente a luta de classes como um "fato". Ruidosamente denunciados pelo ideólogo católico conservador Gustavo Corção, eles serão recebidos com entusiasmo pelos jovens militantes jucistas. Finalmente, em 1961, a hierarquia brasileira fará com que seus superiores o chamem de volta para a França[19].

O "MARX" DE JEAN-YVES CALVEZ

Em 1959, uma editora portuguesa traduziu e publicou em dois volumes a monumental obra de Jean-Yves Calvez, SJ, sobre o pensamento de Karl Marx. Esse livro será avidamente estudado por toda a geração de religiosos e militantes leigos ligados à Ação Católica brasileira.

O livro de Calvez queria ser, simultaneamente, uma apresentação objetiva e fiel da teoria filosófica, política e econômica do autor de *O Capital* e uma crítica matizada deste em nome do pensamento cristão. Como o próprio autor observa, ele procurou restituir, com o máximo de coerência, o raciocínio de Marx, seguindo-o passo a passo em suas pesquisas e tomando a sério suas críticas da alienação e da exploração capitalista, mas sublinhando, ao mesmo tempo, as contradições inerentes a esse pensamento[20].

Este livro chega ao Brasil exatamente no momento em que um número crescente de jovens e intelectuais cristãos começa a se interessar cada vez mais por Marx. Muitos deles descobrirão Marx graças ao livro de Calvez, que também será amplamente utilizado por alguns professores no convento dos dominicanos. Segundo o testemunho de Ivo do Amaral Lesbaupin (nessa época noviço dominicano), muitas vezes lia-se essa obra "pulando" as seções críticas para estudar apenas a exposição – notável – do pensamento marxiano[21].

---

19. Numa passagem do mencionado artigo, Cardonnel escrevia: "Antes de tomar posição diante de uma ideologia da luta de classe, é preciso reconhecer o fato da luta de classe. Os trabalhadores das cidades e do campo não têm, propriamente falando, a iniciativa desse combate, que praticamente lhes é imposto pelos detentores do capital e do poder" (*Cristianismo hoje*, p. 21). A este respeito ver os comentários pertinentes de Márcio Moreira Alves, *L'Eglise et la politique au Brésil*. Paris: Cerf, 1974, p. 120 e Emmanuel de Kadt, *Catholic, Radicais in Brazil*, p. 64.
20. Jean-Yves Calvez, *O pensamento de Karl Marx*. Porto: Livraria Tavares Martins, 1959, vol. 1, p. 336, 338, 474.
21. Entrevista acima mencionada com Ivo do Amaral Lesbaupin, Luís Alberto Gomes de Souza, Alfredo Bosi e Oswaldo Rezende.

Vemos aqui um exemplo quase ideal-típico dessa leitura criadora que seleciona as fontes e as reinterpreta nos termos de uma nova problemática, mais radical. Uma obra que, em última instância, pretendia ser uma crítica das ideias de Marx – e a tentativa de alguns, como Henri Desroche, de reconciliá-las com o cristianismo – acabou servindo, para toda uma geração de jovens católicos brasileiros, de introdução ao marxismo. Mais que de "influência", ou seja, de uma relação num sentido único entre um emissor e um receptor, dever-se-ia falar aqui de diálogo com uma obra, numa *dialética da recepção* que leva a uma inversão da problemática.

Os autores e movimentos franceses, que examinamos até aqui, estão longe de serem os únicos a influenciar a evolução da Igreja brasileira. Muitos outros podem ser mencionados: Charles Péguy, precursor de um socialismo cristão; Teilhard de Chardin, graças ao seu conceito de "socialização" (que será reformulado em termos muito mais políticos pelos brasileiros); Henri de Lubac, especialmente por seus escritos sobre o papel dos leigos; a coletânea de textos econômicos da Igreja feita por Jean-Yves Calvez e J. Perrin (Église et société économique); o abade Pierre Voillaume etc. Um estudo mais detalhado, quando não exaustivo, deveria levar em consideração o papel desse conjunto de fontes diversas e, às vezes, contraditórias.

2. A REINTERPRETAÇÃO BRASILEIRA DA CULTURA CATÓLICA FRANCESA (1959-1962)

O PAPEL MOTOR DA JUC BRASILEIRA

A Juventude Universitária Católica (JUC) foi a vanguarda da mudança da Igreja e da cultura cristã no Brasil e, de certo modo, a precursora do que seria a Teologia da Libertação. O pensamento católico francês foi, sem dúvida, um dos ingredientes mais importantes na preparação desse coquetel explosivo que é, no final da década de 1950, a ideologia jucista brasileira.

Um dos primeiros documentos que anuncia a mudança foi o relatório apresentado em 1959 na Conferência da JUC pelo assistente do Recife, o dominicano Almery Bezerra, sob o título "A necessidade de um ideal histórico". Ora, ao constatarmos uma tendência geral na ponta avançada do catolicismo brasileiro em substituir Maritain por Lebret e Mounier, defrontamo-nos com o paradoxo representado pela referência central, nesse texto, ao conceito de "ideal histórico", tomado diretamente de *O humanismo integral* (1936) de Jacques Maritain. Defrontamo-nos novamente com uma utilização heterodoxa de termos e conceitos europeus. Como acentua Luiz Alberto Gómez de Souza, esse documento situa-se num processo de ruptura durante o qual "as mesmas expressões de um autor são empregadas num sentido inteiramente diferente daquele para o qual elas foram criadas"[22]. Almery Bezerra não era "maritainiano" nem partidário da democracia cristã. Ele, simplesmente, precisava de um conceito que lhe permitisse orientar o debate para as questões históricas concretas e a necessária transformação social.

Uma etapa suplementar e muito mais radical na reinterpretação da expressão de Maritain é representada por um documento redigido por um grupo de militantes da JUC de Belo Horizonte (entre os quais Herbert J. de Souza, o Betinho) em nome da região Centro-Oeste do movimento: "Algumas linhas e diretrizes para um ideal histórico cristão para o povo brasileiro". Esse texto, apresentado na Conferência dos 10 anos da JUC (1960) era, como destaca Márcio Moreira Alves, "um trabalho totalmente diferente de tudo o que a JUC produzira até então, porque quase não abordava as questões religiosas, mas girava em torno dos problemas políticos e econômicos". Propondo a reforma agrária, o combate aos monopólios capitalistas e a libertação nacional, era o "esboço de um programa revolucionário", que provocou "uma surpresa gigantesca"[23].

---

22. Cf. *A JUC...*, p. 154-159. Ver também Pablo Richard, Op. cit., p. 129-130.
23. Márcio Moreira Alves, *L'Église et la politique au Brésil*, p. 120. Para uma análise mais detalhada desse texto ver, neste livro, o capítulo sobre a Igreja no Brasil.

O documento de 1960 refere-se ao texto de Almery Bezerra, mas dá ao termo "ideal histórico" um conteúdo muito mais concreto. Entre os autores citados encontra-se de tudo, desde Santo Tomás de Aquino até Maritain, passando por Pio XII, mas em função de um objetivo que vai muito além da doutrina social da Igreja.

É claro que certas referências católicas têm sobretudo uma função legitimadora, mas em outros casos trata-se realmente de conceitos que "trabalham" na trama íntima do texto. O exemplo mais importante é o personalismo de Mounier, presente não apenas por citações, mas como problemática central de todo o documento, principalmente em sua seção econômica[24].

Um ano mais tarde o Diretório Central dos Estudantes (DCE) da PUC do Rio, presidida por um dirigente da JUC, Aldo Arantes – que depois se tornará o primeiro presidente jucista da União Nacional dos Estudantes (UNE) e será, por esse motivo, excluído da JUC pela hierarquia da Igreja – publica um "Manifesto" com características ao mesmo tempo filosóficas, teológicas e políticas. O padre Henrique Lima Vaz, SJ, filósofo de formação hegeliana próxima dos autores desse texto, observa que aí se encontra a inspiração de pensadores como Congar, Chenu, de Lubac, Teilhard de Chardin e, sobretudo, Emmanuel Mounier, explicitamente citado[25].

A referência a Mounier situa-se, de novo, no contexto de uma crítica ao capitalismo:

A produção desses bens não pode mais obedecer ao mecanismo do lucro que movimenta as grandes empresas no mercado livre e centraliza na cú-

---

24. Por exemplo: "III. Substituição da economia anarquista, fundada no lucro, por uma economia organizada nas perspectivas totais da pessoa" (*Emmanuel Mounier, Le personalisme*, p. 120). Esta diretriz implica, entre outras medidas, no planejamento da economia nacional... Observação: também o planejamento da economia brasileira deverá, sem dúvida, pautar-se pelos princípios do personalismo cristão... IV. '*Eliminação do anonimato da propriedade capitalista*' sob a forma de grandes e poderosas sociedades anônimas; eliminação dos leviatãs transcendentes, despersonalizados, que são as empresas capitalistas; em todo o âmbito econômico, esse anonimato, essa transcendência devem ser substituídos por instituições fundamentais na *responsabilidade pessoal*. – Cf. Regional Centro-Oeste, "Algumas diretrizes de um ideal histórico cristão para o povo brasileiro", em: Luís Gonzaga de Sousa Lima, *Evolução política dos católicos e da Igreja*. Petrópolis: Vozes, 1979, p. 91-92.
25. H. de Lima Vaz, "La jeunesse brésilienne à l'heure des decisions", *Op. cit.*, p. 288. É neste contexto que ele se refere a Mounier como o mestre mais seguido pela juventude católica brasileira.

pula do poder econômico as maiores riquezas. Nesse sentido é urgente denunciar a propriedade capitalista e provocar o advento dessa 'propriedade humana' diversificada de que fala E. Mounier[26].

Com o agravamento do conflito entre Igreja e JUC, uma grande parte dos dirigentes (Aldo Arames, Vinícius Caldeira Brandt, Herbert José de Souza) e militantes do movimento decidem abandoná-lo para criar, em 1961 – com o apoio de vários dos antigos assistentes da JUC (P. Lima Vaz, Almery Bezerra) – uma organização política nova, a Ação Popular (AP), que não apela mais para o cristianismo, mas para uma opção socialista (com forte colorido marxista).

No texto fundador da AP, o "Documento-base" de 1963, não se encontra mais nenhuma referência a fontes católicas ou cristãs, francesas ou outras. Isto não impede que a influência de certos pensadores religiosos seja perceptível no documento. Pablo Richard fala de um certo dualismo entre as seções sobre a conjuntura política redigidas por Herbert José de Souza, de inspiração sobretudo marxista, e os capítulos histórico-filosóficos escritos pelo Padre Lima Vaz, que eram "uma mistura, bastante original e coerente, de teorias formuladas por autores como Lebret, Mounier, Teilhard de Chardin, Hegel e Marx"[27].

De fato, no documento da AP há uma concepção da "socialização" como lei da evolução histórica humana que, certamente, é de inspiração teilhardiana, ao passo que a definição do socialismo como "comunidade de pessoas na transparência" se deve, sem dúvida, a Mounier. No conjunto, porém, trata-se de um texto que se situa além das referências à "Esquerda Cristã" e que se quer resolutamente não confessional.

DOM HELDER CÂMARA, "O BISPO DOS POBRES"

Dom Helder Câmara, que na década de 1970 se tornaria "o bis-

---

26. 'Manifesto do Diretório Central dos Estudantes da Pontifícia Universidade Católica" in: L. Gonzaga de Souza Lima, Op. cit., p. 102-103.
27. Pablo Richard, Op. cit., p. 156. Sobre a influência de Mounier e do personalismo sobre a AP, ver E. de Kadt, Op. cit., p. 90-94.

po católico mais célebre do mundo"²⁸, será o símbolo internacionalmente conhecido do comprometimento social da Igreja brasileira e de sua confrontação com o regime militar. Ele era bem mais prudente, por volta dos anos 1960, que os agitados militantes da JUC. Mas seu apoio à JUC e suas posições reformadoras o situam já na linha de frente de uma hierarquia clerical ainda bastante conservadora. Nascido em Fortaleza, Ceará, em 1909, Helder Câmara recebeu no seminário uma educação tradicionalista profundamente marcada pela cultura religiosa da Contra-reforma. Admirador do intelectual católico Jackson de Figueiredo (falecido em 1928), fundador da revista conservadora *A Ordem*, acabará aderindo, durante alguns anos (1932-1937), ao movimento integralista, uma versão brasileira do fascismo, inspirada pelo corporativismo reacionário – fortemente sustentada pela Igreja Católica – do regime português de Salazar²⁹.

Formado na cultura francesa, Helder Câmara era um leitor entusiasta de Sainte-Beuve, Claudel, Péguy e Saint-Exupéry.³⁰

Nomeado bispo auxiliar do Rio em 1952, torna-se um dos organizadores do grande Congresso Eucarístico Internacional nessa cidade em 1955. É desse ano que data aquilo que ele chama de sua "conversão aos pobres". Mas, curiosamente, foi preciso a intervenção de um prelado francês, o velho Cardeal Gerlier de Lyon, chocado com a miséria das favelas da então capital brasileira, para que o bispo brasileiro tomasse, de repente, consciência da realidade social de seu país...

A partir desse momento Dom Helder Câmara se mobilizará para realojar os moradores das favelas – organizando o que ele chama de "Cruzada São Sebastião", do nome do padroeiro da cidade do Rio – e pela reforma agrária. Seu quadro de pensamento é o de uma "teologia do desenvolvimento" fortemente marcada pelas ideias de Lebret. A partir de

---

28. Ver Richard Marin, Dom Helder Camara. *Les puissants et levauvres*. Paris: Les Editions de l'Atelier, 1995, p. 235 [N.T.: Editora Vozes publicou a biografia intitulada *Helder, o Dom*. 1991].
29. Sobre este episódio de sua vida, que considera ironicamente como uma "humilhação" infligida pelo Senhor, Dom Helder Câmara se explica no livro de Marcos de Castro, Dom Helder. Rio de Janeiro: Ed. Graal, 1978, p. 27-37.
30. Dom Helder Câmara, *Les conversions d'un evêque*, entrevistas com José de Brouecker. Paris: Seuil, 1977, p. 34.

1952, ele se interessa pelos trabalhos de Lebret e apoia a proposta do Ministério do Trabalho do governo brasileiro (Vargas) de convidá-lo como perito. Sua intervenção permitiu, não sem dificuldade, terminar com as reticências dos arcebispos do Rio e de São Paulo e das autoridades dominicanas de Roma. Alguns anos mais tarde, em 1958, ele participa, em Buenos Aires, com seu amigo Dom Larraín, bispo chileno de Talca, de uma sessão internacional de economia humana para o clero da América Latina. O responsável por Economia e Humanismo no Brasil, o dominicano José Santa Cruz, lembra-se do "entusiasmo" do bispo do Rio pelas ideias de Lebret. Encontra-se o traço das ideias do dominicano francês em suas homilias e discursos, onde conceitos como "civilização solidária" ou "desenvolvimento integral" voltam continuamente. Não é por acaso que, alguns anos mais tarde, durante o Concílio Vaticano II, ele o escolha como perito e o associa estreitamente aos trabalhos conciliares[31].

Dom Helder Câmara exerca uma influência inegável sobre um setor da Igreja brasileira quando foi secretário da Conferência dos Bispos (CNBB) e assistente geral da Ação Católica. Por ocasião da semana nacional da AC em maio de 1957, vinte e quatro bispos assinaram uma declaração comum onde se reconhecia a sua inspiração e até o seu estilo. Segundo esse documento, bastante avançado para a época, as principais conclusões a tirar do encontro eram:

- Evitar... as aparências de compromisso da Igreja com as estruturas capitalistas;
- Evitar, frente ao comunismo, uma atitude negativa, de simples anticomunismo, sem combater também o materialismo capitalista que traz a revolta e, portanto, o comunismo;
- Conhecer e se conscientizar do movimento operário e do problema operário na realidade total, para não se tornar incapaz de falar uma linguagem acessível aos trabalhadores;

---

31. Ver Denis Pelletier, *Economie et Humanisme*, p. 302 e 308. O testemunho de Santa Cruz está numa entrevista com o autor em outubro de 1988.

– Evitar... nas relações com os movimentos operários, a atitude paternalista que simpatiza com os operários mas os considera incapazes de promover o avanço de sua própria classe.³²

Na passagem se reconhecem certas preocupações de Lebret, mas situadas num contexto novo.

Quando ocorreu a virada da JUC, em 1960, Dom Helder se distingue dos conservadores ao tomar corajosamente a defesa dos jovens e das resoluções adotadas por seu Congresso, numa circular endereçada aos bispos. Segundo o Secretário da CNBB, o ideal histórico para o qual os jucistas apelavam era apenas uma adaptação da doutrina social cristã "às circunstâncias de nosso tempo e de nosso meio". Na sua conclusão ele insiste que "a JUC, longe de cometer uma transgressão por seu esforço atual, vive um momento de plenitude e merece o apoio e o encorajamento dos bispos". Chega inclusive a sugerir que seria preciso "encorajar com urgência os professores universitários a tentar um esforço paralelo ao que a JUC desenvolve atualmente"³³.

Dom Helder Câmara não foi o único católico a evoluir do maurrassismo de Jackson de Figueiredo para o que ele chama habitualmente de "a Esquerda Cristã". Foi este o caso, entre outros, do grande intelectual católico brasileiro Alceu Amoroso Lima. Ele seria prematuro em deduzir que os dois extremos eram apenas galhos do mesmo tronco, o catolicismo intransigente. Mas é verdade que uma certa crítica "romântica" do liberalismo capitalista moderno pôde facilitar a passagem de certos católicos de uma posição corporatista e arquiconservadora para o Cristianismo da Libertação.

Como vimos acima, Dom Helder se tornará, em 1970, o pesadelo do regime militar brasileiro por ter denunciado publicamente a tortu-

---
32. Citado por Luiz Alberto Gómez de Souza no seu livro já mencionado *A JUC*, p. 144.
33. *Ibid.*, p. 168-170.

ra sistemática dos prisioneiros políticos. Durante a década de 1970 ele se aproxima da Teologia da Libertação e inspira alguns dos documentos mais radicais de certos grupos de bispos brasileiros, que denunciam o modelo capitalista de desenvolvimento promovido pela ditadura brasileira. Olhando para trás, ele observa em 1977:

> Eis por que a palavra desenvolvimento, no qual tínhamos acreditado tanto, com o Padre Lebret – que eu tinha escolhido como perito no Concílio –, com François Perroux, com Paulo VI, frustrou nossas esperanças. Hoje preferimos falar de libertação.[34]

A TEOLOGIA DA LIBERTAÇÃO

Em seu livro sobre a JUC, Luiz Alberto Gómez de Souza cita um comentário de Gustavo Gutiérrez sobre o papel histórico da Esquerda Cristã Brasileira: "foi no Brasil, e mais precisamente na JUC, no começo da década de 1960, que muitas das intuições do que mais tarde será a Teologia da Libertação latino-americana começaram a se concretizar, num lento processo ligado a uma prática e, sobretudo, a uma prática política". Quando redigia o seu livro fundador – *Teologia da libertação* (1971) – Gutiérrez fez uma viagem ao Brasil para entrevistar alguns antigos dirigentes da JUC sobre suas experiências no começo dos anos 1960.[35]

Se a Teologia da Libertação é, como afirmam seus autores, uma reflexão a partir de uma prática prévia, essa prática foi, no Brasil, a dos militantes cristãos da JUC, da JOC e da Ação Popular, bem como, mais tarde, das comunidades de base. Uma prática que se defrontou, a partir de 1964, com o regime militar, que exercerá uma repressão impiedosa contra os cristãos comprometidos.

---

34. Helder Câmara, *Les conversions d'un evêque*, p. 161. Sobre o itinerário de Dom Helder a partir de sua nomeação como arcebispo de Olinda e Recife (1964) pode-se consultar o livro de Richard Marin acima mencionado, *Dom Helder Câmara. puissants et les pauvrete* [cf. também *Helder, o dom*, Ed. Vozes, 1991]
35. Entrevista com G. Gutiérrez em L.A. Gomes de Souza, *A JUC*, p. 9.

Também Leonardo Boff, formado na Itália e na Alemanha, lia avidamente Bloy, Péguy e Bernanos e estudava os escritos teológicos de Congar e Duquoc antes de partir para a Europa, em 1965[36]. Quanto a Frei Betto, ele começou a sua formação intelectual com Maritain, Lebret, Mounier e Alceu Amoroso Lima[37]. Mas o fato mais importante é que não somente a maioria dos teólogos como Betto e Hugo Assmann (que voltou em 1962 de seus estudos teológicos e sociológicos em Roma e Frankfurt), mas também boa parte dos dirigentes e animadores, ainda hoje, desse vasto movimento social que chamamos de Cristianismo da Libertação participou ativamente, no começo dos anos 1960, das atividades da JUC, da JOC e da AP.

Existe, pois, uma continuidade inegável entre a Teologia da Libertação e esta primeira "Esquerda Cristã" alimentada pelo pensamento católico francês. Mas existe também uma mudança considerável de perspectiva e, para alguns, uma espécie de ruptura. Ao passo que o movimento dos leigos da Ação Católica tinham uma dinâmica de autonomização e, com o tempo, de ruptura com a instituição, a Teologia da Libertação e as comunidades de base têm a ambição de mudar a Igreja. É a partir de um certo balanço crítico do fracasso da JUC, da Ação Católica e da AP que Hugo Assmann decidiu escolher outro caminho, mais rigoroso do ponto de vista teológico, mas também diretamente fundamentado na análise marxista da dependência: a sua obra de 1970, *Opressão-libertação* (publicada pelo Movimento Internacional de Estudantes Cristãos), que pode ser considerada como a primeira obra de Teologia da Libertação na América Latina, é fruto dessas reflexões[38].

Em vão se procurariam, na Teologia da Libertação brasileira, referências a Lebret, Mounier ou Calvez. Mas, à medida que esses pensadores do catolicismo francês mais avançado alimentaram o pensamento

---

36. Entrevista com Leonardo Boff, Rio, abril de 1994.
37. Entrevista com Frei Betto, São Paulo, 13.set.1988.
38. Entrevista com Hugo Assmann, 10.out.1988.

e a prática de toda uma geração de cristãos brasileiros durante os anos da "grande virada", de 1959 a 1962, são uma fonte essencial para compreender as origens dessa profunda transformação da cultura religiosa que permitiu, mais no Brasil que no restante da América Latina, um comprometimento massivo dos cristãos nos movimentos sociais com vocação emancipadora[39].

---

39. Uma versão diferente deste ensaio, redigida em colaboração com Jesus Garcia Ruiz, diretor de pesquisa no CNRS, foi publicada sob o título "As fontes francesas do Cristianismo da Libertação no Brasil", na revista *Archives des Sciences Sociales des Religions*, n. 97 (1997) p. 9-32.

O livro *O que é o cristianismo da libertacão? – Religião e política na América Latina*
foi impresso na gráfica Graphium para a Fundação Perseu Abramo.
A tiragem foi de 1.000 exemplares.
O texto foi composto em Adobe Garamond Pro em corpo 12/16,2.
A capa foi impressa em papel Supremo 250g e
o miolo em papel Avena Soft 80g.